儒藏论坛

RUZANG LUNTAN

第十七辑

主　编　舒大刚
执行主编　马明宗

光明日报出版社

图书在版编目（CIP）数据

儒藏论坛．第 17 辑 / 舒大刚主编．－－北京：光明日报出版社，2023.12

ISBN 978－7－5194－7696－0

Ⅰ.①儒… Ⅱ.①舒… Ⅲ.①儒学—文集 Ⅳ.①B222.05－53

中国国家版本馆 CIP 数据核字（2023）第 250262 号

儒藏论坛．第 17 辑

RUZANG LUNTAN. DI 17 JI

主　　编：舒大刚	
责任编辑：李壬杰	责任校对：李　倩　董小花
封面设计：光天文化设计工作室	责任印制：曹　净

出版发行：光明日报出版社
地　　址：北京市西城区永安路 106 号，100050
电　　话：010-63169890（咨询），010-63131930（邮购）
传　　真：010-63131930
网　　址：http：//book.gmw.cn
E－mail：gmrbcbs@ gmw.cn
法律顾问：北京市兰台律师事务所龚柳方律师
印　　刷：三河市华东印刷有限公司
装　　订：三河市华东印刷有限公司
本书如有破损、缺页、装订错误，请与本社联系调换，电话：010-63131930
开　　本：170mm×240mm
字　　数：261 千字　　　　　　　　印　张：15
版　　次：2024 年 6 月第 1 版　　　印　次：2024 年 6 月第 1 次印刷
书　　号：ISBN 978－7－5194－7696－0
定　　价：78.00 元

版权所有　　翻印必究

目 录
CONTENTS

一、经典研究 ········· 1
- 《苏氏易传》训诂考据成就试论 ········· 廖名春 3
- 马王堆帛书《易传》论"时" ········· 赵 涵 15
- "《冬官》不亡"说的滥觞、发展及其学术影响 ········· 夏 微 31
- 《孝经》"严"字释义及满译简论 ········· 富察贵嘏 46
- 《诗经·卷耳》"我马玄黄"新释 ········· 马明宗 55

二、儒家文献 ········· 63
- 《周易集注》明清版本新考 ········· 陈祎舒 65
- 宋代巴蜀《春秋》学研究述评 ········· 张尚英 79
- 明代《孝经》学著述叙录（再续）五种 ········· 田 君 汪 昕 93
- 语录体范畴及发展源流辨析 ········· 程得中 99

三、儒学学术 ········· 115
- 朱熹的自然观 ········· 郭 齐 117
- 超越"内圣外王"：重新审视宋代文人治国的政治功效 ·········
  郭海龙 徐红霞 127
- 天命双重意涵下的君权范式
  ——基于赵贞吉"人统"观念的考察 ········· 陈伟良 140
- 徐复先生对章黄学术的继承与开拓 ········· 郭万青 156
- 王十一年大梁司寇鼎"弃"字补释 ········· 岳晓峰 169

四、蜀学大家 ………………………………………………… 173
现代国学经典的释读问题：以尹昌衡论著为例 …………… 单　纯　175
谢无量著作提要（21种）………………………………… 彭　华　203
谢幼田教授访谈录 ………………………………………… 马正辉　216

01
一、经典研究

《苏氏易传》训诂考据成就试论

廖名春

曲阜师范大学孔子文化研究院

摘　要：《苏氏易传》是以爻位说解《易》的义理派易学名著，但其训诂考据上的成绩也不容忽视。其本于相从之次、相反之义对《杂卦传》末段的整理，极具洞见。对《说卦传》"说言乎兑""成言乎艮"两"言"字的怀疑，言之成理。坤卦六二的爻辞，其以"直方，大"为读，视"直方，大"为条件句；屯卦六三爻辞，其训"几"为"殆"；贲卦六五爻辞，其以"戋戋"为"小"。如此种种，胜义缤纷，在《周易》卦爻辞和《易传》的解释上具有重要的价值。

关键词：苏轼；苏氏易传；训诂考据

《苏氏易传》是巴蜀易学的代表，也是义理派易学的名著。对于《苏氏易传》义理上的成就与特色，研究者颇多瞩目，论述不少。但对于其训诂考据上的成就，特别是其对卦爻辞的辩证发明，学界罕有注意，鲜见专文论及。本文试做探讨，抛砖引玉，敬请大家批评指正。

一、《易传》的辩证

《苏氏易传》在训诂考据上的成就，最为人艳称的是其对《说卦传》《杂卦传》的考辨。

《杂卦传》最后一段文字为：

> 大过，颠也。姤，遇也，柔遇刚也。渐，女归待男行也。颐，养正也。既济，定也。归妹，女之终也。未济，男之穷也。夬，决也，刚决柔也，君子道长，小人道忧也。①

郑玄由其"卦音不协"而疑"似错乱失正"，但"弗敢改耳"，未及订正。②

虞翻则说："自大过至此八卦，不复两卦对说。大过死象，两体姤决，故次以姤而终于夬，言君子之决小人，故'君子道长，小人道忧'。"③

东晋干宝也说："《杂卦》之末，又改其例，不以两卦反复相酬者，以示来圣后王明道非常道，事非常事也。'化而裁之，存乎变'，是以终之以决，言能决断。"④ 都是曲为维护。

《苏氏易传》卷九则云：

> 《杂卦》自乾、坤以至需、讼，皆以两两相从，而明相反之义。自大过以下，则非相从之次。盖传者失之也。凡八卦，今改而正之曰："颐，养正也；大过，颠也。姤，遇也，柔遇刚也；夬，决也，刚决柔也，君子道长，小人道忧也。渐，女归待男行也；归妹，女之终也。既济，定也；未济，男之穷也。"其说曰：初上者，本末之地也。以阳居之则正，以阴居之则颠。故曰"颐，养正也；大过，颠也"。艮下巽上为渐，男下女非其正也，故曰"渐，女归待男行也"。兑下震上为归妹，男女之正也。当以是终，故曰"归妹，女之终也"。离下坎上为既济，男女之正也，故曰"既济，定也"。坎下离上为未济，男失其位，穷之道也，故曰"未济，男之穷也"。如此而相从之次、相反之义焕然若合

---

① 苏轼. 苏氏易传 [M] //三苏经解集校：上. 金生杨, 校点. 舒大刚, 审校. 成都：四川大学出版社, 2017：166.
② 翟均廉. 周易章句证异：卷十二 [M]. 文渊阁四库全书本.
③ 李鼎祚. 周易集解：卷第十七 [M]. 李道平, 纂疏. 北京：中华书局, 1994：736.
④ 李鼎祚. 周易集解：卷第十七 [M]. 李道平, 纂疏. 北京：中华书局, 1994：736.

符节矣。①

这不仅一针见血地指出"自大过以下""八卦""非相从之次",违反了"自乾、坤以至需、讼"以下"两两相从"、相反为义的规律,认为"盖传者失之也",是《杂卦传》在流传过程中产生的错误。而且大胆提出了改正的方案和理由。颐和大过为一对,姤与夬为一对,渐与归妹为一对,最后既济与未济为一对。这一方案,遵从"《易》以道阴阳"的精神,没有打破今本《周易》的对子,"相反之义焕然若合符节",显然高明。所以朱震从之,②影响颇大。

《苏氏易传》这一改动,虽然解决了"反对"的问题,但失韵之句尚多,"卦音不协"的问题仍未解决。其后蔡渊在此基础上将后八卦改作:

> 大过,颠也;颐,养正也。既济,定也;未济,男之穷也。归妹,女之终也;渐,女归待男行也。姤,遇也,柔遇刚也;夬,决也,刚决柔也。君子道长,小人道忧也。③

这样,"卦既对,韵亦协"。大过和颐成了相错关系,归妹和渐卦、既济和未济、姤和夬卦成了相综关系;又使"颠(真部)"与上文"亲(真部)"、"正(耕部)"与"定(耕部)"、"穷(冬部)"与"终(冬部)"、"行(阳部)"与"刚(阳部)"、"柔(幽部)"与"忧(幽部)"相对,上古音一一入韵,最终解决了这一错简问题。元吴澄、明何楷、今人高亨等皆从之,视为定论。④

可以说,《杂卦传》错简问题的解决,完成于蔡元定(蔡渊之父)之手,却肇始于《苏氏易传》。我们讲《周易·杂卦传》,绝不能忘记《苏氏易传》,也就是苏轼的考据之功。

---

① 苏轼. 苏氏易传 [M]//三苏经解集校:上. 金生杨,校点. 舒大刚,审校. 成都:四川大学出版社,2017:166.
② 朱震. 汉上易传:卷十一 [M]. 上海:上海古籍出版社,1989:306.
③ 何楷. 古周易订诂:卷十六 [M]. 文渊阁四库全书本.
④ 廖名春. 《周易·杂卦传》的再研究 [M]//《周易》经传与易学史续论. 北京:中国财富出版社,2012:244-255.

又《说卦传》有一段著名的被称为"后天八卦"（文王八卦）的文字：

> 帝出乎震，齐乎巽，相见乎离，致役乎坤，说言乎兑，战乎乾，劳乎坎，成言乎艮。万物"出乎震"，震，东方也。"齐乎巽"，巽，东南也。"齐"也者，言万物之絜齐也。"离"也者，明也，万物皆"相见"，南方之卦也；圣人南面而听天下，向明而治，盖取诸此也。坤也者，地也，万物皆致养焉，故曰"致役乎坤"。兑，正秋也，万物之所说也，故曰"说言乎兑"。"战乎乾"，乾，西北之卦也，言阴阳相薄也。坎者，水也，正北方之卦也；劳卦也，万物之所归也，故曰"劳乎坎"。艮，东北之卦也，万物之所成终而所成始也，故曰"成言乎艮"。①

《苏氏易传》卷九则指出：

> 二"言"字，衍文也，当云"说乎兑""成乎艮"。古者"兑""说"通，无从"言"者。或从而加之，故遂以为"说言"而离"诚"以为二也。《记》曰："诚者，物之终始，不诚无物。"内躁而外静，内柔而外刚，盖有之矣。至于死生终始之际，其情必得。艮，终始万物者也，亦不容伪也。②

这是说"说言乎兑""成言乎艮"两句的两个"言"字都是衍文，原文应当是"说乎兑""成乎艮"。古时"说"通于"兑"、"诚"通于"成"。作"说"的"兑"字和作"诚"的"成"字，都没有从言的。后人将"兑（说）"衍为"说言"；将"诚"的"言"旁剥离变为"成言"，就一字变成两字了。《礼记》说："诚是事物的开始和终结，没有诚，也就没有事物。"内在躁动而外在沉静，内在柔顺而外在刚健，这样的伪装恐怕是有的。至于死生、终始之间，就只能是真诚，而不能伪装了。艮是万物的开始和终结，也不容有虚伪存在。

---

① 苏轼. 苏氏易传［M］//三苏经解集校：上. 金生杨，校点. 舒大刚，审校. 成都：四川大学出版社，2017：159.
② 苏轼. 苏氏易传［M］//三苏经解集校：上. 金生杨，校点. 舒大刚，审校. 成都：四川大学出版社，2017：159-160.

苏轼从文字孳乳的角度论证"说言乎兑""成言乎艮"两句当为"说乎兑""成乎艮",言之成理。王引之说:"'成言乎艮'即'莫成乎艮',犹'说言乎兑'即'莫说乎泽'也。"① 这是说《说卦传》"帝出乎震"段的"成言乎艮""说言乎兑"即下文"神也者,妙万物而为言者也"段的"成乎艮""说乎泽"。从"帝出乎震,齐乎巽,相见乎离,致役乎坤,说言乎兑,战乎乾,劳乎坎,成言乎艮"与"神也者,妙万物而为言者也。动万物者莫疾乎雷,桡万物者莫疾乎风,燥万物者莫熯乎火,说万物者莫说乎泽,润万物者莫润乎水,终万物始万物者莫盛乎艮"两段文字的对应关系看,"说言乎兑"对应的确实是"说乎泽""兑为泽",故"说言乎兑"可换言之"说乎泽"。"盛"与"成"通,故"成言乎艮"可读为"盛乎艮"。王氏不提这两句的"言"字,实质是不以其为实词,而以其为虚词。高亨说:"两言字皆当读为焉,二字古通用。"② 黄寿祺、张善文也说:"言,助词(下文'成言'之'言'同)。"③ 就进一步将这两个"言"字的虚词属性落实了。不过,这也有问题。"说言乎兑""成言乎艮"两句的两个"乎"本为虚词,再加上虚词"言(焉)",架屋叠床,完全没有必要。而如《苏氏易传》所论,不但文从字顺,致误的原因也交代得清清楚楚,显然更为高明。高邮王氏道出"'成言乎艮'即'莫成乎艮',犹'说言乎兑'即'莫说乎泽'也"的真相,但没说出两"言"字的由来,忽视了《苏氏易传》之说,不免有遗珠之憾。

至于《苏氏易传》据《礼记·中庸》"诚者,物之终始,不诚无物"说读"成乎艮"之"成"为"诚",尽管立意颇高,但从《说卦传》"万物之所成终而所成始也""终万物始万物者莫盛乎艮""山泽通气,然后能变化,既成万物也"等说来看,还是有点勉强。除南宋李焘外,④ 学界鲜有认同。不过,《苏氏易传》此说还是有其独特价值的。

---

① 王引之. 经义述闻:第二《莫盛乎艮》[M]. 清道光刻本.
② 高亨. 周易大传今注:卷六[M]. 济南:齐鲁书社,1979:612.
③ 黄寿祺,张善文. 周易译注[M]. 上海:上海古籍出版社,2001:622.
④ 马端临. 文献通考:卷一百七十五《经籍考》二[M]. 浙江书局本;朱彝尊. 经义考:卷十五《易》[M]. 文渊阁四库全书本.

二、卦爻辞的发明

比起《易传》的考辨来,《苏氏易传》在《周易》卦爻辞的发明上成绩更为突出,但一直为易学史家所忽视。

比如,坤卦六二的爻辞,传统的读法都是以"直方大"为句。如孔颖达疏:"俱包三德,生物不邪,谓之直也。地体安静,是其方也。无物不载,是其大也。"① 是以"直方大"为并列的"三德"。干宝注:"臣贵其'直',义尚其'方',地体其'大',故曰'直方大'。"② 也是如此。但《苏氏易传》则云:"既直且方,非大而何?"③ 明显是以"直方,大"为读,视"直方,大"为条件句,"直方"为条件,"大"为结果。意思是说,既具有"直方"二德,就不能不"大",也就是必然会"大"。苏氏的这一读法,来源于《文言传》《小象传》。

《文言传》:"'直',其正也,'方'其义也。君子敬以直内,义以方外;敬义立而德不孤。'直、方、大,不习,无不利',则不疑其所行也。"《苏氏易传》云:"小人惟多愧也,故居则畏,动则疑。君子必自敬也,故内'直',推其直于物,故外'方'。'直'在其内,'方'在其外,隐然如名师良友之在吾侧也,是以独立而不孤,夫何疑之有?"④《文言传》的"敬义立而德不孤"从"直、方,大"来。"敬"对"直"而言,"义"对"方"而言,"德不孤"对"大"而言。"敬义立而德不孤"即"直、方"则能"大"。苏氏说:"'直'在其内,'方'在其外,隐然如名师良友之在吾侧也,是以独立而不孤",明显是以"直、方"为"大"之条件,"大"为"直、方"之结果,而非以三者为并列的"三德"。

《小象传》曰:"六二之动,直以方也。不习,无不利,地道光也。""动"当读为"重",是尊重、崇尚、推崇的意思。《礼记·缁衣》:"臣仪

---

① 王弼.周易注疏:周易兼义上经乾传第一[M].清嘉庆二十年南昌府学重刊宋本十三经注疏本.
② 李鼎祚.周易集解:卷二[M].文渊阁四库全书本.
③ 苏轼.苏氏易传[M]//三苏经解集校:上.金生杨,校点.舒大刚,审校.成都:四川大学出版社,2017:18.
④ 苏轼.苏氏易传[M]//三苏经解集校:上.金生杨,校点.舒大刚,审校.成都:四川大学出版社,2017:20.

行，不重辞。"郑玄注："重，犹尚也。"① 《墨子·天志下》："我未尝闻天之祷祈福于天子也，吾以此知天之重且贵于天子也。"② 《小象传》是说坤卦六二爻辞推崇的是"直""方"两种美德，有了"直""方"之德，"地道"，也就是为臣之道，就会广大，就可以不折败，就可以无所不利。所谓"习"，当读为"摺"。《说文解字·手部》："摺，败也。从手，习声。"段玉裁注："败者，毁也。"③ "不习"即"不摺"，也就是不折败。所谓"光"，针对的是"大"。之所以要将爻辞的"大，不习，无不利"解为"不习，无不利，地道光也"，完全是押韵的原因。"光"与"方"为韵脚，古音属阳部。如说"地道光也，不习，无不利"，则失韵矣。

《文言传》《小象传》以"直方"为句的读法，元人熊朋来从用韵的角度进行了论证。惠栋《九经古义·周易上》载"熊氏《经说》"云："郑氏《古易》云《坤》爻辞'履霜''直方''含章''括囊''黄裳''玄黄'协韵，故《象传》《文言》皆不释'大'。"④ 今人闻一多、屈万里等皆以熊说为是，⑤ 可以信从。

马王堆出土的帛书易传《二三子问》记载："孔子曰：'"直"者，[不]避也；"方"者……"大"者，言其"直方"之用焉。'"⑥ 也明确地说"大"是"言其'直方'之用"。这与《苏氏易传》"既直且方，非大而何"说若合符节。应该说，孔子、《文言传》《小象传》以下，解坤卦六二爻辞之义，最有价值的就是《苏氏易传》"既直且方，非大而何"之说。

屯卦六三爻辞："即鹿无虞，惟入于林中。君子几，不如舍，往，吝。"《淮南子·缪称》高诱注："即，入也。鹿，以谕民。虞，欺也。几，终也。

---

① 礼记：卷十七 [M]．郑玄，注．四部丛刊景宋本．
② 孙诒让．墨子闲诂：卷七 [M]．清光绪三十三年刻本．
③ 段玉裁．说文解字注：卷十二篇上 [M]．清嘉庆二十年经韵楼刻本．
④ 阮元．清经解 [M]．上海：上海书店，1988：743．
⑤ 闻一多．周易类纂义证 [C] //古典新义．北京：商务印书馆，2011：35-36．屈万里．读易三种：周易集释初稿 [M] //屈万里全集：一．台北：联经出版事业公司；1983．
⑥ 按：释文原作"直者，□避也；方者……大者，言亓直或之容焉。""或"当读为"方"，"容"当读为"用"。说详见廖名春．周易真精神：六十四卦卦爻辞新注新释 [M]．广州：广东高等教育出版社，2019：60-61．

就民欺之，即入林中，几终不如舍之，使之不终如其吝。"① 是训"几"为"终"。虞翻注："即，就也。虞谓虞人，掌禽兽者。艮为山，山足称鹿。鹿，林也。三变体坎，坎为丛木。山下，故称'林中'。坤为兕虎；震为麋鹿，又为惊走；艮为狐狼。三变禽走入于林中，故曰'即鹿无虞，惟入林中'矣。君子谓阳已正位。几，近。舍，置。吝，疵也。三应于上，之应历险。不可以往，动如失位。故'不如舍'之，往必吝穷矣。"② 是训"几"为"近"。王弼注："三既近五而无寇难，四虽比五，其志在初，不妨已路，可以进而无屯邅也。见路之易，不揆其志，五应在二，往必不纳，何异无虞以从禽乎？虽见其禽而无其虞，徒人于林中，其可获乎？几，辞也。夫君子之动，岂取恨辱哉！故不如舍，'往吝，穷也'。"孔颖达疏："几为语辞，不为义也。知此'几'不为事之几微。凡'几微'者，乃从无向有，其事未见，乃为'几'也。今'即鹿无虞'，是已成之事，事已显者，故不得为几微之义。"③ 旧题《子夏易传》："故于林中，君子知几，不如舍之。往，则吝也。"④ 是以"几"为"知几"，今人多从之。⑤ 我的博士生吴国源则训"几"为"危"，云：

《诗经·大雅·瞻卬》："天之降罔，维其几矣。人之云亡，心之悲矣。"毛传："几，危也。"《尚书·顾命》："疾大渐，惟几，病日臻。"孙星衍疏引《尔雅·释诂》云："几，危也。"《尔雅·释诂》："几，危也。"郭璞注："几，犹殆也。"邢昺疏："几，至危也。"《说文》："几，微也，殆也。从兹，从戍。戍，兵守也。兹而兵守者危。"《左传》宣公十二年"利人之几而安人之乱"，杜预注："几，危也。"《读书杂志·墨子第一·修身》："本不固者末必几。"王念孙引《尔雅》注曰："几，危也。""几"训为"危"，先秦文献有征。由此，"君子几"即"君子

---

① 刘安. 淮南鸿烈解：淮南鸿烈闲话第十 [M]. 许慎，注. 四部丛刊景宋本.
② 李鼎祚. 周易集解：卷二 [M]. 文渊阁四库全书本.
③ 周易注疏：周易兼义上经乾传第一 [M]. 王弼，韩康伯，注. 孔颖达，疏. 清嘉庆二十年南昌府学重刊宋本十三经注疏本.
④ 卜商. 子夏易传：卷一周易 [M]. 清通志堂经解本.
⑤ 如黄寿祺，张善文. 周易译注 [M]. 上海：上海古籍出版社，2001：44；周振甫. 周易译注 [M]. 北京：中华书局，1991：24.

10

危"，意思是君子有危险。①

按：吴说是。不过，以"几"为"危"，苏轼已开其先河。《苏氏易传》卷一云：

> 势可以得民从而君之者，初九是也。因其有民，从而建之使牧其民者，九五是也。苟不可得而强求焉，非徒不得而已，后必有患。六三非阳也，而居于阳，无其德而有求民之心，将以求上六之阴。譬犹"无虞"，而以"即鹿"，鹿不可得，而徒有入林之劳。故曰："君子几"，不如舍之。"几"，殆也。②

《说文解字·丝部》训"几"为"殆"。《尔雅·释诂下》："噊、几、栽、殆，危也。"郭璞注："几，犹殆也。"③ 是说"几"与"殆"都有"危"义。《诗·小雅·正月》："民今方殆，视天梦梦。"郑玄笺："方，且也。民今且危亡。"④《孙子兵法·谋攻》："知己知彼，百战不殆。"⑤《淮南子·人间》："国家危，社稷殆。"⑥ "殆"义皆当为"危"。因此，《苏氏易传》所谓"几，殆也"，即"几，危也"。南宋王宗传、元李简、明沈一贯皆以"几，殆也"为训，⑦ 可见《苏氏易传》影响之大。讲屯卦六三爻辞的训诂，我们不能数典忘祖，忽略苏轼的贡献。

贲卦六五爻辞："贲于丘园，束帛戋戋；吝，终吉。"马融、虞翻、王肃等以"戋戋"为"委积之貌"；孔颖达以为"众多"。两者实同。《子夏传》

---

① 吴国源. 屯卦六三爻辞"君子几"新释 [J]. 周易研究，2011：3.
② 苏轼. 苏氏易传 [M] //三苏经解集校. 金生杨，校点. 舒大刚，审校. 成都：四川大学出版社，2017：21.
③ 郭璞. 尔雅疏：卷第二 [M]. 清嘉庆二十年南昌府学重刊宋本十三经注疏本.
④ 毛亨. 毛诗注疏·卷第十二 [M]. 郑玄，笺. 孔颖达，疏. 清嘉庆二十年南昌府学重刊宋本十三经注疏本.
⑤ 刘寅. 武经七书直解：唐太宗李卫公问对直解卷下 [M]. 明万历九年莫与斋刻本.
⑥ 刘安. 淮南鸿烈解·卷第十八 [M]. 许慎，注. 四部丛刊景钞北宋本.
⑦ 王宗传. 童溪易传：童溪王先生易传卷之四 [M]. 宋开禧刻本；李简. 学易记：卷一 [M]. 清文渊阁四库全书本；沈一贯. 易学：卷一 [M]. 明万历刻本. 按：李简《学易记》卷一云："龚氏曰：几，殆也。"但龚原《周易新讲义》（《宛委别藏》影印本，江苏古籍出版社，1988年）卷二作"几，殆，辞也"。疑"辞"为衍文。

则作"戋戋"。①《苏氏易传》曰："戋戋，小也。"②朱熹《周易本义》："戋戋，浅小之意。"③显然是取苏氏之说。按："戋戋"形容物少，如"为数戋戋""戋戋微物"。"束帛"，一束丝帛，此指收入。"贲"，文饰、美化，此当指耕作。"丘园"，山丘田园。"贲于丘园"，意为美化山丘田园，指在山丘田园里耕种。爻辞"贲于丘园，束帛戋戋；吝，终吉"，是说美化丘园，收入微薄。眼前虽然艰难，但最后还是会吉利。在"士、农、工、商"诸行中，农业生产的收入是最少的，所以说"束帛戋戋"。从事农业难免艰难，所以说"吝（遴）"。但农耕为本，工、商为末。尽管"贲于丘园""束帛戋戋"，但"终吉"，最后还是吉利的。在"戋戋"的诸多解释中，苏氏之说最切合文义，朱熹本之，不为无理。沈括《梦溪笔谈》云："王圣美治字学，演其义以为右文。古之字书，皆从左文。凡字，其类在左，其义在右。如木类，其左皆从木。所谓右文者，如'戋'，小也；水之小者曰'浅'，金之小者曰'钱'，歹之小者曰'残'，贝之小者曰'贱'。如此之类，皆以'戋'为义也。"④张世南《游宦纪闻》也说："自《说文》以字画左旁为类，而《玉篇》从之，不知右旁亦多以类相从，如'戋'有浅小之义，故水之可涉者为浅；疾而有所不足者为残；货而不足贵重者为贱；木而轻薄者为栈。"⑤苏氏之说，自有小学的根据。

蹇卦九五爻辞："大蹇，朋来。"《小象传》："大蹇朋来，以中节也。"王弼注、孔颖达疏都释"大蹇"为"难之大者"；⑥朱熹《周易本义》"大蹇者，非常之蹇"⑦说与王注、孔疏同。今人多本之。⑧而《苏氏易传》却曰：

---

① 陆德明．经典释文：卷二［M］清抱经堂丛书本．王弼，韩康伯，注．孔颖达，疏．周易注疏：周易兼义上经随传卷第三［M］．清嘉庆二十年南昌府学重刊宋本十三经注疏本．
② 苏轼．苏氏易传［M］//三苏经解集校．金生杨，校点．舒大刚，审校．成都：四川大学出版社，2017：57.
③ 朱熹．周易本义：周易上经第一［M］．宋咸淳刻本．
④ 沈括．梦溪笔谈：卷十四［M］．四部丛刊续编景明本．
⑤ 张世南．游宦纪闻：卷第九［M］．清知不足斋丛书本．
⑥ 王弼，韩康伯．周易注疏：周易兼义下经咸传卷第四［M］．孔颖达，疏．清嘉庆二十年南昌府学重刊宋本十三经注疏本．
⑦ 朱熹．周易本义：周易下经第二［M］．宋咸淳刻本．
⑧ 如黄寿祺，张善文．周易译注［M］．上海：上海古籍出版社，2001：324；周振甫．周易译注［M］北京：中华书局，1991：138.

"正位不动,无往无来,使天下之济难者'朋来'而取'节'焉,谓之大人,不亦宜乎?"①是解"大蹇,朋来"为"大人""正位不动,无往无来,使天下之济难者'朋来'。"大人"应该是解爻辞"大"。否则,所指就不清了。这样,"大"就是名词而非形容词了。干宝注:"在险之中,而当王位,故曰'大蹇'。此盖以托文王为纣所囚也。承上据四应二,众阴并至。此盖以托四臣能以权智相救也。故曰'以中节也'。"②干宝以"文王为纣所囚"为"大蹇",与苏氏说若合符节,两者或有渊源?

从马王堆帛书易传《二三子问》看,苏氏与干宝的这一解释,颇值得肯定。"孔子曰:此言□□也。饬行以后民者,谓'大蹇';远人能至,谓'[朋来]'。"③"饬行",使行为谨严合礼。"后民",犹"君民",为民之君主。孔子认为爻辞"大蹇,朋来",是说君王修身而勇于吃苦,远方的异国之人就会前来归顺。"大",年长的人或尊长,这里指君王。《文选·张衡〈西京赋〉》:"小必有之,大亦宜然。"薛综注:"小谓庶人,大谓王者。"④传统解"大"为形容词,从帛书《二三子问》篇孔子的解释来看,显然是错误的。可见苏氏与干宝之说,非常有价值。

夬卦九二爻辞:"惕号莫夜有戎勿恤。"《小象传》曰:"有戎,勿恤,得中道也。"是以"有戎,勿恤"为读。但王弼注却云:"居健履中,以斯决事,能审己度而不疑者也。故虽有惕惧号呼,莫夜有戎,不忧不惑,故勿恤也。"孔颖达疏也说:"九二体健居中,能决其事,而无疑惑者也。虽复有人惕惧号呼,语之云莫夜必有戎卒来害己,能审己度,不惑不忧,故勿恤也。"⑤陆希声《易传》:"初不以渐,二则惕惧而号戒之,体大得中而小心翼翼,故莫夜有戎不足忧恤。"⑥朱熹《周易本义》:"故能忧惕号呼以自戒

---

① 苏轼.苏氏易传[M]//三苏经解集校.金生杨,校点.舒大刚,审校.成都:四川大学出版社,2017:86.
② 李鼎祚.周易集解:卷八[M].文渊阁四库全书本.
③ 廖名春.帛书《周易》论集[M].上海:上海古籍出版社,2008:374.按:释文有改动.
④ 萧统.六臣注文选:卷第二[M].四部丛刊景宋本.
⑤ 王弼,韩康伯.周易注疏:周易兼义下经夬传卷第五[M].孔颖达,疏.清嘉庆二十年南昌府学重刊宋本十三经注疏本.
⑥ 叶良佩.周易义丛:卷九[M].明嘉靖刻本.

备，而莫夜有戎亦可无患也。"① 其余如张载、王申子、吴曰慎等皆同，都是以"莫夜有戎"为句。②《苏氏易传》拒不从俗，坚持《小象传》的断句，云："'惕号，莫夜'，警也。'有戎，勿恤'，静也。能静而不忘警，能警而不用，'得中道'矣。"③ 按：其实《小象传》《苏氏易传》"有戎，勿恤"的断句是正确的。"惕"当读为"啼"，楚简本即作"啼"。"夜"，当依楚简本读作"誉"。"莫"，无也。陆德明《经典释文》载"郑如字，云：无也"。"莫夜"即"莫誉"，不值得赞誉，意思与"无誉"相近。爻辞"惕号，莫夜；有戎，勿恤"，即"啼号，莫誉；有戎，勿恤"，是说：啼哭悲号，不值得称誉；有征战，不要担忧害怕。这是讲面对凶残的敌人应有的态度，不能悲观，不要害怕。④

《苏氏易传》在训诂考据上的贡献还有很多，上述几条只能说是管中窥豹。但就这些而言，我们说苏氏是两宋有数的易学大家，《苏氏易传》是两宋有代表性的易学名著，应不为过。

---

① 朱熹. 周易本义：周易下经第二［M］. 宋咸淳刻本.
② 李光地. 周易折中：卷第六［M］. 北京：九州出版社，2002：343.
③ 苏轼. 苏氏易传［M］//三苏经解集校. 金生杨，校点. 舒大刚，审校. 成都：四川大学出版社，2017：94.
④ 廖名春.《周易》真精神：六十四卦卦爻辞新注新释［M］. 广州：广东高等教育出版社，2019：299.

马王堆帛书《易传》论"时"

赵 涵

安庆师范大学马克思主义学院

摘 要：帛书《易传》论"时"，以"四时"为基础，以"岁"为旨归，涉及古代早期卦气说。其中，"天时渐"和"岁之义"表达天时渐变的思想，《损》《益》之道则通过"卦"与"时"的结合表现四时之有序更替。"趣时"是其思想旨趣，最后落实在"君子务时"层面。可以说，帛书《易传》论"时"有两条进路，一是"时"的自然义，侧重在时节物候层面，根本意涵在于"变易"；二是"时"的人文义，纯以人事言之，强调"君子务时"，突出君子"因时而行"的行动力，这是一种积极的人生态度。其中，自然义是人文义的前提，顺应天时是"君子务时"的理论基础和最终依据，二者共同涵括在天地人的宇宙整体中。

关键词：帛书《易传》；"天时渐"；"岁之义"；《损》《益》之道；"君子务时"

时间，是一个重要的话题，无论是中国古代哲学，还是西方近代哲学，时间都是一个与人类生存息息相关的问题。在古代中国，"时"一直是《周易》中的一个重要概念，内蕴极为丰富，在《易传》的思想体系中居于重要地位。在今本《易传》中，论"时"之处颇多，出现次数高达57次，主要涉及"四时"与"与时偕行"等方面的含义。更有"大矣哉十二卦"，即《豫》《颐》《遁》《姤》《旅》《随》《大过》《解》《革》《坎》《睽》《蹇》，此十二卦在《彖传》中皆有"时义大矣哉""时用大矣哉""时大矣哉"等辞句。在《周易》中，不仅这十二卦涉及"时"，六十四卦都是讲时遇的，《周易》用六十四卦的卦时表示六十四种人生境遇，以表征天地和人间的一切时遇,"时"之重要性可见一斑。

在《周易》中,不仅卦有时,爻亦有时,不同的爻位代表处于不同的发展时期。《彖·乾》云"六位时成",《系辞下》云"六爻相杂,唯其时物也",说的便是六爻都以时言。东汉荀爽认为六爻随时而动,"顺时者成,逆时者败"(《周易集解》)。王弼在《周易略例》中进一步总结出卦爻与时的关系,其云:"夫卦者,时也;爻者,适时之变者也。夫时有否泰,故用有行藏。"程颐进一步说:"看《易》且要知时,凡六爻,人人有用。"(《二程遗书》卷十九《伊川先生语五》)元代吴澄曰:"时之为时,莫备于《易》。"明代蔡清《易经蒙引》曰:"《易》道只是时。"清代李光地认为"时"为"《周易》之精蕴"。清代惠栋云:"时中者,易之大要也。"又云:"易道深矣,一言以蔽之,曰'时中'。"① 可见,历代学者都意识到了《周易》论"时"的独特性和重要性。

近几十年来,学界对《周易》"时"的研究颇多,相关研究已有一定的广度和深度。方东美先生在《生生之德》中对《周易》时空观有所论述,提出乾时坤空说,借用西方现象学和存在主义,通过时间来理解"易有三义"。程石泉先生在《易辞新诠》中进一步提出"易简—时空说"。王振复先生对《周易》时间问题进行现象学上的追问,认为"时"是介于神性时间和人性时间之间的巫性时间,"知几,其神乎"正是《周易》对这种巫性时间的趋于哲理内涵的追问,显示了一种现象学的意义。② 从义理层面理解"时",有林文钦先生的专著《周易时义研究》,以《周易》十二叹卦为核心,诠释了《周易》"时"的内涵。黄庆萱先生在《周易纵横谈》一书中有专文对《周易》时观进行探讨。邢文先生总结传本《周易》论时约有两类,一为以时论卦,即用"时"的思想论述卦爻;另一类为以时作论,即以"时"论君子之德。③ 郑万耕先生对《易传》时观进行溯源,涉及"待时而动""与时偕行""变通趋时"与"时中之义"诸方面内容。④ 王新春先生则对《周易》"时"进行了哲学发微,认为"时"是时、空、物三者统一的抽象概念。⑤

---

① 惠栋. 周易述 [M]. 上海:上海古籍出版社,1990:1.
② 王振复. 周易时间问题的现象学探问 [J]. 学术月刊,2007(11):87.
③ 邢文. 帛书周易研究 [M]. 北京:人民出版社,1997:194-195.
④ 郑万耕.《周易》时观研究 [J]. 周易研究,2008(5):55.
⑤ 王新春. 周易时的哲学发微 [J]. 孔子研究,2001(6):38.

连劭名先生认为《周易》中"时"与"动"有关,"动"必依于时,有"时变""时报""时成""时中"等义。① 吾淳、杨丽娟以"时"观念的知识为线索,考察了"时"之初义。② 还有相关学位论文,如刘霞《〈易传〉"时"的哲学研究》,讨论了"时"的内在依据、理论体系的建构,以及思想旨趣等。③ 可见,相关研究十分丰富。

以上研究主要是基于今本《易传》来讨论"时",涉及"时"诸多方面的含义。帛书《易传》对"时"亦有丰富的展开,对"时"之本源含义有深入探讨。本文在前贤研究的基础上,主要以帛书《易传》为中心,考察其中的"时"思想,这对于我们理解"时"的早期易学内涵有重要意义。总的来说,帛书《易传》论"时"有两个层面的内容:一是以四时言,《二三子问》和《衷》篇谈及"天时渐"和"岁之义",天时最集中的表现就是四时,认为要顺应天时,与天道始。《要》篇谈及《损》《益》之道,涉及春夏秋冬之四时,以四时的有序更替来表现损益、困达的转化规律,认为一切都处于不断的变化中。二是以人事言,强调"君子务时",一个"务"字,突出了君子"因时而行"的行动力,所谓"时止则止,时行则行,动静不失其时",这是一种积极的人生态度。

一、"天时渐"和"岁之义"

《二三子问》和《衷》篇在解释《坤》卦初六爻辞"履霜,坚冰至"时,分别言及"天时渐"和"岁之义","天时渐"是其表现,"岁之义"是其旨归。

在《二三子问》篇中,孔子在解释《坤》卦初六爻辞"履霜,坚冰至"时,提及"天时渐",曰:

> 此言天时譖(渐),戒葆(保)常也。岁始于[东北],□于西南。

---

① 连劭名.《周易》中的"时"及相关问题 [J]. 河南科技大学学报(社会科学版),2006 (5):40.
② 吾淳,杨丽娟.《周易》"时"初义考:《周易》"时"观念的知识线索 [J]. 中国哲学史,2020 (4):40.
③ 刘霞.《易传》"时"的哲学研究 [D]. 济南:山东大学,2013.

温始于□，寒始于□□德，与天道始，必顺五行，元（其）孙贵而宗不偏（崩）。①

《坤》卦初六爻辞云"履霜，坚冰至"，言踏霜时当知坚冰即将到来，反映了天时渐变之理。《周易》特别重视知微知彰，认为在事物开始出现微小的征兆时，就应该知晓事情发生的方向，时刻谨慎才可长久。"岁始于［东北］，□于西南。温始于□，寒始于□□德"，此言一岁之变迁和寒温之转换，强调顺天时行人事。如此则"亓（其）孙贵而宗不偏（崩）"，以此来保证宗族家庭的世代尊贵和长久亨通。赵建伟先生曰："懂得事物的积渐过程，慎积其德，就能够使子孙繁衍显贵、宗族长兴不灭，这即是《坤·文言》释初六的'积善之家，必有余庆'。"② 这种思想与春秋战国时期的宗法制度有关，宗法制是当时贵族凭借血缘关系而建立起世袭统治的一种制度，十分重视血缘的长期存续与祭祀。在这种制度背景下，确保子孙世代尊贵，保证宗庙永不崩灭，是每一个宗法家族的美好愿望。

《衷》篇提及"岁之义"，曰：

孙（逊）从之胃（谓）也。岁之义始于东北，成于西南。君子见始弗逆，顺而保谷。

上述引文同样是出于对《坤》卦初六爻辞"履霜，坚冰至"的解读，讲的是逊从之义，即顺从时序发展的客观规律，并以"岁之义"为旨归。引文的最后一句"君子见始弗逆，顺而保谷"，指君子的行为不应违背事物发展的自然顺序，要顺应时序，是将对"时"的重视落实到农业生产上面，与农事活动有密切联系。《礼记·乐记》云："天地之道，寒暑不时则疾，风雨不节则饥。教者，民之寒暑也，教不时则伤世。"陈澔云："寒暑者，一岁之分剂；风雨者，一旦之气候。"③ 可见圣王教化的一个重要内容，便是使民众知

---

① 刘彬，孙航，宋立林. 帛书《易传》新释暨孔子易学思想研究［M］. 北京：中国社会科学出版社，2016：38. 以下引文皆引此书，故不再标注。
② 赵建伟. 出土简帛《周易》疏证［M］. 台北：万卷楼图书有限公司，2000：217.
③ 陈澔. 礼记集说［M］. 南京：凤凰出版社，2010：300.

四时、寒暑和物候，这是农业生活的一个重要方面。

在以上两处引文中，需要着力解释的是岁"始于东北，成于西南"之语。引文言及一岁之变迁，从东北方向开始，在西南方向大成。关于此句，我们可从时间和空间两个层面进行解读：从时间层面言之，是一年之计从冬季开始，成于夏季；从空间层面而言，即一年之计始于东北，成于西南。那么，东北、西南方位有何特殊性，得以"始于东北"又"成于西南"？显然，人类的生活经验无法解释"东北"为何是岁之始，而"西南"又为何是岁之成。要理解这句话就需要了解中国古人独特的时空观。

在2020年11月20日发布的清华简第十册中，《四时》篇将一年十二个月分为四孟、四仲、四季三组，同一组同一天记录的星象有一定的规律，基本按照自东北至西南的顺序循环记录，这符合星象的实际情况。在战国时人的认知中，四时成一岁，一岁之变迁在空间上的表现是从东北运行到西南。可见，在古人的世界观中，方位与时间总是紧密联系在一起，譬如，四方与四气相联系，八方与八节相联系，《说卦》便是将八卦与八方、八节联系在一起，这是岁"始于东北，成于西南"的易学基础。

具体来看一下易学的时空观，《说卦》云："艮，东北之卦也，万物之所成终而所成始也，故曰成言乎艮。"艮卦在后天八卦方位中为东北之卦，处于坎卦与震卦之间，坎卦为冬日之卦，震卦为春日之卦，故坎卦之时冬季正要结束，故曰"成终"，此时春季尚未开始，处于准备阶段，又曰"成始"。可以说，艮卦既是四季循环的终点，同时也是下一个循环的起点，所以说"始于东北"，即一切从艮卦开始。《说卦》又云："坤也者，地也，万物皆致养焉，故曰致役乎坤。"在后天八卦方位中，坤为西南之卦，处于离卦和兑卦之间，即夏与秋之间，夏秋之时正是万物生长、收获的时期，故曰"万物皆致养"，正是"成于西南"之意。而坤卦与艮卦相对，一曰成始，一曰成终，终始往返便是一岁之成。此指向的是一年四季的运行规律，对君子而言就要顺应这种季节循环的安排，即"君子见始弗逆，顺而保谷"。

要对该句进行深入理解，还须了解易学中的卦气说。《衷》篇用"始于东北，成于西南"来理解"岁之义"，指向一年之寒温在空间方位上的变迁，故有学者认为这是八卦卦气说。廖名春先生认为这是以八卦的卦气说来解释《坤》六二爻辞，其云："八卦卦气说应当溯源至先秦，我们不应低估八卦卦气说产生的时代,也不应低估《说卦》产生的时代。"① 梁韦弦先生对此有不同意见,认为只有二十四节气完整地与易卦配合,才能称之为卦气说。② 丁四新先生则认为梁氏的批评未必正确,认为《要》篇包含了八卦的卦气说,其云:"《说卦》的八卦卦气说与帛书《易传》有所不同,前者对八卦与八方、八节相配之原理做了一般性的陈述,而后者则是对前者的具体应用,是为了具体解释《坤》六二爻而在暗中加以使用的。"③

其中涉及对八卦卦气说的讨论,依据在《说卦》"帝出乎震"章,描述了万物生长的过程,"万物出乎震,震东方也"说的是春季,"离也者,明也,万物皆相见,南方之卦也"说的是夏季,"兑,正秋也"说的是秋季,"坎者,水也,正北方之卦也"说的是冬季。其中以八卦与八方相配,即震卦与东方相配,巽卦与东南相配,离卦与南方相配,坤卦与西南相配,兑卦与西方相配,乾卦与西北相配,坎卦与北方相配,艮卦与东北相配。而震卦又与春季相配,离卦与夏季相应,兑卦与秋季相合,坎卦与冬季相对,以此形成八卦的卦气说。简单说来,在《说卦》中存在八卦与四时、八方相配的一种思维模式,尚不存在六十四卦与二十四节气相配的模式。所以,《要》篇的确不存在汉易中的卦气说,即不存在易卦与二十四节气的结合,但已具备早期卦气说的基本要素,存在八卦与四时、八方相配的现象。

这里体现了古人对时间和空间的理解,这是我们理解事物的前提。卡西尔(Ernst Cassirer)在《符号形式的哲学》一书第二部分"人类的存在"开篇即说:"空间和时间是一切实在与之相关联的构架。我们只有在空间和时间的条件下才能设想任何真实的事物。按照赫拉克利特的说法,在世界上没有任何东西能超越它的尺度——而这些尺度就是空间和时间的限制。"④ 在卡西尔的论述中,空间和时间的经验还有各种类型,并且不在同一水平上,有高低之分,最低层次的是有机体的空间和时间,新生动物往往有准确的空间

---

① 廖名春.帛书《易传》象数学探微[M]//帛书《周易》论集.上海:上海古籍出版社,2018:81.
② 梁韦弦.关于帛书《易之义》解说坤卦卦爻辞之文义的辨析[J].周易研究,2005(3):40-43.
③ 丁四新.周易溯源与早期易学考论[M].北京:中国人民大学出版社,2017:104.
④ 卡西尔.符号形式的哲学[M].赵海萍,译.长春:吉林出版集团股份有限公司,2018:58.

距离感和方位感。而人类世界与动物世界的分界线就在于"符号的空间",这种空间感并非直接感受到的,而是一个复杂的思维过程。显然,在"岁之义始于东北,成于西南"这一句中,"东北"和"西南"并不是我们感官经验中的空间,也远非西方哲学家常谈及的抽象空间,即几何学上的空间,因为它并不客观,而是主体对世界的一种理解方式。

综上,"天时渐"和"岁之义"兼具空间和时间的维度,四季转换,日月运转,这些都是历法周期的具体表现形式。君子要顺从这种周期性时间流逝的规律,不要逆反。与线性的现代时间观不同的是,古人认为时间最重要的特征是循环,根据四季的循环来定位一年的生产劳作。春生、夏长、秋收、冬藏,循环往复,生生不息,把握住了四时更替的规律,就把握住了"天时渐"和"岁之义"。

二、《损》《益》之道

《要》篇言"《损》《益》之道",曰:

> 孔子繇(籀)《易》,至于《损》《益》一卦,未尚不废书而蓍(叹),戒门弟子曰:"二三子,夫《损》《益》之道,不可不审察也,吉凶之□也。《益》之为卦也,春以授夏之时也,万勿(物)之所出也,长日之所至也,产之室也,故曰《益》。《授》(《损》)者,秋以授冬之时也,万勿(物)之所老衰也,长夜之所至也,故曰〔《损》〕。产道䓖(穷)焉,而产道产焉。《益》之始也吉,元(其)冬(终)也凶。《损》之始凶,元(其)冬(终)也吉。损益之道,足以观天地之变,而君者之事已。是以察于损益之变者,不可动以忧喜。

此段最为难读,经过前辈学者的整理校读,语义基本能通,一般多采用卦气说来进行解释,亦称之为《损》《益》卦气说。

孔子读《易》,至于《损》《益》之卦,往往掩书而叹,并告诫门中弟子说,《损》《益》之道,不可不审察也,其中有吉凶的奥秘。并以《损》《益》两卦表示一年四季之变迁,以《益》卦代表从春到夏的一段时间,《损》卦代表从秋到冬的一段时间,与《二三子问》篇所言"温""寒"对应,需用时节的观念进行解读。

先看《益》卦，其曰："《益》之为卦也，春以授夏之时也，万勿（物）之所出也，长日之所至也，产之室也，故曰《益》。"《益》卦代表从春季到夏季的这段时间，此时阳气渐盛，万物生长，白昼变长，是春生夏长之意也。关于"长日"，廖名春先生曰："长日又称日永（《尚书·尧典》）、日长至（《吕氏春秋》），即夏至。夏至的这一天，白昼最长；而冬至则白昼最短，夜晚最长，故冬至又称日短（《尚书·尧典》）、日短至（《吕氏春秋》）。"① 这种说法可能不太准确。根据上下文意来判断，"长日"应指白昼长于黑夜的一段时间，不单指夏至这一天。于此，刘彬先生的说法更为合理，其云："'长日'应是指从二月春分第二天起，至五月夏至第一天止的一段时间。"② 可知"长日"正对应从春到夏这一段时间的白昼变化。关于"产之室也"，一般认为"产"为生产，"室"为居所，即万物产生、成长的居所。而刘彬先生将"室"释为实满，意为"生之实满、强盛之时"③。两种解释并不相违，均言《益》卦之时为万物发生、成长的状态。另有赵建伟先生认为："'产之室也'四字当是他处之文误至于此。"④ 其根据是下文解释《损》卦时并没有此句，可备一说。

关于《损》卦，其曰："《授》（《损》）者，秋以授冬之时也，万勿（物）之所老衰也，长夜之所至也，故曰〔《损》〕。"其中，"授"为"损"之讹，"故曰"后脱"损"字。《损》卦之时，代表从秋季到冬季的这段时间，此时阴气渐盛，万物老衰，黑夜变长，是秋收冬藏之意也。关于其中的"长夜"，与"长日"对应，学者们认为是冬至，刘彬先生则认为"'长夜'应指从八月秋分第一天起至十一月冬至第一天止"⑤，此说有理。

《要》篇认为《益》卦"春以授夏之时也"，《损》卦"秋以授冬之时也"，其中出现春、夏、秋、冬等字眼，以《益》卦主春夏之时，是万物增

---

① 廖名春. 帛书《要》试释 [M] //帛书《易传》初探. 台北：文史哲出版社，1998：141.
② 刘彬，孙航，宋立林. 帛书《易传》新释暨孔子易学思想研究 [M]. 北京：中国社会科学出版社，2016：257.
③ 刘彬，孙航，宋立林. 帛书《易传》新释暨孔子易学思想研究 [M]. 北京：中国社会科学出版社，2016：258.
④ 赵建伟. 出土简帛《周易》疏证 [M]. 台北：万卷楼图书有限公司，2000：273.
⑤ 刘彬，孙航，宋立林. 帛书《易传》新释暨孔子易学思想研究 [M]. 北京：中国社会科学出版社，2016：258.

益的过程，《损》卦主秋冬之时，是万物减损的过程，万物生长收藏的变化尽在其中，吉凶转换也在其中。可见，《要》篇谈及《损》《益》之道，与四时之节有关。春夏秋冬之四季的循环往复是自然界的一个重要特征，表现出终始循环的思想。此正如成中英先生所说："若要体会'时'，最好是去体会四时及其变易。"① 许慎《说文解字》云："时，四时也。"段玉裁注曰："本春秋冬夏之称，引申之为凡岁、月、日、刻之用。"可知，四时是"时"的本源含义，也是帛书《易传》论"时"的基础。

关于"产道罷（穷）焉，而产道产焉"句，"产道"之"产"，即生，《礼记·乡饮酒义》云："东方者春，春之为言蠢也，产万物者也。"《益》之为卦，处春夏之时，正是万物生长的季节，故曰"产道产"，即万物生。而《损》之为卦，处秋冬之际，乃是万物老衰的季节，故曰"产道穷"，即万物藏。由损到益，由死到生，由秋冬至春夏，至此完成一个循环，同时这一周期的终点又是下一周期的起点，以此循环往复，生生不息。饶宗颐先生认为："产道谓产气，指阳气之生。"②《汉书·艺文志》云："凡候岁美恶，谨候岁始，岁始或冬至日，产气始萌。"此言岁或始于冬至日，此时一阳复生，阳气开始增加，阴气减少，所谓"产气始萌"也。笔者认为，"产道穷焉，而产道产焉"句应是针对《损》卦而言，言由"穷"到"产"的转化，因为"穷"之后往往又是"产道"的重新开始。可以说在损卦之时，阴气达到极盛，紧接着便是一阳始生，故既曰"产道穷"，又曰"产道产"，以示周期循环之意。

"《益》之始也吉，亓（其）冬（终）也凶。《损》之始凶，亓（其）冬（终）也吉。"春夏为万物开始生长的季节，故曰"《益》之始也吉"。但春夏之后便是秋冬，白天之后便是黑夜，此时阳退而阴长，故曰"亓（其）冬（终）也凶"。而秋冬之时，万物不再生长，而归入收藏，此时万物老衰，谓"《损》之始凶"。但这并不是终结，万物老衰到极点，便有一阳来复，成为下一个四季轮回的起点，代表潜藏的新生力量，故曰"亓（其）冬（终）也吉"。此从生长消退引申出吉凶转化之理。《杂卦》云："《损》《益》，盛

---

① 成中英.《周易》的"时中"观念与孔子思想[M]//中国哲学编辑部.中国哲学第十四辑.北京：人民出版社，1988：29.
② 饶宗颐.论帛书《要》篇损益的天文意义：产道与产气[M]//饶宗颐二十世纪学术文集：卷三.北京：中国人民大学出版社，2009：66.

衰之始也。"韩康伯注："极损则益，极益则损。"可见《损》《益》讲的是一种盛极而衰、衰极而盛的循环论，吉凶可互为转换，由四季之循环往复而来。

《要》篇论《损》《益》两卦的这节文字，学界争议很大。首先是关于其中有无卦气说的分歧，刘大钧先生认为其中含有卦气说，并且可以证明先秦已有卦气说存在。梁韦弦先生认为，其中的主题说的不是卦气，但它透露出有关卦气的知识。① 此说可以成立，但梁氏进一步认为："帛书易传《要》篇所透露出的关于卦气的知识，不能证明先秦已有卦气说，只能证明《要》篇的写定不会早于西汉之初。"② 这是值得商榷的。笔者认为，帛书《要》篇中存在早期卦气思想，并且其时代也应是在战国时期。在认可其中有卦气说的这一类意见中，学界亦有两种不同的看法。第一种认为是八卦卦气说，即以《损》《益》两卦配春夏秋冬之四时，《损》卦下兑上艮，兑为秋，艮为冬末，故曰"《损》者，秋以授冬之时也"。《益》卦下震上巽，震为春，巽为夏初，故曰"《益》之为卦也，春以授夏之时也"。第二种意见认为与六日七分卦气有关，在"六日七分"说中，《益》卦处立春正月节，为六十日七十分；《损》卦在处暑七月节，为二百四十九日四十七分。③ 此以《益》卦为正月之卦，《损》卦为七月之卦，与《要》篇以《益》卦指春夏两季，《损》卦为秋冬两季的说法并不完全匹配。

卦气说的根本是"卦"与"时"的结合，主要表现为卦与四时、十二月、二十四节气、七十二候的结合。邢文先生认为："卦气的层次应该分作两类：一为四时卦气，二为易卦节气。"④《要》篇中的早期卦气思想主要涉及四时，应为四时卦气，而易卦节气则是汉易中的卦气说，二者不可不辨。帛书《易传》重视四时，以易卦与四时、四方相配，尚未涉及二十四节气的内容，不包含汉易"十二辟卦"和"六日七分"说的内容，可以看作是卦气说的早期形态。但二者在本质上没有什么不同，卦时的核心在四时，卦气的核心在二十四节气，皆来源于对自然界循环运行的观察。

---

① 梁韦弦. 汉易卦气学研究 [M]. 济南：齐鲁书社，2007：193.
② 梁韦弦. 汉易卦气学研究 [M]. 济南：齐鲁书社，2007：196.
③ 杭辛斋. 易楔卷四 [M] // 学易笔谈. 影印本. 天津：天津市古籍书店，1988：694，699.
④ 邢文. 帛书周易研究 [M]. 北京：人民出版社，1997：152.

《损》《益》之道的目的在"与时偕行",贡华南先生说:"'与时'不是守着空洞的仪表,而是与鲜明的四季合拍,与实实在在的万物共鸣、共舞,就是'与万物沉浮于生长之门'。"① 四时变迁是先民俯仰观察最直接的感受,也是影响农业生产的关键因素。在农业社会时期,百姓仍处于靠天吃饭的阶段,春耕夏耘,秋收冬藏,每一个节令都与农业生产息息相关,这是当时国家政治生活中很重要的一部分。"依时""不失时"的思想最初是针对农业生产来说的,与古代"授时"之制有关。《尚书·尧典》云"以闰月定四时""敬授民时",《孟子》云"不违农时""无失其时",《荀子》云:"春耕、夏耘、秋收、冬藏四者不失时,故五谷不绝而百姓有余食也。"可见"时"在农业生活中的重要性。

三、"君子务时"

"天时渐""岁之义"和"《损》《益》之道"均从"时"的自然义出发进行讨论,关注时节气候的变迁,四时是其基础,根本意涵在于"变易",所谓"观天地之变"。除此之外,在帛书《易传》中尚存在另一条思路,即以人文义谈"时",从"时至而动""时尽而止"的角度讨论"时",这就将"时"从天地层面落实到人道层面来讲。《损》《益》之道最终说的是"与时偕行",《损·象》曰:"损益盈虚,与时偕行。"《益·象》曰:"凡益之道,与时偕行。"因此,黄黎星先生说:"从'时'之义看'损''益'之道,有四时变化、更替相损益的自然属性,更有施于社会人生的社会属性。"②

以《二三子问》篇为例,孔子释《乾》卦九三爻辞"君子终日键键……夕沂(泥)若,厲(厉),无咎"时,提出"君子务时"的思想:

> 孔子曰:"此言君子务时,时至而动,□□□□□,屈力以成功。夫日中而不止,时年至而不淹。君子之务时,猷(犹)驰驱也,故曰'君子终日键键'。时尽而止之以置身,置身而靜(静),故曰'夕沂(泥)若,厲(厉),无咎'。"

---

① 贡华南. 味与味道[M]. 上海:上海人民出版社,2008:112.
② 黄黎星. 与时偕行 趣时变通:《周易》"时"之观念论[J]. 周易研究,2004(4):19.

孔子认为《乾》卦九三爻辞说的是"君子务时"的道理，从"时至而动"和"时尽而止"两个层面来进行解释，认为一动一静皆要合时。所谓"时至而动"，是说在时机到来的时候，要抓住机会，奋力一搏，争取成功。君子在此时应该"日中而不止，时年至而不淹"，终日键键而不敢有所懈怠。所谓"时尽而止"，是说在不得时的情况下，当形势不再对己有利，就要停止行动，内敛精神，"修德以待时"。《艮·彖》即云："时止则止，时行则行，动静不失其时，其道光明。"杨庆中先生说："'时行'之'时'，还不仅仅是指年、月、日、时，而是与此年、月、日、时相关的及其与主体相关的一切因缘的总和。这就是人们通常所说的'时机'一词的真正含义。"① 所谓"务时"，即是动静有时，该行则行，该止则止，时至则动而驰驱，时过则止而静处，正是知进退存亡之意。

那么，为何在《乾》卦九三爻辞解释出"务时"的思想呢？《二三子问》篇云："九三重刚而不中，上不在天，下不在田，故乾乾因其时而惕，虽危'无咎'矣。"君子处于九三位置的时候，位于下卦最上爻，既非高位，也非低位，没有依靠，此时需要时刻警惕，耐心等待时机才能作为，不可贸然行动。此时虽然危险，也可无咎。朱骏声曰："凡言'无咎'者，忧中之喜，补过者也。如文王早耀文明之德，以蒙大难，故增修柔顺，勤于日昃，以怀多福。大禹惜寸阴，周公坐以待旦，亦此义也。复卦亦曰'厉无咎'，人皆生于忧患也。"② "无咎"的关键在于"进德修业"，《文言》云："君子进德修业，忠信所以进德也。修辞立其诚，所以居业也。知至至之，可与几也。知终终之，可与存义也。是故居上位而不骄，在下位而不忧，故乾乾因其时而惕，虽危无咎矣。"《文言》认为，君子要德业并建，忠信以进德，修辞以立诚，知晓即将到来的事物的几微的征兆，也知道事物最终的发展结果，如此便能在上位时不骄傲，在下位时不愁闷，安于自己所处的位置，是以"无咎"。

《二三子问》篇在解释《乾》卦初九爻辞"潜龙勿用"时，涉及不得时的情况，其云：

---

① 杨庆中. 易学与儒道哲学 [M]. 北京：人民出版社，2022：213.
② 朱骏声. 六十四卦经解 [M]. 北京：国家图书馆出版社，2008：7.

    《易》曰："寑（寝）龙勿用。"孔子曰："龙寑（寝）矣而不阳，时至矣而不出，可胃'寑（寝）'矣。大人安失（佚）矣而不朝，蒥猒（苟厌）在廷，亦猷（犹）龙之寑（寝）也。亓（其）行灭而不可用也，故曰'寑（寝）龙勿用'。"

此以"潜龙勿用"比喻不在朝任职而隐居在家的大人，表达的是"遁世"之意。"遁世"一词出自《文言》，《文言》记载："子曰：'龙德而隐者也。不易乎世，不成乎名，遁世无闷，不见是而无闷。乐则行之，忧则违之，确乎其不可拔，潜龙也。'"《大过·象》亦云："君子以独立不惧，遁世无闷。"是说人有龙德而隐居，不为世俗名利所动，隐居却不烦闷，不容于世也不烦闷，而是安居在家，其志任谁也不能动摇。"遁世"并不是超然世外，归隐山林，而是在不得时的情况下，退隐在家以安身，并读书修德，以期在时至之际有所作为，所谓"含章可贞，以时发也"。所以，金景芳先生在解释"艮，止也"时说："止的意义并不简单，不能以为停止不动才是止。其实止还包含着行的意义在内。这一点一般人不易领会，所以孔子特别加以说明。止于止是止，止于行也是止。"[1] 是"行"还是"止"，关键在"时"。

在人生不同时段的诸多际遇中，有顺境也有逆境，处于顺境时自能有一番作为，但是逆境却更能彰显出君子的品格，由此生发出的人生智慧和前途事业也更加辉煌。《缪和》篇提到商汤困于吕地，文王因于羑里，秦穆公困于殽地，齐桓公受辱于长勺，勾践困于会稽，以及晋文公困于骊氏等六个例子，这些都是历史上的有名君主，无一例外都曾遭遇过人生低谷，也都凭借自身努力和坚强意志创造出辉煌的事业。可见，相较于得时的情况，帛书《易传》更重视在不得时的情况下君子应该如何处事。

对此，《缪和》篇再次强调掌握时机对成功的重要性，其曰：

    古之君子，时福至则进取，时亡则以让。夫福至而能既焉，贵走亓（其）时，唯恐失之。故当亓（其）时而弗能用也，至于亓（其）失之也，唯欲为人用，岂可得也才（哉）！将何'无每（悔）'之又？受者

---

[1] 金景芳，吕绍纲. 周易全解 [M]. 长春：吉林大学出版社，1989：359.

昌，贵福而弗能蔽者竆（穷），逆福者死。

此言古之君子，在福至之时积极进取，在时机消亡之时主动退让。因为福气既能到来，也能消亡，总有终尽的一天，所以掌握福气到来的时机便显得尤为重要。如果在美好的时机到来之时，不能抓住时机有所作为，等到时机逝去，却想要有所行动，又怎么能够成功呢？顺受福气到来的时机而作为就会昌盛，反之则穷困，逆福气到来的时机而行动者则消亡。所以《缪和》篇云："圣人知福之难得而贵也，是以又（有）矣。"可见，圣人能够做到趋时而动，掌握福气到来的时机，因此能够获得成功。

金景芳先生在《易通》中说："时之一字，实为孔子之基本哲学。……何谓时？即因'时代''环境''事宜'之不同，而各为适当必要之措置；此种措置之方式，初无一定，即所谓'因时制宜''因地制宜''因人制宜''因事制宜'者也。"[1] 孟子评价孔子"可以速则速，可以久则久。可以处则处，可以仕则仕"（《孟子·万章下》），孔子被称为"圣之时者"也是从这一方面说的。在宇宙和人生社会不同的时遇下，人要适时回应，与时偕行，适应不同的人生际遇，最终实现"崇德广业"的人生理想。现实的人生总是处于不同的境遇之下，有损有益，有困有达，这些都像春夏秋冬之四时的更替一样，春天再美好，也不会长久存在，冬季虽寒冷，很快也就过去，一切都处于不断的变化中。在困境时要明白困境终会过去，要直面困境，并通过自身的积极努力转化不利的局面，等待时机转危为安，故《系辞下》说："君子藏器于身，待时而动，何不利之有？"在顺境时要知晓顺境也不是恒久的，要戒骄戒躁，也就是《文言》所说"居上位而不骄，在下位而不忧"。正如王新春先生所说："时遇是人所不可自主选择的，但人却完全可以成为时遇的成功回应者与驾驭者。"[2]

王弼在《周易略例·明卦适变通爻》中说："一时之制，可反而用也；一时之吉，可反而凶也。"穷达、吉凶随时都在变化，不可拘于一时之穷达、一时之吉凶。因此，在人类社会中，"时"更普遍地表现为变通思想，人要学会随时而变，如《系辞下》"变通者，趣时者也"。又云："穷则变，变则

---

[1] 金景芳.学易四种 [M].长春：吉林文史出版社，1987：77.
[2] 王新春.《周易》时的哲学发微 [J].孔子研究，2001 (6)：38.

通,通则久。"由此达到的人生境界就是"时中","有怎样的时遇的脉动之流情状,就要采取怎样的具体中的方法,达致怎样的最佳德与业境界"①,其最高境界就是"圣之时者"。故而程颐说:"学者全要识时,若不识时,不足以言学。"(《二程遗书》卷二上《二先生语二上》)

具体要如何"务时",黄庆萱先生说:"如以'时'的先后而论,那么,时机未到,要'待时';时机到了,要'与时偕行';时机转变,要'趣时';总以'不失时'为最低限度。"② 要做到不失时、不妄动,是需要丰富的人生阅历和人生智慧的,也需要一定的道德修养。在漫长的一生中,每个人都将面临时遇的困境,其际遇必受到天地以及社会环境发展变化的影响。如何回应时遇,就是"君子务时",其中一个"务"字,突出了君子"因时而行"的行动力,这是一种积极的人生态度。

那么"君子务时"所根据的"时"是如何判定的呢?《文言》云:"坤道其顺乎?承天而时行。"日月经天,寒来暑往,四时更替,圣人通晓此道,合于天地日月四时之道,则天下化成,所谓"极天地之渊蕴,尽人事之始终"是也。无论天地自然还是社会人生,都是有序变化的,天地以顺动,君子当顺此天地之动,不失其时。《说卦传》云"是以立天之道曰阴与阳,立地之道曰柔与刚,立人之道曰仁与义",于天地之间遵循自然客观规律,于自身则加强道德修养,安于自己所处的天地之间的位置,以仁义处事,这在一定程度上也达到了"知命"的人生境界。"知命"就是知晓事物发展的最终原理,知晓天道运行的法则,进而知晓人事所以吉凶的根据,实际上就实现了趋吉避凶的人生目的,是否合时也成为判定吉凶悔吝的一个重要因素。

四、结语

综上,在帛书《易传》中,既有自然之"时",也有人文之"时",自然义是人文义的前提,二者共同涵括在天地人的宇宙整体中。易学中的"时"最初源于客观经验中的"四时",逐渐从中建立起一套人类行为处事的思维模式,成为与人之命运息息相关的一个重要概念。其中,人要效法此自然界的规律来建立人世间的行为准则,这就是"《易》与天地准",也是人与

---

① 王新春.《周易》时的哲学发微[J].孔子研究,2001(6):45.
② 黄庆萱.周易纵横谈[M].桂林:广西师范大学出版社,2006:84.

天地准，人在其中穷神知化、参赞化育，正如《缪和》篇所云"上顺天道，下中地理，中适人心"。在此基础上，"时"得以贯通天地人，不违背天地人三才之道就是"时行"，而"时义"其实就是在天地人的宇宙整体性中所行之义。因此邢文先生说："时之大义已和'天''地''人''时'并论。"①

---

① 邢文. 帛书周易研究［M］. 北京：人民出版社，1997：196.

"《冬官》不亡"说的滥觞、发展及其学术影响[*]

夏 微

西南财经大学社会发展研究院

根据《经典释文·序录》[①]《隋书·经籍志》[②]《礼记正义·礼器》孔颖达正义[③]和贾公彦《序周礼废兴》[④]的记载,西汉发现的《周礼》缺《冬官》一篇,汉人求之不得,遂以《考工记》补《冬官》之缺。至东汉,郑玄注解《周礼》,佚亡的《冬官》部分就以《考工记》替代,名曰"《冬官考工记第六》"。

由汉迄唐,没有学者怀疑《冬官》佚亡问题,注解《周礼》时都将《考工记》作为《周礼》的一部分进行注解,如传世的陆德明《经典释文》、贾公彦《周礼疏》。至宋代,经典辨疑思潮兴起,并不断深入,注解《周礼》者开始怀疑《冬官》残缺问题,南宋出现了"《冬官》不亡"说。随即,俞

---

[*] 2022年度教育部人文社会科学研究规划基金项目"'《冬官》不亡派'与宋元明清时期的《周礼》'复古'之争研究"(项目号:22XJA720002)阶段成果。

[①] 唐代陆德明《经典释文·序录》记载:"景帝时河间献王好古,得古礼献之。或曰河间献王开献书之路,时有李氏上《周官》五篇,失《事官》一篇,乃购千金不得,取《考工记》以补之。"按,冬官掌事典,故此处之《事官》即《冬官》。

[②] 《隋书·经籍志》记载:"而汉时有李氏得《周官》。……上于河间献王,独阙《冬官》一篇,献王购以千金不得,遂取《考工记》以补其处,合成六篇奏之。"

[③] 《礼记·礼器》中"故经礼三百,曲礼三千"一句,郑玄注曰:"礼经谓《周礼》也,《周礼》六篇,其官有三百六十。"孔颖达正义曰:"至汉孝文帝时,求得此书,不见《冬官》一篇,乃使博士作《考工记》补之。"

[④] 唐代贾公彦《周礼疏》卷首《序周礼废兴》中,引马融《传》曰:"至孝成皇帝,达才通人刘向、子歆,校理秘书,始得列序,著于录、略。然亡其《冬官》一篇,以《考工记》足之。"

庭椿作《周礼复古编》，提出了第一个《冬官》补亡方案，由此引发了从南宋延至清初的补亡《冬官》热。毋庸置疑，"《冬官》不亡"说主导的割裂补亡观点是有问题的，清代学者就批判其说："窜乱五官，以补《冬官》之亡，经遂更无完简。"①但不可否认"《冬官》不亡"说流行了四百余年，受其影响，不同时代的学者做出了五花八门的《冬官》补亡方案，"《冬官》不亡"说在《周礼》学史上是产生过重要影响的，具有独特的学术史研究价值。

目前学界对"《冬官》不亡"说的研究还比较有限，杨世文教授《宋儒"〈冬官〉不亡"说平议》②一文对此问题的研究具有重要意义，但有关"《冬官》不亡"说的源起、在后世的流行传播、对《周礼》研究的影响等问题，都还有继续探讨的空间和必要。

一、"《冬官》不亡"说之滥觞

"《冬官》不亡"说的核心观点是，《周礼》的《冬官》篇未亡，散落于《天官》《地官》《春官》《夏官》《秋官》之中。据刘丰先生考辨，这一观点的首倡者是洪炎。

宋人庄绰《鸡肋编》中记载：

> 又李擢除工部侍郎词云："国有六职，百工各居其一焉。凡今冬官之属，以予观之，才二十有八，而五官各有羡数。考冢宰官府之六属，各为六十。而天官则六十四，地官则七十，夏官则六十七，秋官则六十六。盖断简失次而然，非实散亡也。取其羡数，凡百工之事，归之冬官，其数乃周。汝尚深加考核，分别部居，不相杂厕，则六职者均一，非特可正历代之违，抑亦见今日辨治之精且详也。非汝其谁任？"此皆洪炎之词。③

《周礼·天官·小宰》云："以官府之六属举邦治：一曰天官，其属六

---

① 永瑢, 纪昀. 四库全书总目提要：第19卷 [M]. 北京：中华书局，2003：152.
② 杨世文. 宋儒"《冬官》不亡"说平议 [J]. 中国典籍与文化，2005 (1)：22-27.
③ 庄绰. 鸡肋编：卷中 [M]. 北京：中华书局，1983：53-54.

十，掌邦治，大事则从其长，小事则专达；二曰地官，其属六十，掌邦教，大事则从其长，小事则专达；三曰春官，其属六十，掌邦礼，大事则从其长，小事则专达；四曰夏官，其属六十，掌邦政，大事则从其长，小事则专达；五曰秋官，其属六十，掌邦刑，大事则从其长，小事则专达；六曰冬官，其属六十，掌邦事，大事则从其长，小事则专达。"依据这段经文，则《周礼》六官每一系统属官当为六十，洪炎以此为据，认为传世本《周礼》"五官各有羡数"，并进行列举：天官系统属官六十四，地官系统属官七十，夏官系统属官六十七，秋官系统属官六十六，[①] 五官属官都超过了六十。冬官系统属官仅二十八，[②] 远不足六十之数。据此，洪炎大胆推测，因"断简失次"，《周礼》现在六官系统的属官存在"相杂厕"的情况，所以《周礼》的《冬官》篇"非实散亡"。洪炎还进一步指出，若取五官系统中与百工之事相关的属官归入《冬官》，"分别部居，不相杂厕，则六职者均一"，更"可正历代之违"。

程大昌《续考古编》也记载了李擢被授官工部侍郎的制词：

> 绍兴三年，除李擢工部侍郎制云："冬官之属才二十有八，而五官各有羡数。考冢宰六属各为六十，而今天官、春官六十四，地官七十一，夏官六十七，秋官六十六。盖简失次，名实散亡也。取羡数，凡百工之事，归之冬官，其数乃周。"[③]

与庄绰《鸡肋编》所载制词相比较，两段制词的文字略有出入，但主旨大意是一样的。程大昌引这段制词，表明他赞同洪炎的观点，也认为《周礼》在传承过程中书简次序颠倒错乱，《冬官》"名实散亡"，其实未亡，若取传世本《周礼》五官中与百工之事相关的属官归入《冬官》，就能如《小宰》所记：六官的每一系统属官皆为六十。

后，王应麟《困学纪闻》卷四《周礼》，引"程泰之曰"：

---

① 洪炎统计的《周礼》五官系统属官数量存在错误，天官系统属官有63，地官系统属官有78，春官系统属官有70，夏官系统属官有69，秋官系统属官有66。
② 洪炎统计的冬官系统属官仅28，是《考工记》所载百工数量。
③ 程大昌．考古编；续考古编[M]．北京：中华书局，2008：282.

> 五官各有羡数，天官六十三，地官七十八，春官七十，夏官六十九，秋官六十六。盖断简失次，取羡数凡百工之事归之《冬官》，其数乃周。

"泰之"是程大昌的字，王应麟此处引用的是程大昌《续考古编》中的观点，而程大昌的这一观点来自洪炎。

在洪炎、程大昌的基础上，胡宏更进一步提出"刘歆颠迷，妄以《冬官》事属之《地官》"的观点，其曰：

> 《周官》司徒掌邦教，敷五典者也。司空掌邦土，居四民者也。世传《周礼》阙《冬官》，愚考其书而质其事，则《冬官》未尝阙也，乃刘歆颠迷，妄以《冬官》事属之《地官》，其大纲已失乱如是，又可信以为经，与《易》《诗》《书》《春秋》配乎？①

南宋初，秦桧为了打击政敌，有意抬高王安石新学，引发朝野上下对王安石变法是福还是祸的争论。以杨时为代表的士大夫对王安石变法评价很低，甚至将北宋灭亡完全归咎于王安石变法。他们批判王安石新学，进而批判《三经新义》。由于《周官新义》是王安石亲作，曾作为熙宁新法的经典依据，故所受批判最严厉。对《周官新义》的批判最终祸及《周礼》，南宋建炎至绍兴年间，成为宋代历史上对《周礼》评价最低的一个时期。② 胡宏是胡安国之子，曾从学于杨时，青年时代经历了靖康之变，因不愿与秦桧为伍，放弃了恩荫的机会，隐居不仕，致力于学术研究和教学。他对《周礼》的评价相当低，持全面否定态度，主张《周礼》是刘歆伪造的，目的是迎合王莽，猎取名利，他评价《周礼》是"乱臣贼子伪妄之书"，没有资格与《诗》《书》并列，不配称经。③ 此处，胡宏主张刘歆"颠迷"，在伪造《周礼》的过程中，胡乱将《冬官》内容掺杂进《地官》之中，才造成了《周礼》缺少《冬官》的假象，其实"《冬官》未尝阙"。

---

① 胡宏. 五峰集：卷四 [M]. 文渊阁四库全书本.
② 夏微. 宋代《周礼》学史 [M]. 北京：中国人民大学出版社，2018：75.
③ 胡宏. 五峰集：卷四 [M]. 文渊阁四库全书本.

综上，《冬官》未亡、散于五官（《天官》《地官》《春官》《夏官》《秋官》）的观点是洪炎最先提出的，程大昌赞同这一观点，胡宏更进一步提出《冬官》不亡、散于《地官》的观点。这些都成为"《冬官》不亡"说具有支撑性的重要观点。

二、"《冬官》不亡"说之发展

两宋之际，洪炎提出的"《冬官》不亡"说虽得到程大昌的认同，但并未引起学界太多关注，直到胡宏提出刘歆伪造《周礼》说，与之相关的"《冬官》未尝阙也，乃刘歆颠迷，妄以《冬官》事属之《地官》"的观点才越来越为人所知，并获得了不少学者的支持。

（一）南宋："《冬官》不亡"说渐趋流行

洪炎、程大昌和胡宏虽然提出了"《冬官》不亡"说，但他们并未就此展开论述，真正系统地论述"《冬官》不亡"并运用割裂方法提出具体的补亡方案的是俞庭椿《周礼复古编》。

俞庭椿认为，百工之事仅是司空负责的"九职"之一，而非全部，所以用《考工记》补《冬官》的缺失是不当的。① 其曰：

> 后世传习之谬，谓司空之官主百工，而百工与居六职之一，《周官》之在者，乏工人之事也，故断以谓司空之篇俱亡，亦不复加考正于其中。嗟夫！此司空之篇所以亡，而由汉以来莫之察者，失于不思圣人设官之意欤！②

> 司空之篇为逸书，汉人以《考工记》附益之，相传之久，习以为然，虽有巨儒硕学，不复致思研虑，后世遂以《考工》之事为六官之一司空所掌，日渐讹误，并与其官废。③

在俞庭椿看来，所谓的《冬官》的亡佚是后世传习之谬造成的，并非真

---

① 俞庭椿. 周礼复古编［M］. 文渊阁四库全书本.
② 俞庭椿. 周礼复古编［M］. 文渊阁四库全书本.
③ 俞庭椿. 周礼复古编［M］. 文渊阁四库全书本.

的佚亡了。

依据《尚书·周官》《礼记·王制》等记载，俞庭椿考查《周礼》六官大纲，再以此大纲考察传世本《周礼》，得出六官紊乱、已失古者设官本意的结论。既然传世本《周礼》六官紊乱，不可靠，仔细分辨就能发现"冬官系统"各官混杂在五官之中，如割裂五官，重新编次，则六官可正，《冬官》可复。① 其曰：

> 盖尝绸绎是书，伏而读之，司空之篇实未尝尽亡也，六官之属诚有颠错杂乱而未尽正者，编次而辨正之，庶几西周之盛可寻，而六官之掌各得其所，复其旧而摘其讹，使万世恨遗逸而不可考者一旦稍复其故，则亦于圣经万一有补焉。②

> 《周礼》司空之篇有可得言者，反复之经，质之于《书》，验之于《王制》，皆有可以是正焉者，而司空之篇实杂出于五官之属，且因司空之复而六官之讹误亦遂可以类考。将一一摘其要者议之，诚有犁然当於人心者，盖不啻宝玉大弓之得，而郓欢龟阴之归也。③

在俞庭椿看来，《周礼》"六官之属诚有颠错杂乱而未尽正者"，而"司空之篇实未尝尽亡"，且"杂出于五官之属"，若能"编次而辨正之"，则"六官之掌各得其所"，"且因司空之复而六官之讹误亦遂可以类考"。对颠错杂乱的六官之属进行编次而辨正，"割裂"自然成为俞庭椿补亡《冬官》的主要方法。

俞庭椿在《周礼复古编》中割《天官》的11职官：兽人、獻人、鳖人、兽医、司裘、染人、追师、屦人、掌皮、典丝、典枲，补入《冬官》；割《地官》2职官补入《春官》，割23职官：封人、载师、闾师、县师、均人、遂人、遂师、遂大夫、土均、草人、稻人、土训、山虞、林衡、川衡、泽虞、卝人、角人、羽人、掌葛、掌染草、囿人、场人，补入《冬官》；割

---

① 夏微. 宋代《周礼》学史 [M]. 北京：中国人民大学出版社，2018：108-117.
② 俞庭椿. 周礼复古编 [M]. 文渊阁四库全书本.
③ 俞庭椿. 周礼复古编 [M]. 文渊阁四库全书本.

《春官》9职官补入《天官》,割6职官:典瑞、典同、巾车、司常、冢人、墓大夫,补入《冬官》;割《夏官》9职官:师、司弓矢、槁人、职方氏、土方氏、形方氏、山师、川师、邍师,补入《冬官》;割《秋官》8职官补入《春官》;割《地官》的大、小司徒经文,拼凑大、小司空之职事。他认为如此就初步恢复了圣经原貌,曰:

> 右司空官属得于天官者十有一,得于地官者二十有三,得于春官者六,得于夏官者九,凡四十有九焉。大司空杂出于地官者,其凡可举矣,五官之属又自有重复错乱者,略可概见也。虽然书亡既久,传信已深,此议创起亦可骇且怪矣,管窥蠡测何所逃讥,姑记所见云尔,若夫辨析厘正以为不刊之典,使圣经明于昭代,则有俟夫当世之大儒君子。①

虽有"此议创起亦可骇且怪矣,管窥蠡测何所逃讥"的惴惴,俞庭椿仍坚信自己的观点和做法具有合理性,并希望此开创之举有功于圣经,更号召学界的有识之士进行深入研究,为匡正经典做出贡献。

诚如俞庭椿所愿,"《冬官》不亡"说在南宋流行开来,得到不少学者的拥护赞同。如叶时《礼经会元》卷四下《补亡》曰:

> 又况《秋官》有典瑞,玉人不必补可也;《夏官》有量人,匠人不必补可也;《天官》有染人,钟氏、巾巾氏虽缺何害乎?《地官》有鼓人,鲍人、鞾人虽亡何损乎?虽无车人,而巾车之职尚存,虽无弓人,而司弓矢之职犹在,匠人沟洫之制已见于遂人、鼓人,射侯之制已见于射人,有如攻皮之工五,既补以三,而又阙其二,不知韦氏、裘氏岂非《天官》司皮、掌裘之职乎……而况《冬官》之书虽亡,《冬官》之意实未尝亡也,太宰事典以富邦国,以任百官,以生万民,小宰事职以富邦国,以养万民,以生百物,则事官之意在《周礼》可考也。《书》之《周官》亦曰"司空掌邦土,居四民,时地利",则司空之意在《周官》可覆也,观此则司空职虽亡,而未尝亡,《考工记》不必补也。愚既以《考工记》为不必补,则区区百工之事,亦不必问也。

---

① 俞庭椿.周礼复古编[M].文渊阁四库全书本.

叶时受俞庭椿《周礼复古编》的影响，强调五官当中有与《冬官》相关的事职，如《天官》中的司裘、掌裘与《冬官》的韦氏、裘氏相关，染人与钟氏、㡛氏相关；《地官》中的鼓人与《冬官》的鲍人、鞼人相关，遂人与主理沟洫的匠人相关；《春官》中的巾车与《冬官》中的车人相关；《夏官》中的量人与《冬官》中的匠人相关，司弓矢之职与弓人相关，射人之职与射侯之制相关；《秋官》中的典瑞与《冬官》中的玉人相关。如此，则亡佚《冬官》篇中十之六七的事职都可以在五官中找到端绪。叶时还强调《冬官》之书虽亡，但《冬官》之意未尝亡，我们可以从《周礼·天官》中的太宰六典中的事典、《尚书·周官》中的司空职事来体会《冬官》之意。由此，叶时论定"观此则司空职虽亡，而未尝亡，《考工记》不必补也"。

再如王与之《周礼订义》卷七〇曰：

> 汉儒谓《冬官》亡，补以《考工记》，司空果亡乎？以《周官》司空之掌考之，司空未可以为亡也。夫《周官》言"司空掌邦土，居四民，时地利"，凡经言田菜、沟洫、都邑、涂巷者，非邦土而何？农、工、商、贾、市、井、里、室、庐者，非居民而何？桑、麻、谷、粟之所出，山、泽、林、麓之所生，非地利而何？及考《小宰》言"六官设属各有六十"，今治官之属六十有三，教官之属七十有九，礼官之属七十有一，政官之属六十有六，意者秦火之余，简编脱落，司空之属错杂五官之中，先儒莫之能辨，遂以《考工记》补之，其实司空一官未尝亡也。夫《考工记》可以补《周官》者，非三十工之制，有合周之遗法也。独《考工》之《序》，其议论有源委，非深于道者，莫能之。夫论百工之事，不止于工上立说，上而本于王公士大夫，则知工虽末伎，非王公发明乎是理，士大夫推而行之，其艺固不能以自成。下而及于商旅农妇，则知工虽有巧，非商旅之懋迁货贿，农夫之饬力地财，妇工之化治丝麻，其材于何而取给也。创此者有知，述此者有巧，业则传于世守，功则归于圣人，工何尝独立于天地间，能使器利用便乎？惟此等议论近古，足以发明圣经之秘，此所以取而为补亡之书也，如舍此而索于制度之末，则论周人上舆，奚及乎上梓、上匠之制？论周人明堂，奚取乎世室、重屋之制？言沟洫、浍川非遂人之制也，言旗、旗、旗、旐非司马、司常、巾车之制也，其他纤悉有不可尽信者甚多，概以为周家之

制度，岂其然乎？

王与之以《尚书·周官》所载司空执掌考《周礼》一经，认为司空"掌邦土，居四民，时地利"之事备载于《周礼》五官之中，故司空所统事典未尝亡佚。且《小宰》既明言"六官设属各有六十"，为何天官之属六十有三，地官之属七十有八，春官之属七十，夏官之属六十有九，秋官之属六十有六呢？五官皆有羡，《冬官》又缺失，可知历经秦火，《周礼》一经难免简编脱落，《冬官》所载诸职官错杂于五官之中，汉儒不能明辨，反以为《冬官》佚亡，遂取《考工记》补之，其实《冬官》一篇未尝亡也。王与之论述中提及的"五官皆有羡""司空之属错杂五官之中"当是受俞庭椿《周礼复古编》的影响。

又如黄震在《黄氏日抄》卷三〇《读〈周礼〉》中曰：

> 愚按：《周礼》出于汉末。郑氏谓汉兴，购求《司空》篇不得，恐未可信。今以五官所余之数，合《考工》三十之数，自可足本篇六十，而谓先儒莫之能辨，此岂难见之事，而先儒莫之能哉？或疑此书正因晚出，故为错脱，以示其为古，未知然否，然五官之属皆差互不伦，非特"司空"一官而已也。

黄震甚疑《周礼》，他认为西汉发现的《周礼》就是西汉人作的，为了显示其书古老，才效仿其他经典残缺的样子，故意造成残缺又错杂混乱的模样，他认可"《冬官》不亡"说。

总之，俞庭椿《周礼复古编》问世后，作为宋代经典辨疑思潮不断深化的产物——"《冬官》不亡"说，在南宋流行开来，得到不少学者的支持。继踵俞庭椿《周礼复古编》，王与之撰《周官补遗》、胡一桂撰《古周礼补正》，也试图补亡《冬官》，可惜二书都已失传，不知其详了。

（二）元明："《冬官》不亡"说辗转蔓延

元明时期，"《冬官》不亡"说仍然得到很多学者的支持，成为此一时期占据主流的《周礼》学观点，并引发盛极一时的《冬官》补亡热潮，出现了五花八门的《冬官》补亡方案，如丘葵《周礼补亡》、方孝孺《周礼考次目录》、何乔新《周礼集注》、陈凤梧《周礼合训》、舒芬《周礼定本》、陈深《周礼训隽》、金瑶《周礼述注》、柯尚迁《周礼全经释原》、王圻《续定周礼全经集注》等。这些著作的补亡《冬官》方案虽然各有不同，但就方法而言，无一不是采用"割裂"的方法，仍然受俞庭椿《周礼复古编》的影响。

明代中期以后，出现了"《冬官》不亡"说的反对者，他们以"复古"为名，反对"割裂"这种疑经改经的做法，如孙攀《古周礼释评》、郎兆玉《注释古周礼》，他们反对五花八门的《冬官》补亡方案，想复原西汉发现的《周礼》旧貌，纠正这种随意改经的乱象。

（三）清："《冬官》不亡"说销声匿迹

清初，仍有学者支持"《冬官》不亡"说，如王芝藻的《周礼订释古本》、高宸的《周礼三注粹抄》。乾嘉时期，崇尚汉学，有疑经改经倾向的"《冬官》不亡"说受到批判，比如，四库馆臣批评俞庭椿的《周礼复古编》是"谬说"：

> 然复古之说始于庭椿，厥后邱葵、吴澄皆袭其谬说，说《周礼》者遂有"《冬官》不亡"之一派，分门别户，辗转蔓延，其弊至明末而未已。故特存其书，著窜乱圣经之始，为学者之炯戒焉。①

四库馆臣于此说明在《四库全书》中收录俞庭椿《周礼复古编》的原因是，特意保留其书"著窜乱圣经之始"的证据，以为后世"学者之炯戒"！又如四库馆臣欣赏宋代叶时的《礼经会元》，但叶时接受"《冬官》不亡"说，四库馆臣予以批评，曰：

> 其《补亡》一篇谓《冬官》散见五官，亦俞庭椿之琐说，时不咎其乱经，阴相袭用（按："补亡"用庭椿之说而不言说出于庭椿），反以读郑注者为叛经，慎又甚矣。②

此处四库馆臣批评"《冬官》不亡"说是"琐说"，俞庭椿的改经之举

---

① 永瑢，纪昀. 四库全书总目提要：第19卷 [M]. 北京：中华书局，2003：151.
② 永瑢，纪昀. 四库全书总目提要：第19卷 [M]. 北京：中华书局，2003：151.

是"乱经"，在他们看来，叶时《礼经会元》中的《补亡》篇对"《冬官》不亡"说是"阴相袭用"，其主张是"慎又甚矣"，非常错误的。

再如，四库馆臣评价王与之《周礼订义》、佚名《周礼集说》、王志长《周礼注疏删翼》曰：

> 其注《考工记》，据《古文尚书·周官》司空之职，谓《冬官》未尝亡，实沿俞庭椿之谬说，汝腾后序亦称之，殊为舛误，然庭椿淆乱五官，臆为点窜，与之则仅持是论，而不敢移掇经文，视庭椿固为有间。①

> 《考工记》后附俞庭椿《周礼复古编》一卷，殊为疣赘，有失别裁，然不肯变易古经而兼存其说，以待后人之论定，较庭椿之妄诞则略有间矣。②

> 俞庭椿、邱葵以后，又多骋臆见，窜乱五官，以补《冬官》之亡，经遂更无完简，沿及明代，弥逐颓波，破碎支离，益非其旧。志长能恪遵古本，亦为力遏横流，在经学荒芜之日，临深为高，亦可谓研心古义者矣。③

在四库馆臣看来，宋代王与之的《周礼订义》沿袭俞庭椿的"《冬官》不亡"说是"谬说"，赵汝腾在《周礼订义后序》中对"《冬官》不亡"表示赞同，是"殊为舛误"，由于王与之在《周礼订义》一书中保留了《考工记》原貌，没有改经的补亡之举，四库馆臣予以肯定，评价王与之"不敢移掇经文，视庭椿固为有间"。元代无名氏的《周礼集说》后附俞庭椿《周礼复古编》，对于此举，四库馆臣不以为然，评价"殊为疣赘，有失别裁"，因为《周礼集说》也没有改经的补亡之举，四库馆臣也表示肯定，评价说"不肯变易古经而兼存其说，以待后人之论定，较庭椿之妄诞则略有间矣"。到了明代，割裂《周礼》经文、补亡《冬官》之作越来越多，四库馆臣对这一

---

① 永瑢，纪昀. 四库全书总目提要：第19卷 [M]. 北京：中华书局，2003：152.
② 永瑢，纪昀. 四库全书总目提要：第19卷 [M]. 北京：中华书局，2003：153.
③ 永瑢，纪昀. 四库全书总目提要：第19卷 [M]. 北京：中华书局，2003：155.

现象进行了犀利的批评："俞庭椿、邱葵以后，又多骋臆见，窜乱五官，以补《冬官》之亡，经遂更无完简，沿及明代，弥逐颓波，破碎支离，益非其旧。"在此种学术氛围中，王志长《周礼注疏删翼》能依据汉注唐疏解释经文，没有割裂补亡之举，四库馆臣大加赞赏，评价说："志长能恪遵古本，亦为力遏横流，在经学荒芜之日，临深为高，亦可谓研心古义者矣。"从中不难发现，乾嘉时期，以四库馆臣为代表的官方学者反对"《冬官》不亡"说，排斥其疑经改经之举，对于能够恪守《周礼》原文、汉注唐疏，不擅自改经的学者及其著作表示赞赏。

乾嘉以后，民间仍有学者赞同"《冬官》不亡"说，甚至继续从事补亡实践，如王宝仁《周官参证》；与此同时，也有学者反对"《冬官》不亡"说，如辛绍业的《冬官旁求》。受到官方的影响，"《冬官》不亡"说的支持者越来越少，最后销声匿迹了。

三、"《冬官》不亡"说之学术影响

"《冬官》不亡"说，"是宋代经典辨疑思潮背景下的产物，它打破了汉唐以来有关《周礼》的陈说，看似新奇；但是，由于提出新说的学者有很多先入之见，他们提出的论据并不坚实，观点也站不住脚"[1]。即便如此，"《冬官》不亡"说臆断改经的新奇之论还是引发了南宋、元、明学者的纷纷推崇，五花八门的《冬官》补亡方案层出不穷，辗转蔓延，形成了《周礼》研究史上的"《冬官》不亡"派，并间接促成了《考工记》专门研究的兴起。

（一）"《冬官》不亡"派的出现与壮大

"《冬官》不亡"派一说首见于《四库全书总目》中《周礼复古编》提要，曰：

> 然复古之说始于庭椿，厥后邱葵、吴澄皆袭其谬说，说《周礼》者遂有"《冬官》不亡"之一派，分门别户，辗转蔓延，其弊至明末而未已。

---

[1] 杨世文.走出汉学：宋代经典辨疑思潮研究[M].成都：四川大学出版社，2008：481.

一、经典研究

清代的四库馆臣提出的"《冬官》不亡"派，是指在《周礼》研究上信主"《冬官》不亡"说的学者。"《冬官》不亡"派出现于南宋，经历元、明，逐渐壮大，清代渐趋销声匿迹。

洪炎最先提出"《冬官》不亡"说，程大昌赞同其观点，胡宏也提出类似的观点，但他们都没有系统地论述过"《冬官》不亡"说。直到俞庭椿《周礼复古编》问世，新奇的"《冬官》不亡"说才引起学界的关注，叶时、王与之、赵汝腾、黄震等皆赞同其说，王与之和胡一桂更是效仿《周礼复古编》也进行了补亡《冬官》的具体实践。可以说，"《冬官》不亡"派出现于南宋时期。

元明时期，"《冬官》不亡"说大畅，如元代《周礼集说》后附俞庭椿《周礼复古编》，可知《周礼集说》作者推崇俞庭椿"《冬官》不亡"之说，欲推而广之。邱葵殚精竭虑著《周礼补亡》，在俞庭椿、王与之补亡之说的基础上，参考诸家之说，重新补亡《冬官》，成为"《冬官》不亡"说的推波助澜者。明代更是出现了层出不穷的"补亡《冬官》"之作，目前尚可考知的就有方孝孺的《周礼考次目录》《周礼辨正》，何乔新的《周礼集注》，陈凤梧的《周礼合训》，舒芬的《周礼定本》，陈深的《周礼训隽》，金瑶的《周礼述注》，柯尚迁的《周礼全经释原》，王圻的《续定周礼全经集注》，郝敬《周礼完解》，钱士馨的《冬官补亡》等。可知，元明时期"《冬官》不亡"派日益发展壮大了。

清代，以四库馆臣为代表的官方学者视俞庭椿为"窜乱圣经"的始作俑者，评价其说曰：

> 庭椿之说谓五官所属皆六十，不得有羡，其羡者皆取以补《冬官》，凿空臆断，其谬妄殆不足辩。又谓《天官·世妇》与《春官·世妇》、《夏官·环人》与《秋官·环人》为一官，复出当省并之，其说似巧，而其谬尤甚……此好立异说者之适以自蔽也。①

四库馆臣严厉批判俞庭椿的割裂改经之论，并抵制补亡《冬官》之举。伴随清代学术"汉宋之争"的深化，民间虽仍有坚持"《冬官》不亡"说并

---

① 永瑢，纪昀. 四库全书总目提要：第19卷 [M]. 北京：中华书局，2003：151.

进行补亡实践者，如李文炤《周礼集传》、高宸《周礼三注粹抄》、王宝仁《周官参证》，但支持者、效仿者已经越来越稀少了。受到学界的广泛指摘，"《冬官》不亡"派在清代最终销声匿迹了。

"《冬官》不亡"派所持观点虽有狂妄臆断、荒诞不经之弊，但"《冬官》不亡"说确实对南宋、元、明和清代的《周礼》研究深有影响，也从另一方面深化了我们对《周礼》本经内容的思索和检讨。今天研究《周礼》学史，不能对"《冬官》不亡"派一律抹杀，忽视此派之于学术史研究的价值和意义。

（二）《考工记》专门研究的兴起

《考工记》之所以依附于《周礼》传世，是因为汉人认为《考工记》记载的百工之事与《周礼》佚亡的《冬官》篇近似，所以取《考工记》补《冬官》缺失的遗憾。南宋以来，伴随"《冬官》不亡"说的流行，传统观点受到质疑，出现了一种新的观点，即《周礼》本身不存在残缺，因为简编错乱，《冬官》的内容混杂到其他五官之中，所以《冬官》不亡。

这就对《考工记》作为《周礼》一部分传世的地位造成了冲击。既然《冬官》不亡，那么以《考工记》补亡《冬官》是否合理呢？就此问题，南宋学者形成了壁垒分明的两派：一派主张《考工记》补亡《冬官》具有合理性，以林希逸、赵溥、易祓为代表；一派反对《考工记》补亡《冬官》，以叶时、俞庭椿和王与之为代表。[①] 就此问题的争议和讨论，赞成也好，反对也罢，都增进了学界对《考工记》本身的关注，人们认识到《考工记》是独立的著作，与《周礼》本为二书，这为学界以独立的视角审视和研究《考工记》创造了条件，从而为《考工记》的专门研究提供了先导，开辟了道路。

宋代之后，针对《考工记》的专门研究多了起来，最直接的表现就是论解《考工记》的专著日益增多。查考宋代以后的官私目录，元代的专门类《考工记》文献有吴澄的《批点考工记》。明代的专门类《考工记》文献有周梦旸辑注并评《批点考工记》《图说》、林兆珂《考工记述注》、陈与郊《考工记辑注》、郭正域批《考工记》、朱大启《考工记集注》、程明哲《考工记纂注》、徐昭庆《考工记通》、陈深《考工记句诂》、徐应曾《考工记标

[①] 夏微. 宋代《周礼》学史［M］. 北京：中国人民大学出版社，2018：531-535.

义》、焦竑《考工记解》、叶秉敬《考工绪论》、张睿卿《考工记备考》、朱襄《考工记后定》、张鼎思《考工记解》、陈仁锡《考工记句解》、林孟鸣《考工记述注》。清代的专门类《考工记》文献有程瑶田《遂人匠人沟洫异同考》《考工创物小记》《磬折古义》、方苞《考工记析疑》、戴震《考工记图注》、庄有可《考工记集说》、吕调阳《考工记考》、陈衍《考工记辨证》、陈衍《考工记补疏》、章震福《考工记论文》、王宗涑《考工记考辨》、牛运震《考工记论文》、丁晏《考工记评注》、陈宗起《考工记鸟兽虫鱼释》、孔继涵《补林氏考工记》、俞樾《考工记世室重屋明堂考》、钱坫《车制考》、张象津《考工记释车》、郑珍《轮舆私笺》、孔继涵《考工车度记》、李承超《车制考误》、徐养原《考工杂记》、吴治《考工记集说》、张泰来《考工记纂要》、王泰征《周礼考工辨》、李惇《考工车制考》、江藩《考工戴氏车制翼》、寇钫《考工释车》、阮元《考工记车制图解》。

元明清专门注解《考工记》的文献日益增多，蔚为大观，可见宋代以后《考工记》研究引起了越来越多学者的关注，取得了丰硕成果。有的学者开始专门考论《考工记》记载的工艺制度，并运用科学的眼光加以考察，如明代徐光启撰著的《考工记解》就力图开掘以《考工记》为代表的科技传统。总之，宋代以后《考工记》研究逐渐成为一门独立的学问，对今天科技史的研究大有裨益。

《孝经》"严"字释义及满译简论

富察贵甝

四川文化艺术学院

摘　要：《孝经》中出现了7次"严"字，通过查阅历代汉文注疏，并参考清代《孝经》满文译本，可将其含义分为4类：烦苛；尊敬；畏惧；谨慎。通过对满文译本的分析，可将汉文注疏中语焉不详之处加以辨明，从而为汉文一词多义现象提供参考。

关键词：《孝经》；严；训诂；满语满文；翻译

引　言

单音词是指只有一个音节的词，"古汉语单音词占绝对优势"[1]。由于汉语的书写系统汉字即是单音节，所以在古代汉语中的大多数情况下，字义就是词义。这就要求我们在研读古文的时候，除了要具备基本的文言语法知识之外，还有必要深入剖析字义，以保证对文本能有较为准确的理解。然而，"古汉语的一词多义现象普遍"[2]，除了本义之外，还有若干引申义，有的甚至还有假借义，这对我们研读古文，准确理解古人文义造成了一定的困难。

例如，《孝经》中的"严"字在古代汉语中的义项十分丰富，其在《故

---

[1] 康瑞琮. 古代汉语语法 [M]. 上海：上海古籍出版社，2008：9.
[2] 康瑞琮. 古代汉语语法 [M]. 上海：上海古籍出版社，2008：9.

训汇纂》中所收录的义项甚至多达92条。① 经过字义分析，即使是在《十三经》中篇幅最小的经典《孝经》之中，这个较为集中出现的关键词"严"也并不都是一个意思。通过查阅历代注疏，笔者发现对于《孝经》中的"严"字，古注要么莫衷一是，要么语焉不详，有必要对其进行全面梳理。

翻阅《孝经》全书，"严"字前后共出现了7次，分布于《三才章》（1次）、《圣治章》（5次）、《纪孝行章》（1次）。单从分布上来说，"严"字在《孝经》中的分布并不均匀，其主要集中于《圣治章》内。

1. 其政不严而治——《三才章》
2. 孝莫大于严父——《圣治章》
3. 严父莫大于配天——《圣治章》
4. 以养父母日严——《圣治章》
5. 圣人因严以教敬——《圣治章》
6. 其政不严而治——《圣治章》
7. 祭则致其严——《纪孝行章》

通过对文本进行初步分析，我们可以发现：在《孝经》中前后出现了7次的"严"字的含义大致可分为4类：

A类：1=6（此二句相同）
B类：2=3（此二句结构相同，均为动宾结构"严父"）
C类：4=5（此二句前后相属）
D类：7

一、历代汉文注疏中的释义

通过进一步研读文本，并查阅古人注疏，我们可以获知以上4类"严"字的含义确有不同。

A1 其政不严而治——《三才章》

此句中的"严"字，在唐玄宗御注《孝经》中连上句"其教不肃而成"

---

① 宗福邦，陈世铙，萧海波. 故训汇纂 [M]. 北京：商务印书馆，2004年：390-391.

而浑言之为"严肃",而邢昺疏曰"威严"。① 清顺治帝《御注孝经》② 及雍正帝《御纂孝经集注》③ 同于邢昺,而《孝经郑注疏》则注曰"烦苛"④。

A6　其政不<u>严</u>而治——《圣治章》

此句与 A1 完全相同,故其在《孝经注疏》《御纂孝经集注》中的解释同于 A1,而《御注孝经》《孝经郑注疏》于本章之中也并未重复解释此字。

通过比较可知,在唐玄宗的御注中并未对 A 类"严"字的字义单独进行解释,后经邢昺将其与"肃"字剥离开来而单独解释为"威严"。然而,在《孝经郑注疏》中则将此类"严"释义为"烦苛",即烦琐苛刻的(政令、刑法)。由此可见,古人对 A 类语句中的"严"字的理解并不一致。

B2　孝莫大于<u>严</u>父——《圣治章》

《汉书·平当传》引《孝经》此句,颜师古注曰:"言'严',谓尊严。"唐玄宗御注盖本于此,亦释为"尊严"⑤,《御注孝经》⑥《孝经郑注疏》⑦ 同此。邢昺疏曰:"严,敬也。"⑧《御纂孝经集注》则更加明确地释义为"尊敬"⑨。

B3　<u>严</u>父莫大于配天——《圣治章》

B3 句紧接 B2 句,两句前后相属、接续相同(后均接宾语"父"),字义也应相同,故无须赘言。

颜师古用"尊严"解释 B 类语句中的"严"字,而被释词"严"却出现在了释义"尊严"之中,这样恐未能确切地说明字义。在现代汉语中,

---

① 李隆基,邢昺. 孝经注疏 [M] //阮元. 十三经注疏:下. 上海:上海古籍出版社,1997:2549-2550.
② 爱新觉罗·福临. 御注孝经 [M]. 海口:海南出版社,2012:32.
③ 爱新觉罗·胤禛. 御纂孝经集注 [M]. 海口:海南出版社,2012:88.
④ 皮锡瑞. 孝经郑注疏:卷上 [M] //清人注疏十三经:第五册. 北京:中华书局,1998:11.
⑤ 李隆基,邢昺. 孝经注疏 [M] //阮元. 十三经注疏:下. 上海:上海古籍出版社,1997:2553.
⑥ 爱新觉罗·福临. 御注孝经 [M]. 海口:海南出版社,2012:42.
⑦ 皮锡瑞. 孝经郑注疏:卷上 [M] //清人注疏十三经:第五册. 北京:中华书局,1998:15.
⑧ 李隆基,邢昺. 孝经注疏 [M] //阮元. 十三经注疏:下. 上海:上海古籍出版社,1997:2553.
⑨ 爱新觉罗·胤禛. 御纂孝经集注 [M]. 海口:海南出版社,2012:93.

"尊严"一词多作为名词使用；而在古代汉语中，"尊严"一词则多作为形容词，如《荀子·致士》："尊严而惮，可以为师。"根据古代汉语以单音词为主导的特点，《荀子》此句中的"尊严"分别指的是"尊贵""威严"。

《孝经》中此类"严"字后带宾语"父"，其词性明显是及物动词，则释之为"敬"即"尊敬"是恰当的。在古代汉语中，"严"字经常用作动词以表示"尊敬"之义。如《孟子·公孙丑上》："无严诸侯。"赵岐注曰："尊也。"《吕氏春秋·审应》："使人战者严驵也。"高诱注曰："尊也。"

C4　以养父母日<u>严</u>——《圣治章》

《孝经注疏》将此句中的"严"字仍然解释为"尊严"①，《御注孝经》②《孝经郑注疏》③ 同此，而《御纂孝经集注》也同于 B 类，解释为"尊敬"④。

C5　圣人因<u>严</u>以教敬——《圣治章》

如前文所注，C4 与 C5 两句前后相属，应是同义。另外，根据古人对 C4 的注疏，似乎 B 类与 C 类亦为同义。

之所以将 C 类两句从 B 类中独立出来，主要是因为无论从词性而言，还是从字义来看，B 类两句都是确定相同的，皆为及物动词"尊敬"之义。只不过 B2 中的动宾结构"严父"所充当的句子成分是介词宾语，而在 B3 中其所充当的句子成分是主语。

反观 C 类，两句中的"严"字后均未接宾语。C4 句中的"日严"组合起来修饰"养父母"这个动宾结构，其所充当的句子成分应为状语；C5 句中的"严"字，字义虽同于 C4，但其所充当的句子成分却是宾语，说明其词性已然名词化了。

以上是从词性及句子成分的角度而言，若进一步分析，根据 C5"因严以教敬"一句，说明此处的"严"并不完全等同于"敬"。如上文所言，B 类"严父"之"严"，古人释为"尊"或"敬"，或合之曰"尊敬"。在古代汉

---

① 李隆基，邢昺. 孝经注疏 [M] //阮元. 十三经注疏：下. 上海：上海古籍出版社，1997：2553.
② 爱新觉罗·福临. 御注孝经 [M]. 海口：海南出版社，2012：42.
③ 皮锡瑞. 孝经郑注疏：卷上 [M] //清人注疏十三经：第五册. 北京：中华书局，1998：18.
④ 爱新觉罗·胤禛. 御纂孝经集注 [M]. 海口：海南出版社，2012：95.

语中，用作动词的"尊"本就是"敬"的同义词，二字互训。例如，在《史记·梁孝王世家》中便直言："尊者，敬也。"进而此二字才能衍生出双音词"尊敬"。又如，《礼记·哀公问》："爱与敬，其政之本与？"孔颖达疏曰："'敬'谓尊敬。"同时，作为动词的"严"字又兼有"尊""敬"之义，即在"尊敬"的意思上，"严""尊""敬"三字就是同义词。所以，将B类的"严"字解释为"尊敬"是没有问题的。

虽然B类的"严"字可以解释为"尊敬"，但不能以偏概全地认为C类的"严"字也是"尊敬"之义。由此反推到C5，若将C类的"严"字笼统地解释成B类的"尊敬"之义，则无法体现出此句中"严"与"敬"之间的区别。反之，倘若C5句中的"严""敬"同义，则人已严养父母，又何烦因严教敬？如此释之，则圣人之言岂非空谈赘语？所以，无论从词性或从字义来看，C类与B类之间当有不同，而其中的不同之处在满文译本中则判然有别，详见后文。

D7　祭则致其严——《纪孝行章》

《孝经注疏》解释此句的"严"字为"严肃"①，《御注孝经》②同此，而《御纂孝经集注》并未专门解释此字③。《孝经郑注疏》也未有明确解释，只是间接提到了"敬忌踧踖"。皮锡瑞引《论语马注》，将"踧踖"释为"恭敬之貌"④，而"敬忌"在《汉语大词典》中的释义为"谨慎而有所畏惧"。

由此可知，D类释义的"严肃"与A类释义的"严肃"属于"词同义不同"的情况。查《汉语大词典》，A类释义的"严肃"近似于"严谨而有法度"。而D类释义的"严肃"则是"作风、态度等严格，郑重，认真"。简言之，即所谓"谨慎"之义。所以，D类理应单独列出而不可与A类混为一谈。

综上所述，《孝经》中前后出现了7次的"严"字，其含义大体可分为

---

① 李隆基，邢昺. 孝经注疏 [M] //阮元. 十三经注疏：下. 上海：上海古籍出版社，1997：2555.
② 爱新觉罗·福临. 御注孝经 [M]. 海口：海南出版社，2012：47.
③ 爱新觉罗·胤禛. 御纂孝经集注 [M]. 海口：海南出版社，2012：99.
④ 皮锡瑞. 孝经郑注疏：卷上 [M] //清人注疏十三经：第五册. 北京：中华书局，1998：19.

以上 4 类。其中，B 类与 C 类在历代汉文注疏中被认为是同义的，而 A 类与 D 类也有进一步辨析的必要。

二、清代满文译本中的翻译

满文是在蒙古字母的基础上进行改进后，用以记录满语的一种拼音文字。从后金到清末近 300 年的时间里，满文作为当时官方法定文字被广泛使用，形成了大量的满文古籍文献，翻译自汉文古籍的满文文献又是其中重要的组成部分。

满语属于阿尔泰语系满—通古斯语族满语支，汉语属于汉藏语系汉语族，二者之间差异巨大。单就词汇而言，古代汉语是以单音词为主，而满语则需要用单词来对其进行翻译。例如，《孝经》中的这个"严"字，在古代汉语中是单音多义词，在翻译成满语时则需要用多个不同的单词分别与之对应。

根据上文的分类，4 类"严"字的满语翻译如下：

A 类：nimecuke[①]

B 类：wesihulere（动词 wesihulembi 的动名词形态）

C 类：olhoro（动词 olhombi 的动名词形态）

D 类：olhoba

由此可见，在《孝经》的清代满文译本中，"严"字确实被分别翻译成了 4 个不同的单词，且与上文的分类一一对应。在此仅需逐一对满语的这 4 个单词进行诠释，则上文分类之间的区别便可一目了然，且可以帮助我们加深对《孝经》中"严"字的理解。

通过查阅清代乾隆年间官修满语工具书《御制增订清文鉴》[②]（以下简称"《清文鉴》"）及当代《新满汉大词典》（以下简称"《新满汉》"），这 4 个满语单词的释义如下：

A 类：nimecuke

《清文鉴》：hatan doksin aburi ehe be nimecuke sembi.

汉译：凶残暴戾的。

---

① 因满文输入不便，故采用学术界通用的穆林德夫转写法，下同。
② 御制增订清文鉴［M］//钦定四库全书荟要：经部．摘藻堂本．下同。

《新满汉》：［形］厉害，使人害怕；残酷无情；不简单，能力强。①

B 类：wesihulembi

《清文鉴》：1. jui oho niyalma kiceme faššame hafan ofi ama eme be fungnere de isibure be wesihulembi sembi.

汉译：为子者勤勉为官以致父母受封。

《清文鉴》：2. ujeleme kundulere be wesihulembi sembi, jai yaya hacin be ujen oyonggo obufi tuwara be inu wesihulembi sembi.

汉译：尊重；重视。

《新满汉》：［及］❶尊敬，尊重，崇敬。

❷尚，崇尚；注重，重视；讲究，兴。②

C 类：olhombi

《清文鉴》：1. dolori sengguwere be olhombi sembi.

汉译：内心畏惧。

《清文鉴》：2. yaya usihin derbehun jaka katara be olhombi sembi.

汉译：潮湿之物变干枯。

《新满汉》：1. ［不及］❶干，发干，干枯，晒干。

❷费尽（心血）。

❸（病得）枯瘦。

2. ［不及］恐怕，恐惧，畏惧。③

D 类：olhoba

《清文鉴》：ajige mujilen i ginggulere be olhoba sembi.

汉译：小心而谨慎的。

《新满汉》：［形］谨慎，小心。④

通过对满语这 4 个单词的释义，我们可以发现：

将 A 类的"严"字释为"残酷无情"而"使人害怕"，确与汉文"烦苛"之语意暗合，二者互为表里、相为因果，并由此衍生出双音词"严苛"。

---

① 胡增益. 新满汉大词典［M］. 2 版. 北京：商务印书馆，2020：920.
② 胡增益. 新满汉大词典［M］. 2 版. 北京：商务印书馆，2020：1288.
③ 胡增益. 新满汉大词典［M］. 2 版. 北京：商务印书馆，2020：957.
④ 胡增益. 新满汉大词典［M］. 2 版. 北京：商务印书馆，2020：956.

申言之，即《清文鉴》所谓"凶残暴戾"之义。"其政不严"，则无《礼记·檀弓下》所载孔子所谓"苛政猛于虎"之弊。满文译者用心良苦，将其演绎为"残酷无情""凶残暴虐"之词，尤有深意也。

虽然在汉文注疏中有将 D 类同样释为 A 类"严肃"的例子，但正如上文所述，这属于"词同义不同"的情况。参考满语释义，将 D 类的"严"字释为"谨慎"则更为妥帖。

如上文所述，B 类的"严"字后接宾语"父"，为及物动词，而 C 类的"严"字却未接宾语，是不及物动词。这一点从满语译词的词性上也可发现。B 类的 wesihulembi 是及物动词，而 C 类的 olhombi 是不及物动词。

上文已讨论过 B 类与 C 类的"严"字除了词性不同外，在词义上也应有不同，而这个不同点在满语中则表现得淋漓尽致。B 类"严父"之"严"应释为"尊敬"之义，而 C 类则应为满语"内心畏惧"之义。因为内心日益畏惧，所以人们在侍奉父母时才能更加认真细致而费尽心血。结合具体语境，这里的"畏惧"不单单是"害怕""恐惧"的意思，而更加侧重于对父母的敬畏之心。由满语反推到汉语，古代汉语中的"严"字本就有"畏"的意思，如《玉篇·吅部》："严，畏也。"甚至于上文提到的《孟子》中那句"无严诸侯"，朱熹在《孟子集注》中也认为是"畏惮也"。

《孝经》的满语译者，巧妙地将 C 类的"严"字译为满语的 olhombi，而并未盲目地依照汉文注疏将其译为 B 类的 wesihulembi，很可能就是采信了"严"字在古代汉语中"畏"的含义而自主发挥，进行演绎。若将此释义置于句中，则 C 类语句的语意应为：人们在奉养父母时如能日益畏惧，则圣人便可凭借他们的畏惧因势利导，进而教导他们应该怎样去尊敬父母。如此一来，不仅可以明确表示出 B 类与 C 类含义的不同，同时 C5 句中"严"字与"敬"字的差别亦判然矣。

结　语

通过对历代汉文注疏的梳理，尤其是借助清代《孝经》满文译本中满语单词的翻译，我们可以确知在《孝经》中先后出现了 7 次的"严"字，其含义并不相同，大致可以分为"烦苛""尊敬""畏惧""谨慎"4 大类，进而有助于我们更准确地把握《孝经》中"严"字的字义。正如清代古籍《清汉文海》序言中所说："汉文一字每兼数解，惟视上下文义为区别。深于汉文者，皆能用相合之清语（满语，笔者注）以应之千变万化，奇妙无穷。不惟能释汉文之实义，并可补足汉文之虚神。"①

    国学大师陈寅恪先生有言："依照今日训诂学之标准，凡解释一字即是作一部文化史。"② 通过借助清代《孝经》满文译本对"严"字的翻译，可以为我们更加深入地了解古文中的字义提供一个有益的参考和有效的补充。本文所探讨的《孝经》只是《十三经》中篇幅最小的一部经典，清代另有大量被翻译为满文的汉文典籍，如能通过本文对《孝经》中"严"字的探讨抛砖引玉，借助清代满文译本反向诠释汉文典籍，则有可能另辟蹊径，为训诂学开拓一片新的视野。

---

① 瓜尔佳·巴尼珲. 清汉文海：孙玉庭序 [M]. 普恭, 校订. 道光元年冬刻本.
② 陈寅恪. 陈寅恪集·书信集 [M]. 上海：三联书店，2001：172.

《诗经·卷耳》"我马玄黄"新释

马明宗

四川大学古籍整理研究所

摘　要：《诗经·卷耳》中有"我马玄黄"一句，"玄黄"二字古今学者都直接解释为"病"，然而"玄黄"一词与"病"并无直接关系，《毛传》"玄马病而黄"的解释也只是以字面意思来解说。其实，"玄黄"是指马匹劳累，汗液流出，呈现出黑黄斑驳的颜色。将"玄黄"解释为"病"，是由马匹"玄黄"的颜色引申为"劳累"，又引申为"病"。这种引申是汉人对《诗》义的阐发，至于是否符合《诗》的本义，还应当具体讨论。

关键词：《诗经·卷耳》；玄黄；劳累；病

《毛诗·卷耳》中有"我马玄黄"[1]一句，新发布的《安徽大学藏战国竹简》中也有《卷耳》一诗，为战国古文本，与《毛诗》本相同，也作"我马玄黄"[2]。可见，《诗经·卷耳》中"玄黄"一词，古来各版本用字上比较统一。

一、《诗经》"玄黄"的训诂

对于"玄黄"一词的训诂，古往今来多释为"病"，《毛传》曰："玄

---

[1] 孔颖达. 毛诗正义：卷一[M]. 清嘉庆二十年南昌府学十三经注疏刻本.
[2] 安徽大学汉字发展与应用研究中心. 安徽大学藏战国竹简：一[M]. 北京：中西书局，2019：7.

病则黄"①，郑玄《毛诗笺》、孔颖达《毛诗正义》都没有对"玄黄"做进一步的解释，说明郑玄、孔颖达认同《毛传》的解释。宋代朱熹《诗集传》中对"玄黄"的解释则是在《毛传》的基础上又进行了发挥，朱熹言："玄黄，玄马而黄，病极而变色也"②，朱熹认为"玄黄"是马匹病极而变色，玄马因病而黄。

清代学者们也都赞同上述解释，但同时也指出"玄黄"不能够直接解释为"玄马病则黄"，"玄黄"二字不可以分开解释。王引之在《经义述闻》中说："虺隤迭韵字，玄黄双声字，皆谓病貌也。"③ 陈奂也说：

> 虺隤迭韵，玄黄双声，皆合二字成意，"玄黄"不可分释，犹"虺隤"之不可分释也。黄本马之正色，黄而玄为马之病色，若以玄为马色而黄为马病，则不通矣。

王先谦赞同陈奂的观点，他认为《毛传》"玄黄，病也"的解释来源于《尔雅·释诂》，这是来源于鲁《诗》的，与《毛诗》之本来意义相异。他又列举例证证明"玄黄"不可分释。其一，蔡邕《述行赋》"我马虺隤以玄黄"；其二，《易林》《乾》之《革》"玄黄虺隤，行者劳罢，役夫憔悴，行者不归，逾时不归"；其三，曹植《赠白马王彪》诗"修阪造云日，我马玄以黄"，"玄黄犹能进，我思郁以纡"。他认为蔡邕学鲁《诗》，焦延寿学齐《诗》，曹植学《韩》诗，皆是"玄黄"并举，因此可知《毛传》"玄马而黄"将"玄""黄"分开解释是有误的。④ 马瑞辰也委婉提出将"玄黄"解释为"玄马病则黄"非《诗》之本意，但是也没有进一步说明。⑤ 清代诸家的争论在于"玄"与"黄"哪个是马之正色的问题，是"玄马而黄"还是"黄马而玄"的问题。虽然也没有得到具体的结论，但"玄黄不可分释"和

---

① 孔颖达. 毛诗正义：卷一 [M]. 清嘉庆二十年南昌府学十三经注疏刻本. 汉代申培的《鲁说》也说"玄黄，病也"。见王先谦. 诗三家义集疏 [M]. 北京：中华书局，1987：28.
② 朱熹. 诗集传 [M]. 北京：中华书局，1958：3.
③ 王引之. 经义述闻：卷五：毛诗上 [M]. 上海：上海书店出版社，2012：135.
④ 王先谦. 诗三家义集疏 [M]. 北京：中华书局，1987：28.
⑤ 马瑞辰. 毛诗传笺通释：卷二 [M]. 北京：中华书局，1989：46.

"玄黄双声字""虺隤迭韵字"的观点，对于"玄黄"意义的考释有重要启发。

二、其他文献中的"玄黄"

除了《诗经》外，"玄黄"一词在《周易》中也有出现，《周易·坤》之上六："龙战于野，其血玄黄。"《象传》曰："龙战于野，其道穷也。"《周易·文言》曰："为其嫌于无阳也，故称龙焉。犹未离其类也，故称'血'焉。夫玄黄者，天地之杂也，天玄而地黄。"① 王弼、韩康伯《周易注》不解释"玄黄"，或许是认为《象》和《文言》对"玄黄"的解释已经完备，因此没有再进一步阐述的必要。孔颖达的《周易正义》再次提到"玄黄"："庄氏云：'上六之爻，兼有天地杂气，所以上六被伤，其血玄黄也'。天色玄，地色黄，故血有天地之色。"②

通观各家注疏，《文言》《周易正义》对"玄黄"的解释已经非常明白，"夫玄黄者，天地之杂也，天玄而地黄"，"玄黄"即是象征"天"的玄色与象征"地"的黄色相交错，如果抛开《文言》中将"天地"和"玄黄"进行糅合，则"玄黄"的意思本就是"玄""黄"两色交错，所谓的"龙战于野，其血玄黄"，也就是"龙在野外交战，血迹斑斑，玄黄交杂"的意思。

这种解释，我们也可以在其他出土文献中找到证据，马王堆帛书《衷》篇记载了对《周易·坤》上六爻辞的解释：

> 龙战于野，其血玄黄。子曰：圣人信哉！隐文且静，必见之谓也。龙七十变而不能去其文，则文其信于。③

《衷》篇认为"龙战于野，其血玄黄"是"文"之必见，是"龙七十变而不能去其文"，"文"即是"纹"也，也就是认为"其血玄黄"是说龙血斑驳如同花纹，也就是玄、黄相间或者玄中有黄、黄中有玄的意思。马王堆帛书《衷》篇为西汉中前期的文本，其底本甚至可以追溯到战国时期。《衷》

---

① 孔颖达.周易正义：卷一 [M].清嘉庆二十年南昌府学十三经注疏刻本.
② 孔颖达.周易正义：卷一 [M].清嘉庆二十年南昌府学十三经注疏刻本.
③ 湖南省博物馆，复旦大学出土文献与古文字研究中心.长沙马王堆汉墓简帛集成：三 [M].北京：中华书局，2014：106.

篇此处对"玄黄"的解释不见于传世典籍，但是正好能够对"玄黄"是玄黄两色交错的解释给予证明。

另外，在《周易·系辞》中提到："物相杂，故曰文。"王弼注："刚柔交错，玄黄错杂。"① 这又是"玄黄"为"玄黄两色错杂"的一个例证。

其他的文献中，也有"玄黄"一词出现，同样是指玄黄二色，非但没有"病"一类的贬意，相反倒有颜色艳丽的意思。如《尚书·武成》："惟其士女，篚厥玄黄，昭我周王。"孔安国传："言东国士女，篚筐盛其丝帛，奉迎道次，明我周王为之除害。"②《尚书》里以"玄黄"代替玄黄颜色的丝帛，"玄黄"的本义还是玄色和黄色。还有张衡《思玄赋》："献环琨与琠缡兮，申厥好以玄黄。"刘良注："以玄黄之缯，申其好也。"③ 还有在《华阳国志》中记载："李冰所烧之崖，有五色，赤白映水玄黄。"④《华阳国志》的"玄黄"就有颜色绚烂的意思了。古书中除了"玄黄"之外，还有"炫熿"一词，《战国策·秦策》："转毂连骑，炫熿于道。"高诱注："炫熿，犹焜光也。"⑤ 郭在贻、黄征二位先生皆认为"炫熿"亦可作"玄黄"，训"辉煌"之意，⑥ 其说很有道理。

回到《诗经·卷耳》"我马玄黄"一句诗中，《毛传》直言"玄马病则黄"，《尔雅》言"玄黄……病也"⑦，两处文献直言"玄黄"为"病"的训诂不知所出，其他文献中也找不出直接训"玄黄"为"病"的解释。《尔雅》言"痡、瘏、虺隤、玄黄……病也"⑧，连续对"痡""瘏""虺隤""玄黄"几个词进行训诂，这明显可以看出是直接出自《诗经·周南·卷耳》的，之所以说"玄黄""虺隤"为病，或许是因为受到"痡"和"瘏"意思的影响。

---

① 王弼，韩康伯.周易注［M］.北京：中华书局，2011：377.
② 孔颖达.尚书正义：卷十一［M］.清嘉庆二十年南昌府学刻十三经注疏本.
③ 张衡.思玄赋［M］//萧统.六臣注文选：卷十五.四部丛刊景宋本.
④ 常璩.华阳国志：卷三［M］.四部丛刊景明钞本.
⑤ 刘向.战国策：卷三［M］.士礼居丛书景宋本.
⑥ 黄征.释"焜黄"［J］.古籍整理学刊，1991（3）.
⑦ 孔颖达.尔雅注疏：卷二：释诂下［M］.清嘉庆二十年南昌府学十三经注疏刻本.
⑧ 孔颖达.尔雅注疏：卷二：释诂下［M］.清嘉庆二十年南昌府学十三经注疏刻本.

三、"玄黄"当为斑斓之汗色

上文我们已经说到,"玄黄"当为玄黄错杂,并且还或兼有色彩绚丽之义。《说文解字》说"黑而有赤色者为玄"①,所谓的"玄黄",即是黑而有赤又有黄,这正是"其血玄黄"中"血"的颜色。

在《史记》的《大宛列传》和《乐书》中,曾经记载天马和汗血宝马:

大宛在匈奴西南,在汉正西,去汉可万里。其俗土著,耕田,田稻麦。有蒲陶酒。多善马,马汗血,其先天马子也。②

太一之歌,曲曰:"太一贡兮天马下,沾赤汗兮沫流赭。骋容与兮跇万里,今安匹兮龙为友。"后伐大宛得千里马,马名蒲梢。

应劭《史记集解》曰:"大宛马汗血沾濡也,流沫如赭","大宛旧有天马种,蹋石汗血,汁从前肩膊出如血,号一日千里"③。太一之歌所谓的"沾赤汗"和《史记集解》所言的"蹋石汗血,汁从前肩膊出如血",皆是形容汗血宝马的汗水如同血之赤色。

所谓的"我马玄黄"中的"玄黄"也是血的颜色。所谓"其血玄黄",结合史籍中汗血宝马的记载,"玄黄"应该是说马因为"陟彼高冈"而流汗形成玄黄斑驳的颜色。

另,"玄黄"为疲病,也是"玄黄"为马匹流汗颜色的另外一个侧证。《尔雅·释诂》云:"痡、瘏、虺颓、玄黄、劬劳、咎、悴、瘽、愈、鳏、戮、瘋、癙、瘅、痒、疧、疵、闵、逐、疚、痗、瘥、痱、癉、瘵、瘼、瘠,病也。"④ "痡、瘏、虺颓、玄黄"与"劬劳"并列。《诗经·凯风》"母氏劬劳",《毛传》解释劬劳为母亲养子的"病苦"也;⑤《诗经·鸿雁》"之子于征,劬劳于野",《毛传》言"劬劳,病苦也";《诗经·鸿雁》"虽

---

① 许慎. 说文解字:卷四下 [M]. 北京:中华书局,2013:78.
② 司马迁. 史记:卷一百二十三:大宛列传 [M]. 北京:中华书局,1982:3160.
③ 司马迁. 史记:卷二十四:乐书 [M]. 北京:中华书局,1982:1178-1179.
④ 孔颖达. 尔雅注疏:卷二:释诂下 [M]. 清嘉庆二十年南昌府学十三经注疏刻本.
⑤ 孔颖达. 毛诗正义:卷二 [M]. 清嘉庆二十年南昌府学十三经注疏刻本.

则劬劳，其究安居"，《毛传》解释为"此劝万民之辞，汝今虽病劳，终有安居"①。几处均将"劬劳"解释为"病劳""病苦"。《诗经·蓼莪》更完全地表达了"劬劳"的含义：

> 蓼蓼者莪，匪莪伊蒿。哀哀父母，生我劬劳。
> 蓼蓼者莪，匪莪伊蔚。哀哀父母，生我劳瘁。
> 瓶之罄矣，维罍之耻。鲜民之生，不如死之久矣。
> 无父何怙？无母何恃？出则衔恤，入则靡至。②

"劬劳"即是"劳瘁"，《说文解字》徐铉注云："劬，劳也"③，这说明《尔雅》释为病的，并不一定都是现代词汇意义上的生病，有的也有劳累、疲劳的意思。综观《诗经·卷耳》一章文意，"虺颓""痡""瘏"皆为疲病，而"玄黄"也必为疲病。因此，《毛传》说"玄黄"的"病"，当是从玄黄斑驳的汗而引申为疲劳，又引申为病。

四、余论

其实从全诗文义的角度来看，也能佐证我们的观点。今本《卷耳》一诗全篇分四节，如下：

> 采采卷耳，不盈顷筐。嗟我怀人，置彼周行。
> 陟彼崔嵬，我马虺隤。我姑酌彼金罍，维以不永怀。
> 陟彼高冈，我马玄黄。我姑酌彼兕觥，维以不永伤。
> 陟彼砠矣，我马瘏矣，我仆痡矣，云何吁矣。

第一节为引言部分，交代主题；中间两节句式相同，言盼望行人归来、饮酒消愁之事；而第四节的句式不同于中间两节，应当是诗人感情进一步的抒发。故第四节的文义相较于中间两节的文义在层次上具有一定的递进。

---

① 孔颖达. 毛诗正义：卷十一 [M]. 清嘉庆二十年南昌府学十三经注疏刻本.
② 孔颖达. 毛诗正义：卷十三 [M]. 清嘉庆二十年南昌府学十三经注疏刻本.
③ 许慎. 说文解字：卷十三下 [M]. 北京：中华书局，2013：294.

"痡"和"瘏"是对"虺隤""玄黄"的进一步加深。也就是说"玄黄"尚未达到"痡"和"瘏"的病态程度，只是形容其"疲劳"。

我们再来看在《卷耳》中与"玄黄"并列的另外一词"虺隤"，《安徽大学藏战国竹简》本《诗经》作"虺遗"①，《毛诗》作"虺隤"，《尔雅》作"虺颓"，《经典释文》引《说文解字》逸文作"㾂颓"，《易林》三作"虺隤"、一作"瘣隤"。蔡邕《述行赋》言"我马虺颓以玄黄"，王逸《楚辞·九思·逢尤篇》言"车轨折兮马虺颓"，蔡邕、王逸习鲁《诗》，可知鲁《诗》也当作"虺颓"②。以往学者解释"虺隤"，多认为"虺"为假借字，"㾂"或"瘣"为本字，病的含义从此而来。而综观各类文献，仅仅《经典释文》引《说文解字》作"㾂颓"，《易林》三作"虺隤"、一作"瘣隤"，其余皆作"虺隤"。《说文解字》云："虺，以注鸣者。"段玉裁以为"虺"乃"咮字之假借"③。何谓"注鸣"，以昆虫走兽所鸣叫之音记之也。《广雅》云："虺虺……声也。"④《诗·柏舟》："虺虺其雷。"毛《传》曰："暴若震雷之声虺虺然。"⑤ 以此看来，"虺隤"实为记声，在《卷耳》中则是形容马匹嘶叫之声。马匹往往在疲惫或者负重之时发出"哝哝"或者"哝吐"的声音，这或许是"虺隤"能与"玄黄"并列而言的道理所在。

综上，"我马玄黄"是说其颜色，"我马虺隤"是说其声音，两者正好说了马匹的两方面。马因为登高而流汗，颜色"玄黄"斑驳，发出"虺隤"的声音，两者正好对应，⑥ 都是形容马的疲累，这也是《诗经》中常用的手法。

---

① 安徽大学汉字发展与应用研究中心. 安徽大学藏战国竹简：一［M］. 北京：中西书局，2019：8.
② 王先谦. 诗三家义集疏［M］. 北京：中华书局，1987：26.
③ 许慎. 说文解字：卷十三下［M］. 北京：中华书局，2013：280.
④ 张揖. 广雅：卷六［M］. 明刻本.
⑤ 孔颖达. 毛诗正义：卷二［M］. 清嘉庆二十年南昌府学十三经注疏刻本.
⑥ 孙炎说："虺隤者，病之状，玄黄者，病之色，二章互言之"，与此道理相近。

二、02 儒家文献

《周易集注》明清版本新考

陈祎舒

中共陕西省委党校（陕西行政学院）

摘　要：来知德作为明代象数易学的代表人物，其著作《周易集注》后世版本众多，流传甚广。已知的《周易集注》明代早期版本有万历三十八年（1610）张惟任虎林刻本，万历间张之厚刻本与雷叔闻删节本，崇祯五年（1632）史念冲刻本，以及崇祯末年刘之勃刻本。清代乃至民国时期《周易集注》的版本流传，主要来自张惟任虎林系统与高奣映朝爽堂系统两大分支。对于《周易集注》版本的总结与梳理，有利于我们一览来氏易学在后世传播的情况。

关键词：《周易集注》；明清；版本

来知德，字矣鲜，号瞿唐，四川梁山（今重庆梁平区）人。他一生专于治《易》，其代表性著作为《周易集注》，在象数易学研究领域有着卓越的成就。《周易集注》作为来知德一生最具代表性的作品，后世经历了多次刊印，版本众多，源流各异。因此，有关《周易集注》版本的研究历来受到学界的重视。当前涉及《周易集注》版本的研究，依旧存在着诸多不足之处。本文在前人研究的基础之上，尽可能地搜集《周易集注》的相关版本信息，对诸本之间的联系进行考证，并进一步通过诸本之间的对校，最终呈现《周易集注》的版本流传情况。

一、问题的提出

目前有关《周易集注》的版本研究，已经取得了一定的成果，主要表现在对《周易集注》初刻本的考证以及对《周易集注》早期刻本系统的传衍这两方面。笔者立足于目前的研究成果,结合最新掌握的版本信息与相关资料,提出新的问题,进一步考证并补充《周易集注》版本研究的不足之处。

首先,就《周易集注》初刻本的考证,陈培荣用力颇深,其在《来知德〈周易集注〉初刻本考》一文中,利用已知现存的最早版本,即张惟任虎林本中的序跋信息考证了《周易集注》初刻本的情况,并根据虎林本中的文本内容,结合来氏自序与原目录信息,试图还原初刻本的内容与卷次。陈氏认为,时任梁山县令的徐博卿与来知德门人戴诰共同主持了《周易集注》初刻本的刊刻工作,由于徐博卿《序》与戴诰《跋》的落款时间分别为"万历己亥仲冬"与"万历己亥夏五月",据此判断《周易集注》初刻版诞生于万历二十七年(1599)。至于来知德的友人,时任贵州巡抚的郭子章,根据其序文的落款时间,为"万历辛丑七月七日",结合郭子章《年谱》中的记载,由此推定"郭子章于二十九年三月之后始读到其刊行已二年的《易注》"①。至于后世所称的郭子章初刻本,实乃万历二十九年(1601)郭子章在初刻版基础上补刻序文后的重印本。

陈培荣在厘清《周易集注》初刻本产生情况的基础上,进一步对《周易集注》初刻本的内容与编次进行了还原。陈氏认为,在现存的早期版本中,诞生于万历三十八年(1610)的张惟任虎林刻本,较之史念冲刻本与高奣映朝爽堂刻本,更加接近初刻本的原貌,其中一个重要的原因就在于虎林本没有像史、高二本那样,对"考订系辞上下传补订说卦传"这一部分进行拆分,而是以完整的形式作为正文的第十六卷加以呈现。反观史、高二本,正文皆为十五卷(高奣映本的"卷末"非来知德原著内容),至于对"考订系辞上下传补订说卦传"这部分内容的编纂方式,两个版本也有差异:史念冲刻本将考订《系辞》部分以"附来知德考订第八章""附来知德考订第五章"为名,分别附于卷十三《系辞上传》、卷十四《系辞下传》注末。补订《说卦》部分,则以"附来知德补订第十一章"为名,附于卷十五《说卦传》注末。高奣映朝爽堂刻本的具体处理方法则是将考订《系辞》的顺序在不改动《系辞》原本段落顺序的前提下,在来知德认为当做改动的相应段落注文之后进行说明。有关来知德补订《说卦传》的内容,则是将其逐条拆

---

① 陈培荣.来知德《周易集注》初刻本考[J].儒家典籍与思想研究,2013(0):203.

分，分别附于《说卦》相应段落注文之后。以上涉及"考订系辞上下传补订说卦传"存在的编纂差异，也成为判定上述《周易集注》三个版本的一项重要依据。

其次，涉及《周易集注》早期版本的流传情况，则可以参考吴伟《〈周易集注〉的早期版本》①一文，本文将《周易集注》的早期版本归纳为张惟任虎林本、史念冲本以及刘安刘删芟本，并将后世主要版本归入以上三大版本系统中。吴氏主要通过分析相关版本所附的序跋信息，将三大系统的成书情况加以呈现，并将清代的崔华本与四库全书本归入虎林刻本系统，而将康熙十六年（1677）凌夫惇圈点、高奣映刊行的朝爽堂刻本归入刘安刘删芟系统。至于崇祯五年（1632）刊成的史念冲刻本，后世不见其续刻本，然而根据其与上述两大版本在序跋信息中展现出的差异，可以确定史念冲刻本自成一系。此外，台湾学者谢莺兴通过查阅大量馆藏目录书，加之对相关版本的目验与对校，根据刊刻年代的先后，分别罗列了《周易集注》诸版本信息，并将《周易集注》的后世版本传衍归纳为高奣映与史念冲两大系统。②谢氏一文虽然罗列的版本较为丰富，但对于诸版本之间关系的梳理不甚清晰，尤其是将后世流传版本归为高奣映③与史念冲两大系统，忽略了虎林系统与高奣映系统的差异，故与事实不符。

就以上三篇有关《周易集注》的研究成果而言，陈培荣文主要是通过分析不同版本之间内容与卷次上的差异，进一步将来自不同刻本系统的三个代表性版本（虎林本、史念冲本、高奣映本）加以对校，从而试图还原《周易集注》的初刻本面貌。吴伟文重在分析诸版本所附之序跋信息，从而得出《周易集注》具有三大版本系统的论断。至于谢莺兴文，则是以明、清作为断代，通过查阅大量馆藏目录信息，加之对某些版本之间展开对校，最终罗列出明、清两代《周易集注》诸版本的特征与差异。以上研究的具体方法主要涉及版本之间的对校、序跋信息的分析，以及馆藏目录书籍的查阅，然而由于上述作者研究侧重的不同，加之囿于掌握的相关材料的限制，一些问题依旧有待进一步解决：首先，以上提及的《周易集注》早期版本特征是否得

---

① 吴伟.《周易集注》的早期版权［J］.图书情报工作，2011，55（11）：144-147.
② 谢莺兴.来知德《周易集注》版本考述［J］.东海中文学报，2001.
③ 谢氏所谓的高奣映刻本系统即吴伟文中提到的刘安刘删芟系统。

到了全面的呈现？其次，已有的研究对于清代以来《周易集注》的版本信息往往只是点到为止，缺乏相关版本之间详细的考证与说明，故而令人产生疑问，即清代《周易集注》的版本流传到底经历了怎样的过程？针对上述两个问题，笔者曾与王小红老师共同发表了《〈周易集注〉版本源流述略》① 一文。此文一方面通过搜罗清代高奣映刻本系统的诸多版本，并加以考证诸本之间的关系；另一方面，对上述具有代表性的版本之间展开了详细的对校工作，由此对各版本的不同特征有了更为清晰的认识，继而更能说明《周易集注》诸版本系统之间的差异以及版本系统内部诸刻本之间的传衍关系。然而随着笔者接触到了更多的版本与史料，尤其是《（民国）姚安县志》中的高奣映新序，以及俞卿删改本与天津图书馆藏的六宜轩刻本，可以进一步对刘之勃—高奣映刻本系统加以补充说明。

二、《周易集注》明代版本传承考

关于《周易集注》的成书，据来知德作于万历戊戌（1598）的自序言："始于隆庆四年庚午，终于万历二十六年戊戌，二十九年而后成书。"② 陈培荣在《来知德〈周易集注〉初刻本考》一文中，考证了来知德《周易集注》的初刻本，认为"来知德《周易集注》于万历二十六年（1598）由时任梁山县令徐博卿及其门人戴诰付梓，次年（1599）刻成"③。而由于郭子章彼时身为贵州巡抚，并于万历三十年（1602），与时任四川总督王象乾向朝廷举荐来知德，故后世多将此附有郭《序》的《周易集注》初刻本视作郭子章刻本。此本目前未见于世，或已亡佚，然而在此本基础上的几个明代早期重刻本则依旧存世。

吴伟在《〈周易集注〉的早期版本》一文中，将《周易集注》初刻本之后的重刻本归纳为张惟任虎林刻本系统、史念冲刻本系统与刘安刘删芟系统。经笔者目验，吴氏所谓"刘安刘删芟系统"诸本中，大多都刊有凌夫惇《序》与高奣映《序》，然而其中所附的高奣映序文却与《（民国）姚安县

---

① 王小红．巴蜀文献：第七辑［M］//陈炜舒，王小红．《周易集注》版本源流述略．成都：巴蜀书社，2022：159-189.
② 来知德．周易集注［M］．北京：中华书局，2019：10.
③ 陈培荣．来知德《周易集注》初刻本考［J］．儒家典籍与思想研究，2013（0）：204.

志》中收录的名为"来矣鲜先生易注序"的高奣映序文并非同一篇文章，而此篇文章为我们认识明代早期版本提供了一定的帮助。《（民国）姚安县志》载高《序》云："当时，中丞郭青螺于万历三十年请公梓行是书。后十年，学使张之厚刻于成都。历天启乙丑，大史陈明卿重刻于京师。崇祯间，御史刘安刘再刻于蜀。吴守史君应选、皖守田君大本与夫沈际飞诸儒翻刻于姑苏、于皖、于吴者，不一而足，皆同此作《易》之忧患也夫。"① 高氏对明代《周易集注》版本流传情况做了较为详细的总结。根据以上高氏的叙述，有两个问题值得注意：

首先，需要对上述版本信息加以补充说明。在高氏所论明代诸版本中，未曾提及张惟任万历三十八年（1610）于杭州虎林所刻之版本，可见当时高奣映对于张惟任虎林刻本的存在并不知情。此外，陈培荣在《来知德〈周易集注〉初刻本考》中提到的万历雷叔闻删节本，高氏序中亦未曾提及。

其次，高奣映提到了"历天启乙丑，大史陈明卿重刻于京师"，天启乙丑即天启五年（1625），陈明卿即陈仁锡，字明卿，号芝台，长洲（今江苏苏州）人。《明史》著其传。陈仁锡作为明末学者，曾跟随钱一本习《易》，他对于来氏易学自然是有所知晓的。然而令人疑惑的是，史念冲本中却附有陈仁锡《序》，落款为"崇祯壬申（1632）仲春，长洲陈仁锡书于潜确居"，而陈《序》中并未提及自己曾于天启间主持刊刻《周易集注》，故高奣映此说可能并不准确。

综合以上信息可知，《周易集注》于万历二十七年（1599）完成初刻，并于万历三十年（1602）附郭子章《序》。其后的版本有：万历三十八年（1610）张惟任虎林刻本，万历间张之厚刻本与雷叔闻删节本，崇祯五年（1632）史念冲刻本，以及崇祯末年刘之勃②刻本。其中的张之厚刻本，现藏于山东省博物馆③。张之厚，字铭卿，号盘屿，籍贯湖广应城（今湖北应城），万历二十五年（1597）举人，万历二十九年（1601）进士，同年任开

---

① 霍士廉，由云龙. 民国姚安县志：二 [M] //中国地方志集成：云南府县志辑 66. 南京：凤凰出版社，2009：532.

② 刘之勃，字安侯，包括《明史》在内的诸多文献皆作"安侯"，只有高奣映本和《陕西通志》卷六十一《人物志·忠节》中写作"安刘"，疑为误。

③ 中国古籍善本书目编辑委员会. 中国古籍善本书目：经部 [M]. 上海：上海古籍出版社，1989：69.

州知州，万历三十八年（1610）任成都知府，后官至兵部侍郎。张之厚治《易经》，加之其长期任职于蜀中，这些都可能是促成他刊刻《周易集注》的原因。根据高奣映《序》"后十年，学使张之厚刻于成都"，推测此本与张惟任虎林本成书时间较为接近，根据陈培荣文所述，张之厚刻本与虎林本同源，皆为十六卷。至于雷叔闻删节本，现藏于中山大学图书馆①，由于笔者未能亲见，其具体信息不便妄下结论。而张惟任虎林本与刘之勃本，作为清代《周易集注》版本流传的两支系统所分别依据的祖本，则有必要重点关注。此外，史念冲本于清代虽然未见重刻，但此本作为《周易集注》的早期版本，具有较高的校勘价值，也值得重视。

（一）张惟任虎林刻本

张惟任虎林本成于万历三十八年（1610），张氏又于第二年（1611）主持刊刻了《来瞿唐先生日录》。张《序》云："……海内称慕之而不尽见其板，在蜀者又多漫漶灭没。予令巫山时，与先生有往还，敬其人，爱重其书，爰历吴越下蕲司重订之，而梓以流布焉。"② 此《序》落款时间为"万历庚戌岁阳月"，而之后的"重刻来瞿唐先生易经集注订校姓氏"落款则为"大明万历三十八年重校刻于浙之虎林郡南屏山"③，两处落款交代了此本刊刻的具体时间。张惟任，字希尹，别号觉庵，陕西潼关人，万历七年己卯（1579）科陕西乡试第十名，治《礼记》。授巫山县令。万历二十八年（1600）任两浙巡盐监察御史。后升任大理寺卿。天启六年（1626）十二月致仕，死后葬于潼关南原。在张惟任为《周易集注》与《日录》所作序文中，其署名皆为"张惟任仲衡"，可能"仲衡"为张惟任"希尹"之外的另一字。此版（北师大图书馆藏张惟任虎林本）共收录序文五篇，分别为徐博卿《序》、郭子章《序》、来知德《自序》、张惟任《序》以及黄汝亨《序》。其中黄汝亨是除张惟任以外在虎林本《周易集注》与《日录》中皆撰有序文的人。黄汝亨，字贞父，号寓庸，浙江仁和（今杭州）人。万历十九年辛卯（1591）举人，万历二十六年戊戌（1598）进士，后官至江西布政司参议，

---

① 中山大学图书馆. 中山大学图书馆古籍善本书目［M］. 广州：中山大学图书馆，1982：4.
② 来知德. 周易集注［M］. 北京：中华书局，2019：17-18.
③ 来知德. 周易集注［M］. 北京：中华书局，2019：21.

明代著名的文学家、书法家。

　　此本版式为半页九行，行二十字，白口，单鱼尾，四周单边。其中的内容，按顺序依次为：徐、郭、来、张、黄五序，"重刻来瞿唐先生易经集注订校姓氏"，"易注杂说诸图"（此部分最前刻有"易注杂说诸图总目"），"易学六十四卦启蒙"，正文卷一至卷十六，戴浩《跋》。其中，徐、郭、来三序与戴《跋》为梁山本所原有。而卷十六内容为"考订周易系辞上下传"与"补订周易说卦传"。笔者所见诸本的"易注杂说诸图总目"中，皆著有"来知德易学六十四卦启蒙""来知德考订系辞上下传补订说卦传"，其条目在"改正分卷图"与"发明孔子十翼图"之前。梁山本的原貌是将这两部分内容皆置于"易注杂说诸图"当中。而张惟任刻本则将"启蒙"部分从"易注杂说"中抽离出来，独立置于其后，又将"考订系辞上下传补订说卦传"部分独立作为一卷，置于正文最后，从而成为正文的第十六卷，这也成为张惟任虎林刻本的一个重要特征。此外，张惟任虎林本在刊刻过程中，将《旅》卦九四爻象辞及注文内容脱漏，遂导致出自这一系统的版本此处皆脱漏，这一刊刻失误也成为张惟任虎林系统的另一重要特征。

　　（二）史念冲刻本

　　史念冲刻本成于崇祯五年（1632）。有关史念冲本的刊刻时间，崔华宝廉堂本王方岐《序》中就已经提到："瞿唐来先生注《易》若干卷，史念冲先生序而梓之，盖在明季之壬申岁也。先生既没，而西蜀屡经兵燹，板燬无存，世之传者绝少。"此本三篇新序的作者落款分别是："崇祯壬申仲春，长洲陈仁锡书于潜确居"；"重光协洽之岁涂月春前一日，和溪田大本道生父题"；"崇祯辛未腊月谷旦，覃怀史应选念冲甫题于姑苏之凝清亭"。也就是崇祯五年（1632）与崇祯四年（1631）。史念冲本每卷卷首皆题："明梁山来知德矣鲜甫著，覃怀史应选念冲甫辑，甄冑后学沈际飞订异。"史应选，字念冲，河内覃怀（今河南沁阳）人。万历四十四年（1616）进士，天启三年（1623）任无为（今安徽无为）知州，崇祯二年（1629）任苏州知府，后以坐累降去。清初授济南知府，升南瑞道，逾限罢。此本刊刻之时，史念冲时任苏州知府，这也与史《序》落款地点"姑苏之凝清亭"相符。至于此刻本中另外两序的作者陈仁锡与田大本：陈仁锡，前文已进行过考证。田大本，定远（今四川岳池）人。天启五年（1625）进士，曾任安庆知府，精乾象，后致仕去。根据田大本《序》可知，史念冲此次刊刻所据底本即由田大本提供。

此本版式为半页十行，行二十二字，白口，单鱼尾，四周单边。正文为十五卷。此本除了之前提到的对"考订系辞上下传补订说卦传"这一部分内容的编纂方式异于虎林本与高裔映本之外，笔者还通过诸本之间的对校，发现了四处史念冲本异于虎林本及高裔映本的地方，如下表：

史念冲本与张惟任虎林本、高裔映本（文选楼藏朝爽堂本）不同处

序号	出处	史念冲本	虎林本	高裔映本
1	卷二《讼》卦象辞注	下若健而不险，必不生讼；险而不健，必不能讼。惟二者具全，所以名讼	脱"惟二者具全"	脱"惟二者具全"
2	卷九《夬》卦九四爻象辞注	"聪"者，听也。听之不聪，理不明也	"聪"者，听也。听之不能明其理也	"聪"者，听也。听之不能明其理也
3	卷九《井》卦卦前注	巽为木，汲水者，以木承水而上，亦井之义也	巽为水，汲水者，以木承水而上，亦井之义也	坎为水，汲水者，以木承水而上，亦井之义也
4	卷十一《旅》卦九四爻象辞与象辞注	《象》曰："旅于处"，未得位也。"得其资斧"，心未快也 以阳居阴，不得其位，故旅于暂处之地，况阴柔相应，难与共事，资斧外必有不得者矣，心安得快乎？	虎林本原脱	《象》曰："旅于处"，未得位也。"得其资斧"，心未快也 旅以得位而安。二之"即次"，艮土之止也。四之"于处"，离火之燥也。资斧虽得，然处位不宁，应与非人，心焉得快？亦得暂息耳，未得位也

在以上四处差异中，前三处根据上下文意判断，史念冲本较之其他二者

更佳，最后一处则涉及虎林本脱漏的内容，值得注意的是，史念冲本与高奣映本《旅》卦九四象辞注文并不一致，不知何故。通过以上四例也再次证明史念冲本独立于另外两大刻本系统之外自成一系。

（三）刘之勃刻本

刘之勃，字安侯，陕西凤翔人，崇祯七年（1634）进士。《明史》卷二百六十三《列传第一百五十一》存其传。刘之勃曾于崇祯十五年（1642）出按四川，并于崇祯十六年（1643）八月十三日上《来知德从祀疏》，但因战乱未经通行，刘之勃本人也在次年八月成都城破而亡。此《疏》中云："知德遗书所录，自《易注》《大学古本》及各图解而外，颇及应酬词语，刊字亦不无差讹，臣亦不敢削正一字，以失本来，除止就原板刷印进览，并送该部备察。"据此可知刘氏并未对《来注》进行删改，仅是"就原板刷印进览"，这与高奣映《凡例》中所言"刘安刘重刻，芟烦覆重复之语"互相矛盾。而根据刘之勃《来知德从祀疏》中所言，其仅仅是"除止就原板刷印进览"，并未提及重刻之事。

以上种种疑问，直到笔者目验了天津图书馆藏六宜轩刻本（此本属于高奣映朝爽堂刻本系统，因此本开篇附"瞿唐易注""六宜轩藏版"牌记页，故称作"六宜轩刻本"），才有了较为清晰的认识。原因在于，不同于高奣映朝爽堂刻本系统的其他版本，六宜轩刻本附有刘之勃《序》与郭子章《序》，这恰好印证了高奣映《凡例》所云："家承必详，兹存郭、刘，以见后先剞劂。"而刘之勃《序》中有以下一段文字："梁山旧本，字多差讹，集中所载，自《易注》《大学古本注》、图解、诗文而外，祭牒赠扁，靡不毕录，殊觉繁芜，爰集师儒校订而删正之，是付剞劂。"且此文末尾有："癸未秋，岐周后学刘之勃序"，这里的"癸未秋"即崇祯十六年（1643）秋，而刘之勃于崇祯十六年八月十三日上《来知德从祀疏》，可见，刘之勃的这两篇文章基本写就于同一时间。通过刘《序》，我们可以知道刘之勃在崇祯十六年秋已经完成了来知德《易注》的重刻，此重刻本也确实进行了"较订""删正"，因此高奣映《凡例》中所言"刘安刘重刻，芟烦覆重复之语"并非妄言。然而这里还有一个问题，就是前面提到的，在《来知德从祀疏》中，刘之勃又自称"除止就原板刷印进览"，确实也是言之凿凿，于是结合以上两点刘之勃看似矛盾的自述，就只有一种可能：刘之勃在崇祯十六年秋主持重刻了《易注》（其中进行了"较订""删正"），同年八月十三日上《来知德从祀疏》时，刘之勃附带进览的文献，并非其主持重刻的《易注》，而是以当时存有的包括《易注》《大学古本》及各图解、应酬词语等内容的原板进行印刷进览。至于高斅映所据刘之勃刻本，未见于当前各类图书馆藏目录书中，可能已经不存于世。

三、《周易集注》清代版本传承考

清代《周易集注》的版本众多，流传较为广泛。根据当前的图书馆藏著录信息以及诸版本的具体内容，大致可分为张惟任虎林系统与高斅映朝爽堂系统两大分支：属于张惟任虎林系统的版本有崔华宝廉堂本、俞卿删节本以及《四库全书》本。其中崔华本所据底本为虎林本，俞卿删节本与《四库全书》本皆以崔华本为底本。而根据相关序跋信息，可知高斅映朝爽堂刻本所据底本为刘之勃刻本，后世出自高斅映朝爽堂系统的重刻本种类极多，有必要对其中的代表性版本逐一进行考证与梳理。

（一）张惟任虎林刻本系统

崔华宝廉堂刻本是在张惟任虎林刻本基础之上的重刻本。理由如下：首先，崔华本所附谢开宠《序》言道："戊辰春，过维扬两淮转运使莲生崔公祖，余同年友也，雅好藏书，一切典籍购访不遗余力。余以来先生《易注》拳拳者数矣，兹幸于姑苏旧肆中获此遗编，归以示余，相与击节赏叹。因捐俸重镌，公之海内焉。"① 据此可知，崔华此次刊刻所依据的底本乃是姑苏旧肆所购之本。根据崔华本收录的"来瞿唐先生易经集注原订姓氏"名录以及相关序文可以进一步证明，此"姑苏旧肆所购之本"即为张惟任虎林刻本。崔华本中所附的"重刻来瞿唐先生易经集注校订姓氏"乃是校订崔华本的相关人员名录，而之后所附的"来瞿唐先生易经集注原订姓氏"即为虎林本的校订人员名录。其次，根据版式与内容卷次，亦可判定崔华本原自张惟任虎林刻本。此本版式为半页九行，行二十字，白口，单鱼尾，四周单边。版式基本与张惟任虎林本相同。同时，崔华本也一如张惟任虎林本将《旅》卦九四爻象辞及注文内容脱漏未刻。可见崔华本对于张惟任虎林本在卷次与内容

---

① 来知德．易经集注：谢序 [M]．上海：上海书店，1990：4．

上的两大基本特征具有直接继承的关系。此外，笔者通过对诸本之间的对校，发现崔华宝廉堂本虽然因为避讳对其中的一些文字进行了改动，但更正了虎林本中存在的较多刊印错误，堪称精审精校。至于《四库全书》所收录的《周易集注》手抄本，也保留了上述两大基本特征，而笔者之所以能够将《〈周易集注〉提要》中提及的"浙江巡抚采进本"确认为崔华本，原因就在于通过将四库本与崔华本进行对校，可以发现四库本涉及胡虏夷狄类的部分词汇时，在尽量不影响原义的同时，也进行了相应字词的替代与改写，且这些改动与崔华本保持了一致。

俞卿本作为张惟任虎林刻本系统的版本之一，其内容和卷数却与张惟任虎林本、崔华宝廉堂本以及四库本有着极大的不同：此本版式为半页十行，行二十一字，白口，单鱼尾，四周单边。其中的内容，按顺序依次为：俞卿《序》、郭子章《序》、来知德《自序》。"卷首上"为周易集注诸图，由于正文卷数缩减为六卷，因此略去"改正分卷图"，其他诸图顺序，较之宝廉堂本略微做了调整。"卷首下"为"六十四卦启蒙"。正文卷一至卷六，具体即卷一为《乾》卦到《否》卦，卷二为《同人》卦到《离》卦，卷三为《咸》卦到《井》卦，卷四为《革》卦到《未济》卦，卷五为《系辞》上下传，卷六为《说卦传》《杂卦传》，并将金圣叹著《唱经堂通宗易论》及俞卿自著《〈周易义象合参〉序》附于卷六末。另外，俞卿《序》为楷书手写上板，半页八行，行十八字，其他序文皆与正文行款相同。至于虎林本卷十六的"考订系辞上下传"与"补订说卦传"两部分中来知德改动与新增的内容，在俞卿本中则径直将《系辞》上下传按照来知德的考订顺序进行改动，《说卦传》相应段落注末则附来知德增补之象。从全文来看，俞卿对此本的内容做了较大的删改，正如他序文中所云"字句冗复，僭加删定一二"，使得此本《周易集注》的整体篇幅有了较大的缩减。而笔者之所以能够断定俞卿本出自张惟任虎林系统，且以崔华本为底本，依旧是从序文与文本内容两方面进行的考证。从俞卿《序》中，可以了解此刻本的相关版本信息："……又数年，牧秦之冯翊郡，购得平山崔氏本，反复沉思，稍有会心，持至长安，惟恐或失也……原本具在，不敢稍易，字句冗复，僭加删定一二……长洲金圣叹先生，问学源源，性灵炯炯……独注来、金两先生集解，高明之士，有不见而喷饭者乎……《义象合参序》附刻于末。康熙六十一年岁次壬寅嘉平月，古滇俞卿撰。"通过以上截取的序文内容，我们可以得到以下信息：1. 俞卿曾购得崔华宝廉堂本。2. 俞卿在崔华宝廉堂本的基础上，进行了删订的工作。3. 俞卿在此刻本中将金圣叹的相关著作即金氏《义象合参序》附于篇末。4. 根据此《序》的落款时间，可以知道此版本大致刊刻于康熙六十一年（1722），俞卿时任绍兴知府。根据上述序文中的信息，基本上已经将俞卿本所据底本以及此本在内容与卷次上的独特性加以阐明。此外，从文本内容来看，俞卿本也一如张惟任虎林本、崔华宝廉堂本，将《旅》卦九四爻象辞及注文内容脱漏未刻，这也是俞卿本出自张惟任虎林刻本系统的一个重要例证。

（二）高奣映朝爽堂刻本系统

高奣映朝爽堂刻本乃是刘之勃刻本基础之上的重刻本，最初由高奣映于康熙十六年（1677）刊刻完成。根据凌、高二序可知，凌夫惇首先在成都书肆中购得旧本，经凌氏圈点注释，最终在高奣映的主持之下得以重新刊刻。凌夫惇，字厚子，永川（今重庆市永川区）人，崇祯十六年癸未（1643）进士。高奣映，字雪君，一字元廓，云南姚安人，原籍江西庐陵，号问米居士、结璘山叟，白族（或彝族），明清之际著名的少数民族思想家、文学家。高奣映博通经史，兼修佛学，著有《读易要说》《太极明辩》《妙香国草》等。高氏正是在分巡川东之际，与凌夫惇结交并刊刻了凌夫惇圈点的《周易集注》，凌《序》中所云"甲寅冬，巡宪高公祖来镇渝"，当是指康熙十三年（1674）。《凡例》中载："刘安刘重刻，芟烦覆重复之语"，"《来注》初刻于郭青螺，重刻于刘安刘"，"是集经数岁，校经几手，翻写五过，始付杀青。始于乙卯之仲春，告竣于丁巳之孟春，阅月二十四……"根据以上《凡例》中的信息，可知高奣映以刘之勃本为底本，最初刊刻于康熙十四年（1675），完成于康熙十六年（1677）。再据高本《凡例》所云："其余各序惟掇拾词义，正论《易》之大理，非有加于注，以益后学也。家承必详，兹存郭、刘，以见后先刓剟。"在目前存世的高奣映朝爽堂刻本系统诸版本中，笔者只在上文提到的"六宜轩刻本"中发现刘之勃《序》与郭子章《序》，且两序严格遵循明代的抬头制度。较之高奣映朝爽堂刻本系统的其他版本，此本还附有刘之勃《题来瞿唐先生从祀疏》（此疏亦遵循明代的抬头制度）与清初桐城学者姚文燮《序》，其中有："吾友元廓先高史君参藩巴中，重刻之云雷未息之际，甚□心矣。自是蜀之易学不绝如线，而元廓有功吾易。"可知此序乃姚文燮为其友高奣映而作。根据以上信息，笔者认为，六宜轩刻本可能较为接近高奣映朝爽堂初刻本的面貌。有关高奣映朝爽堂刻本系统的内容与版式，基本上大同小异，其版本特征可以归纳为三点：一是在卷首增加了"来图补遗"与高奣映新撰的内容，二是在正文部分更改了"考订系辞上下传"与"补订说卦传"的呈现形式，三是在正文十五卷后新附卷末"周易采图"一卷。以上三点特征也成为判定高奣映朝爽堂刻本系统的有力依据。

雍正七年（1729），周大璋于南京重刻高奣映朝爽堂本。周大璋，字聘侯，号笔锋，安徽桐城人。康熙五十六年（1717）岁贡，雍正二年甲辰（1724）进士，雍正五年（1727）任湖南龙阳县（今汉寿县）知县，雍正七年（1729）十二月因年老改任华亭县（今上海松江区）教谕。此版扉页牌记"庐陵高雪君先生鉴定，永川凌厚子先生原点"之后，有"桐城周聘侯先生重校"，且每卷首页下方亦如此。此本在版式、字体、内容方面并未做太多改动，甚至在版心处仍沿袭旧本，下端依旧刻有"朝爽堂"三字。

嘉庆十四年（1809），时任梁山县令符永培在周大璋本基础上进行重刻，其版心下端有"宁远堂"字样，故某些图书馆藏目录书著录信息时也称宁远堂本。符永培，字子田，河南宁陵人，监生，嘉庆七年（1802）任梁山知县，后升会理州知州，未任卒。符《跋》中所谓"岁己巳"以及牌记之中的"嘉庆己巳"，即嘉庆十四年，符永培时任梁山知县。此本前有符永培《跋》，半页五行，每行字数不定，或十字，或十一字，无界行，行书手写上板。符《跋》后为周大璋《序》与高奣映《序》，亦如周大璋本删去凌夫惇《序》。符永培宁远堂刻本在版式、字体、内容上几乎延续了周大璋本，因此也与朝爽堂诸翻刻本相差无几。

同治九年（1870），刘建德在湖南长沙据朝爽堂本重刻《周易集注》。此本之中的郭嵩焘《序》云："刘馨室观察以吾楚于此书流传未广，刻之长沙。"据此可以确定此次重刻工作的主持者与刻书地点。此《序》的落款时间为"同治十年冬十有二月"，又可以确定此本刻成的大致时间。此本虽然为刘建德主持刊刻，但由于郭嵩焘为之作《序》，加之郭嵩焘声名显赫，为后世所熟知，因此当前诸多馆藏目录书在著录版本信息时，皆称此本为郭嵩焘本。从正文版式与内容上看，刘本依旧保持了朝爽堂本的特点，甚至在正文的每卷首页，皆刻有"庐陵高雪君奣映鉴定""永川凌厚子夫纯原点"的字样，这里把凌夫惇之名误刻作"夫纯"，当是一个小的纰漏。不过刘建德本"伏羲六十四卦圆图"中并未将对应两卦之间的连线省去，故推测刘氏所依据的底本并非周大璋本与符永培本，当是高奣映刻本系统的其他版本。刘本版心下端略去"朝爽堂"三字，而在每页鱼尾上端加刻一字，分别以"乾""坤""巽""震""坎""离""艮""兑"八字进行篇章区分。

结　语

本文在目前相关研究成果的基础上，论述了《周易集注》撰成之后大致的版本流传情况，从文献的角度反映了明清乃至民国时期诸多学者对于来氏易学的关注与重视。特别是对清代《周易集注》诸本之间的关系的考证，廓清了《周易集注》后世版本流传的两条主要脉络：张惟任虎林系统与高奣映朝爽堂系统。尤其是高奣映朝爽堂系统，后世屡经重刻，除上述所论版本之外，目前可知出自此系统的版本还有文选楼刻本、藻文堂刻本、三乐斋刻本、善成堂刻本、积善堂刻本、同志堂刻本、世兴堂刻本、友于堂刻本、道光二十六年（1846）来锡蕃配补本乃至民国八年（1919）上海江东书局石印本。上述版本有的为重刻本，有的为递修本。至于康熙三十六年（1697）高暄刻本，笔者根据内容判定，当是独立于上述两大系统之外的又一版本。

综上所述，笔者基于已有的研究成果，通过目验与分析序跋等相关材料，并进一步对各版本的主持刊刻者信息加以考证，基本厘清了《周易集注》版本之间的关系。而随着对上述诸本校勘工作的开展，笔者得出了以下结论：首先，崔华宝廉堂本作为张惟任虎林本的重刻本，虽为后出，却更正了虎林本中存在的大量刊印错误，较之其他版本，崔华本的错误也明显较少，堪称善本，因此适合作为《周易集注》整理工作所选用的底本。其次，虽然崔华本的错误较少，但由于涉及避讳，此本对相关字词进行了改写，因此需要参校张惟任虎林本，对避讳的字词进行还原。最后，史念冲本与高奣映朝爽堂诸重刻本作为独立于虎林系统以外的版本，避免了虎林系统诸本从最初延续下来的错误与不足之处。如虎林系统诸本皆将《旅》卦九四爻象辞及注文内容脱漏未刻，而这部分内容则见于史念冲本与高奣映朝爽堂诸重刻本中，据此也可一窥史念冲本与高奣映朝爽堂重刻本所具有的校勘价值。

宋代巴蜀《春秋》学研究述评*

张尚英

四川大学古籍整理研究所

摘 要：目前，学界关于宋代巴蜀《春秋》学的研究主要分为宏观探讨与个案研究两种类型。宏观方面的研究或只是就某一方面论述，或只是在讨论整个巴蜀学术文化时的简要概述，且多是依据历史上一些文献的记载与评论而做的观念性叙述，而不是建立在对宋代巴蜀《春秋》学著作研读基础上的系统研究。个案研究从广度上讲，以苏轼、苏辙、崔子方等名家、大家为主，兼及李尧俞、黎錞、杜谔、苏洵、谢湜、赵鹏飞、程公说、魏了翁、家铉翁等人，而如宋堂、何涉、杨绘等人的《春秋》学尚没有引起学者的重视或者没有进入学者们的视野。从深度上来讲，已有的个案研究，尤其是成果相对较多的苏辙、崔子方的研究，大致能展现其《春秋》学的成就与特色，但研究角度雷同、内容多有重复，且不够深入。

关键词：宋代；巴蜀《春秋》学；研究现状；评价

宋代是中华文化的蓬勃发展之世，是巴蜀学术文化发展的鼎盛时期，也是《春秋》学发展的高峰时代之一。与之相应，宋代巴蜀《春秋》学也获得了长足的发展，文献众多，名家辈出。据统计，宋代巴蜀《春秋》学专著达71种，现存17种，流传下来的论文116篇，而全国的情况则是专著总数600种左右，现存77种，论文768篇。可见，无论总量还是现存的数量，宋代巴蜀《春秋》学文献都在全国具有举足轻重的地位，其中专著数量仅次于东南

---

* 本文为四川省社科规划项目"宋代四川《春秋》学研究"（SC21B063）、四川省社科其他项目"2019年巴蜀全书编纂与研究：春秋类"（BSQS2019Z03）成果。

地区排第二位。同时，在宋代，巴蜀还出现了李尧俞、黎錞、宋堂、何涉、杨绘、杜谔、苏轼、苏辙、王当、崔子方、谢湜、赵鹏飞、程公说、李明复、家铉翁等《春秋》名家，对当时及后来的《春秋》学发展都产生了深远影响。由此可见，宋代是巴蜀《春秋》学的繁荣阶段，在《春秋》学史、经学史与巴蜀文化的发展中都扮演着重要的角色。对宋代巴蜀《春秋》学进行研究，既是宋代《春秋》学与宋代学术研究的重要方面，可以展示宋代《春秋》学与宋代学术发展演变的状况与特点；也是巴蜀学术文化研究的重要内容，有利于促进巴蜀学术文化的全面研究，揭示巴蜀文化的地域特色及其与其他学术文化的交流融会。

由于宋代巴蜀《春秋》学在宋代《春秋》学、学术史以及巴蜀学术文化研究中的重要地位，学界对之研究颇多，成果丰硕，归纳起来主要分为宏观探讨与个案研究两种类型。

一、宏观研究

学界关于宋代巴蜀《春秋》学宏观研究的论著可以分为两类，一类是专论宋代巴蜀《春秋》学的专文，一类则是探讨巴蜀《春秋》学史、宋代巴蜀学术文化、历史、经学等整体概况的论著。

第一类论著主要有金生杨《理学与宋代巴蜀〈春秋〉学》（《四川师范大学学报》2006年第6期），冯旭云《南宋巴蜀〈春秋〉学及其时代特色——以现存南宋巴蜀四种〈春秋〉学著述为例》（《儒藏论坛》第5辑，四川文艺出版社，2010年），张尚英《宋代蜀人〈春秋〉学著作叙录（一）》（《巴蜀文献》第4辑，四川大学出版社，2017年），《宋代蜀人〈春秋〉学著作叙录（二）》（《巴蜀文献》第5辑，四川大学出版社，2019年）等。金文分"孙复、石介《春秋》学传蜀""周敦颐、程颢、程颐《春秋》学入蜀""南宋时尊从理学的巴蜀《春秋》学"三方面，围绕宋代理学入蜀的学术大背景，就理学对巴蜀《春秋》学的影响进行了讨论，认为理学"直接推动了巴蜀《春秋》学的发展"，理学影响下的宋代巴蜀《春秋》学著作与宋代巴蜀地区的其他《春秋》学著作相比，成就突出，影响深远。此文在目前关于宋代巴蜀《春秋》学整体研究的论著中，相对比较系统，但限于篇幅，在深度上还略显不足。冯文则围绕南宋蜀人的四部《春秋》学著作，即魏了翁《春秋左传要义》、程公说《春秋分记》、李明复《春秋集义》、家铉翁《春秋集传详说》展开，主要揭示了几种著作中蕴含的"尊王攘夷""大复仇""大一统"的时代特色。张文则对现存的宋代巴蜀《春秋》学著作的作者、内容、版本等情况进行了介绍。

第二类论著主要有文廷海《四川历代〈春秋〉学略论》（《中华文化论坛》2009年第2期），舒大刚《宋代巴蜀学术文化述略》（《湖南大学学报》2013年第1期）①、《宋代巴蜀经学文献略论》（《巴蜀文献》第3辑，四川大学出版社，2016年），汪璐《宋代巴蜀经学文献概览》（《第四届"巴蜀文化与湖湘文化高端论坛"论文集》，四川大学出版社，2016年），贾大泉主编《四川通史》第4卷（四川大学出版社，1994年）等。文廷海之文旨在梳理汉唐至清末民初四川《春秋》学的发展概况，其第二个部分"宋元时期四川地区的《春秋》学"对宋代有所涉及，但非常简略，只有三个自然段，主要概述了宋代四川《春秋》学的文献概况与受理学影响下的《春秋》学，主要是借鉴了前述金文的说法。舒文总论宋代巴蜀的学术文化，文中第三个部分"宋代巴蜀的《尚书》《诗经》《春秋》研究"讨论了宋代巴蜀的《春秋》学，限于文章主题与篇幅，所论亦非常简略，主要是列举了现存著作的情况，简述了崔子方、王当、程公说、赵鹏飞等人《春秋》学著作的特点。汪璐的两篇文章为讨论宋代经学文献的姊妹篇。就《春秋》学文献而言，《概览》一文以表格形式详细列出了宋代巴蜀《春秋》学著作的作者姓名、字号、籍贯、书名及存佚情况，一目了然，非常清晰，但亦有所遗漏，比如，漏掉了遂宁郑邦哲的《左氏韵类》，三台任续的《春秋五始五礼论》《任氏春秋》。《略论》在《概览》的基础上按北宋、南宋对宋代巴蜀地区的《春秋》学者、文献做了统计分析，并重点介绍了杜谔，黎錞，苏辙，杨绘，家勤国、家安国、家定国三兄弟，崔子方，李石，魏了翁，程公说，家铉翁等学者及其著作。因文章是要展现整个宋代经学文献的情况，涉及《春秋》学的内容亦是简略概述。贾书在第十二章"五代两宋时期四川文学、经学和史学的发达"的第二节中的"宋代四川的经学"内容下专门讨论了《春秋》学，行文也比较简略，主要据《宋史》与一些目录书对鲜于侁、黎錞、苏辙、赵鹏飞、程公说等人的《春秋》学进行了粗略的介绍。

---

① 按，舒大刚另有《宋代巴蜀经学述略》（宋代文化研究第20辑，四川大学出版社，2013年）一文，其内容为此文中的一部分，故此不另述。

综合上述论著来看，目前关于宋代巴蜀《春秋》学的研究或只是就某一方面论述，或只是在讨论整个巴蜀学术文化时的简要概述，且多是依据历史文献的记载与评论而做的观念性叙述，而不是建立在对宋代巴蜀《春秋》学著作研读基础上的系统研究。

二、个案研究

宋代巴蜀《春秋》学学者众多，有的蜚声全国，在《春秋》学史上也具有重要地位，除专文讨论这些学者及其著述外，在《春秋》学通史或宋代断代史中，亦有众多研究，故个案研究是学界的研究重点。

（一）杜谔

杜谔"以《春秋》教授诸王"，其《春秋会义》是北宋时期"不主一家""舍传求经"的重要著作，因其未收入常见丛书中，不易得见，故学界对之研究相对较少，主要有张升《从〈春秋会义〉看〈四库〉大典本辑佚》（《图书与情报》2005年第5期），黄觉弘《〈永乐大典〉残卷所见杜谔〈春秋会义〉原文校说》（《东北师范大学学报》2019年第1期）、《孔继涵〈杜谔《春秋会义》所引书目〉辨正》（《历史文献研究》第46辑）三篇论文。张文主要介绍了将《春秋会义》从《永乐大典》中辑佚出来的杨昌霖与现存《春秋会义》的版本情况。黄觉弘的第一篇文章再一次梳理了《春秋会义》从《永乐大典》辑出后的流传情况，较张文更为系统，且增加了张文未曾发现的四十卷本，并将《永乐大典》残卷所见《春秋会义》原文与现传诸本进行了校勘，得出了其异同。黄氏的第二篇文章则通过剖析孔继涵《杜谔〈春秋会义〉所引书目》的失序、遗漏、误增、讹谬情况，对《春秋会义》所引书目进行了梳理。综上所述，对杜谔《春秋会义》的研究目前主要集中于版本梳理与文字异同上，为进一步研究其内容奠定了良好的文献基础。

（二）苏轼

苏轼虽没有《春秋》学专著，但其考中礼部进士时，以《春秋》对义居第一，其文集中有二十余篇文章与《春秋》大义相关，再加上他的巨大影响力，故学界对其《春秋》学亦多有探讨。20世纪90年代初，沈玉成、刘宁《春秋左传学史稿》就已注意到苏轼的《春秋》学，对其做了非常简略的介绍，引起了后人对苏轼《春秋》学的注意。金生杨《论苏轼的〈春秋〉学》

（《西华大学学报》2006年第5期）是较早讨论苏轼《春秋》学的专文，其分"终身关心《春秋》学""苏轼的《春秋》学思想""苏轼《春秋》学学派"三方面对苏轼《春秋》学做了论述，虽不够深入，但对后来的研究有启发之功。杨金平《苏轼对"春秋三传"的比较研究》（《乐山师范学院学报》2008年第1期）、《苏轼"〈春秋〉书法"观及其理论基础》（《中华文化论坛》2016年第5期）二文则分别就苏轼的三传观、书法观进行了论述。前文认为由于《左传》的特点、苏轼文学家的气质及求实的学风，使他尚《左传》而抑《公羊》《谷梁》，不过对《左传》讹误亦有所指正，对《公羊》《谷梁》二传也部分肯定。后文则分析了苏轼关于《春秋》指称人物，记述邦交活动、郊祭活动、战争活动以及为讳、书"遂"、书"叛"之例的看法，并指出礼是苏轼"《春秋》书法"观的理论基础。[日]斋木哲郎撰、曹峰译《苏轼的春秋学——史论与〈春秋〉》（《中国经学》第8辑，广西师范大学出版社，2011年）则通过对《志林》中所载十三篇史论，分析苏轼的《春秋》学面貌，及《春秋》学对他史论创作的影响。葛焕礼《尊经重义：唐代中叶至北宋末年的新〈春秋〉学》（山东大学出版社，2011年）在论述苏辙《春秋》学的附录中以"苏洵、苏轼的《春秋》学"为题简单讨论了苏轼《春秋》学，从"关于《春秋》之成书""重从'史'的角度来看待《春秋》"说明苏轼的《春秋》学说近于左氏家言，同时又指出其具有"兼采三传内容，而非专依《左传》""重为义说""好为新奇之'异说'"等不同于传统左氏学的特点。李哲《论苏轼的〈春秋〉学思想》（《甘肃理论学刊》2013年第2期）则认为苏轼的《春秋》学思想包括"以礼为本的正统观、以意观其辞气所向的解经方法论和以历史事实为根据的历史观"三方面。陈念先《苏辙〈春秋集解〉研究》（台湾政治大学2014年博士论文）在讨论苏辙《春秋》学的家学渊源时亦对苏轼《春秋》学做了论述，认为苏轼、苏辙文集中均有收录的《春秋论》当为苏轼之作，苏轼《春秋》学可归纳为"主据《左氏》，兼采《公》《谷》""以人情解经""以礼为宗""特书以示讥"等几方面。苏家弘《论苏轼早期的〈春秋〉观——以〈三传义〉为例》（《汉学研究集刊》第26期）将苏轼《三传义》（应试时的《春秋》对义）分为"论君臣之道""论国家政治""论道德修养"三组，讨论了苏轼早期的《春秋》观，认为苏轼疑经针对三传而不针对《春秋》经，且当时未偏向于三传中的任何一传，这与后来重《左传》不同。上述关于苏轼《春秋》学的论述，角度多样，但都没有着眼于其在巴蜀《春秋》学中的地位与影响。

（三）苏辙

苏辙与父兄同为唐宋八大家与苏氏蜀学的代表人物，而且其当作平生事业的《春秋集传（解）》亦流传于今①，故关于其《春秋》学的研究，在宋代巴蜀《春秋》学者中是最多的。关于苏辙《春秋》学的研究可分为两种类型，一类是《春秋》学通史或断代史论著，一类是讨论苏辙学术、经学涉及《春秋》学或者专门讨论其《春秋》学的论著。

中国台湾学者宋鼎宗《春秋宋学发微》（台北文史哲出版社，1983年初版，1986年增订再版）是较早论及苏辙《春秋》学的著作，之后沈玉成、刘宁《春秋左传学史稿》（江苏古籍出版社，1992年）、赵伯雄《春秋学史》（湖南教育出版社，2004年）、戴维《春秋学史》（山东教育出版社，2004年）也都对苏辙《春秋》学有所论述，但由于其为通史或断代史著作，涉及的内容众多，故都较为简略，且对一些问题没有深入考证。比如，因为《春秋集解引》中有"予始自熙宁谪居高安，览诸家之说而裁之以义，为《集解》十二卷"之语，上述著作都以为苏辙开始作《春秋集解》的时间为熙宁年间，而实际上苏辙受苏轼乌台诗案之累谪居高安是在元丰三年，《春秋集解引》中所言"熙宁"为苏辙误记。不过，这些著作对苏辙《春秋》学的措意与探讨，引发学界从只关注他的文学到关注其经学与学术，也为学界的进一步研究奠定了基础。这几部著作之后出版的葛焕礼《尊经重义：唐代中叶至北宋末年的新〈春秋〉学》、侯步云《宋代"春秋"学与理学研究》（中国社会科学出版社，2021年）②两种《春秋》学史著作亦都对苏辙《春秋》学做了探讨。葛书讨论了苏辙《春秋》学的师承、对《春秋》经传的认识及其解说方式，以及其《春秋》学的特点与思想，认为苏辙《春秋》学具有"迁经以就传""不专为例""尊王而又是霸""决然对立却又渐进楚的夷夏观"等特点。侯书分析了苏辙撰写《春秋集解》的外因与内因，指出苏辙撰写《春秋集解》一方面是受了当时《春秋》学研究现状的刺激，一方面

---

① 苏籀《栾城遗言》记载苏辙曾云："吾为《春秋集传》，乃平生事业。"
② 按，此书为作者修改、完善、补充2009年在西北大学完成的博士论文《北宋〈春秋〉学研究》而成。

是其道势观在文化上的自然发挥。在此基础上，作者既从"道""势"的角度，又从一般儒学的角度展现了苏辙《春秋》学的内容。

舒大刚、李冬梅《苏辙佚文二篇：〈诗说〉〈春秋说〉辑考》（《文学遗产》2004年第1期），顾永新《苏辙佚文两篇疏证》（《江西社会科学》2004年第7期），郑婕《苏辙经学成就研究》（华东师范大学2004年硕士论文），张高评《苏辙〈春秋集解〉以史传经初探》（《南京师范大学文学院学报》2007年第3期），刘茜《苏辙的〈春秋〉学与〈诗经〉学》（浙江大学2007年博士论文）、《苏辙〈春秋集解〉对啖氏师徒〈春秋〉学思想的继承与发展》（《哲学研究》2015年第10期）、《论苏洵的经史观及苏辙〈春秋集解〉的阐释特征》（《哲学研究》2017年第3期）、《苏洵文论中的权变思想及苏辙〈春秋集解〉的历史变易观》（《湖南社会科学》2018年第3期）、《苏辙〈春秋集解〉对"例"的认识》（《成都师范学院学报》2020年第8期）、《苏辙〈春秋集解〉的尊君重民思想》（《楚雄师范学院学报》2020年第5期）、《苏辙〈春秋集解〉的成书经过及佚文考》《山西大同大学学报》《朱熹对苏辙〈春秋〉学思想的继承与发展》（《江淮论坛》2020年第5期）、《苏辙〈春秋集解〉与〈诗集传〉研究》（商务印书馆，2022年），杜敬勇《苏辙〈春秋集解〉浅论》（《哈尔滨学院学报》2006年第12期）、《苏辙〈春秋集解〉研究》（西华师范大学2007年硕士论文），文廷海、丁光泮《苏辙〈春秋集解〉思想解读》（《求索》2008年第7期），谷建《苏辙学术研究》（光明日报出版社，2009年）[1]，陈念先《苏辙〈春秋集解〉研究》（台湾政治大学2014年博士论文），祝莉莉《苏辙〈春秋集解〉研究》（山东师范大学2015年硕士论文）等[2]是专门研究苏辙而论其《春秋》学的论著。其中，舒大刚、李冬梅，顾永新，刘茜都对苏辙的《春秋》学佚文《春秋说》进行了辑佚、分析，为苏辙《春秋》学研究提供了新的材料，具有重要的意义与价值。而在内容研究上，以张高评，刘茜，杜敬勇，文廷海、丁光泮，谷建，陈念先等人的研究较为重要。

---

[1] 按，此书为作者修改其2004年在北京大学完成的博士论文《苏辙学术研究——以经史之学为中心》而成。

[2] 葛焕礼《论苏辙〈春秋〉学的特点》（《孔子研究》2005年第6期）、侯步云《苏辙〈春秋集解〉成书原因解读》（《古籍整理研究学刊》2019年第5期）二文的内容分别都融入前述二人专著中，在此不再赘列。

张文从"解读《春秋》，专主《左传》叙事""据史为断，反驳'以意说经'""权衡诸家，发挥经旨隐微"三方面分析了苏辙《春秋》学"以史传经"的特色，并在余论中列举了苏辙《春秋》学有待研究的方面，对后学颇有启示作用。刘茜的研究应该说是现有研究中相对比较全面的，既考证了苏辙《春秋》学著述，分析了其取舍由经的解释方法、经史结合的阐释思路、以史为据的解经特点及对例的认识，探讨了苏辙《春秋集解》的历史变易观、夷夏观、对伦理纲常的维护、民本主义思想等，又展现了苏辙对啖赵陆《春秋》学思想的继承、发展以及对朱熹《春秋》学的影响。刘茜所论有一个特点，即比较注重苏洵观点对苏辙的影响。需要说明的是，她发表的一系列文章以及出版的专著，皆是修改博士论文而成，故上述所陈主要以其最晚出版的专著为据。杜敬勇从"三苏的《春秋》学活动""苏辙的《春秋》观""《春秋集解》的解经特色""《春秋集解》中的政治思想""《春秋集解》与苏辙《古史》、史论""苏氏《春秋》学的影响"等几方面论述了苏辙的《春秋》学，将苏辙《古史》与《春秋》学对照研究，系统梳理受苏辙影响的《春秋》学著作以及关于苏辙《春秋》学著作的著录、引用与评论材料等，是最有特色之处。文廷海、丁光泮讨论了苏辙《春秋》学中包含的政治、伦理与史学思想。谷建从苏辙研究《春秋》的经过、方法，苏辙对《春秋》义法的阐释，苏辙《春秋》学在宋代《春秋》学史中的地位与价值等几方面展开了对苏辙《春秋》学的研究。陈念先从时代、地域背景、家学渊源、著述、思想渊源、解经方法、思想内涵、评价及影响等方面对苏辙《春秋》学进行了全方位的梳理，其对苏辙以例解经与苏辙《春秋》学对后世影响的强调，是最具价值的地方。

除上述研究外，张力《论三苏经学的得失》（《蜀学》第7辑，巴蜀书社，2012年），高方《大小苏文艺思想与苏氏〈春秋〉家学》（《大庆师范学院学报》2014年第4期）等，在讨论三苏时对苏辙《春秋》学也有所涉及。姜义泰《北宋〈春秋〉学的诠释进路》（台湾大学2013年博士论文）、日本学者斋木哲郎的《蘇轍の〈春秋〉解釋——王法の秩序とその特異性—》（《大久保隆郎教授退官紀念論集漢意とは何か》，東京：汲古書院，2001年）、《蘇洵と〈春秋〉——史書の〈春秋〉化—》（《鳴門教育大學研究紀要》第20卷，2005年）等也对苏辙《春秋》学进行了讨论。

由上可知，目前学界关于苏辙《春秋》学的研究成果颇丰，对苏辙《春秋》学著作的成书，苏辙《春秋》学的渊源、内容、特点、思想、影响等方面都进行了讨论，但重复的研究较多，没有对话与争论。而且，关于苏辙《春秋》学在巴蜀《春秋》学及蜀学中的地位与影响尚无人进行系统探讨。

（四）崔子方

崔子方与苏轼、黄庭坚等都有交游，在朝廷废《春秋》不立于学官时，三上疏请立不报后，仍坚持治《春秋》，在宋代《春秋》学史上亦是一位重要人物，故学界对其亦多有探讨。

宋鼎宗《春秋宋学发微》，沈玉成、刘宁《春秋左传学史稿》，李胜《崔子方及其〈春秋〉研究考述》（《涪陵师范学院学报》2002年第5期），赵伯雄《春秋学史》都对崔子方及其《春秋》学有介绍。宋鼎宗认为崔氏《春秋》学据经以立意、尊王贱霸、固本日月之例。沈、刘二人则重点强调其"日月之例"的特点，但对之评价不高，以为"穿凿附会，属于典型的主观先验主义"①。李胜与赵伯雄则谈及了崔氏《春秋》学以日月之例、辞与例、情与理解说《春秋》的特点。以上几人的研究主要基于历代著录、评价及崔氏《春秋经解》《春秋本例》《春秋例要》之序的解读，并没有对崔氏三书深入研读，故研究非常简略。但他们指出的崔子方《春秋》学的基本特点，对后来的研究有启发之功。

葛焕礼《崔子方的〈春秋〉学》（《山东大学学报》2006年第4期）是较早基于对崔氏《春秋》三书仔细研读后发表的论文。葛焕礼后来将此文的内容融入其专著《尊经重义：唐代中叶至北宋末年的新〈春秋〉学》的第九章"崔子方的《春秋》学"中，对崔子方及其《春秋》学进行了更为详细的梳理。葛焕礼对崔子方的生平、交游与历代对于其著述的著录进行了详细考述，认为崔子方出生于1056—1060年之间，与苏轼、黄庭坚、江端礼、端友、端本兄弟、陆佃、晁说之、微之兄弟等都有交游。关于崔氏的《春秋》学，葛焕礼指出，崔氏以为《春秋》最大程度保留了"鲁史"的成分，但经文又含有王法大义；尊经排传，依靠经文阐释其义，是崔氏经文解说的根本出发点，由此他发明了由经文立辞以记事表义、日月时之例、变例、情理解经、引证他经等释经方法；尊王而是霸、小国事大国的利害思想、决然对立

---

① 沈玉成，刘宁．春秋左传学史稿［M］．南京：江苏古籍出版社，1992：210.

而又渐进楚的夷夏观等是崔子方《春秋》学中比较有特色的思想认识。葛焕礼还将崔氏《春秋》学与宋代其他学者进行了对比,以为他的保留"鲁史"成分之说及夷夏观与三苏有相同之处;强调《春秋》有王法大义,并用日月时例、变例等解经方式是延续了孙复、孙觉等"泰山学派"学风,其小国事大国的利害思想与孙觉相同;尊经排传立说则与欧阳修一致;冀望霸主的主张在当时可谓独树一帜。葛焕礼基于崔氏《春秋》三书内容基础上的探讨为后来的研究奠定了很好的基础,后来其他学者的研究对之多有借鉴。不过,关于崔子方《春秋》学与苏氏《春秋》学的关系认识上,葛焕礼有些矛盾。他在前文中明确指出崔子方是苏氏蜀学派的重要人物,其《春秋》学对"史"的倚重,正同于苏氏《春秋》学,"由此可知崔氏学说所受苏氏之影响"①。但在后书中又言:"可以说崔子方与苏氏《春秋》学并无学缘关系,有些学者将崔子方列为苏氏《春秋》学派成员,似为不当。"②

侯步云《宋代"春秋"学与理学研究》的第四章"理学初步发展中的《春秋》学",将崔子方视作"《春秋》研究方法的新探索"者之一进行了讨论,重点论述崔子方从情与理、辞与例两条路径,尤其是以日月例对《春秋》大义的解读,并认为崔子方情与理概念的提出或许受到苏辙"道""势"解经思想的影响,不过崔子方仍着重于王政、王法等制度层面,而苏辙则注重形上之"道"。侯氏关于崔子方《春秋》学特点的探讨并未超越前述学者的范围,关于崔、苏《春秋》学关系的说法亦还有可商榷之处。

与前述研究将崔氏《春秋》三书笼统讨论不同,陈群分《崔子方春秋学研究》(高雄师范大学2008年硕士论文)、郑浩《崔子方〈春秋〉学著作研究》(西华师范大学2019年硕士论文)两篇硕士论文对《春秋经解》《春秋本例》《春秋例要》分别进行论述,对三本书各自的内容、特点等进行了分析。二文都注重对三书的文本分析,对崔子方所用经文与三传经文的异同,三书中的用例、辞等进行了详细的梳理与归纳。郑文晚出,对陈文有所借鉴,比陈文更有体系,而且分析了《春秋经解》与《春秋本例》相同与违异之处,这是其他研究者都未曾措意之处,有利于加深对崔子方《春秋》学的

---

① 葛焕礼. 崔子方的《春秋》学 [J]. 山东大学学报, 2006 (4): 88.
② 葛焕礼. 尊经重义:唐代中叶至北宋末年的新《春秋》学 [M]. 济南:山东大学出版社, 2011: 299.

认识。同时，对崔子方《春秋》学的学派归属，郑文认为崔子方《春秋》学思想与苏门学者有相同亦有不同，较为公允；认为崔氏虽主张"情与理""辞与例"解经，"但尚不具备理学的特征"①，又与侯步云有别。除上述外，姜义泰《北宋〈春秋〉学的诠释进路》也论及崔子方《春秋》学。

总之，目前关于崔子方《春秋》学的研究成果较为丰富，展现了崔子方《春秋》学的内容与特点，但同质化研究较多；对崔子方《春秋》学与苏氏《春秋》学关系的认识停留于观念性材料的分析，并非深入对比二者《春秋》学著作内容得出来的结论，这是今后研究可以深化的地方。

（五）谢湜

谢湜为程颐在蜀中的高足，亦是其《春秋》学的重要传人，但因为其《春秋》学著作亡佚，近几年方有学者对之进行研究，主要有张尚英《谢湜〈春秋〉学初探》（《巴蜀文献》第2辑，四川大学出版社，2015年12月），刘德明《程颐学脉对齐桓公的评价——以程颐、谢湜与胡安国为核心》（《成大中文学报》第56期，2017年3月），黄觉弘《谢湜〈春秋总义〉佚文十二篇考说》（《中国经学》第26辑，广西师范大学出版社，2020年）。张文依据李明复《春秋集义》中所载谢湜关于《春秋》的解说，讨论了谢湜关于《春秋》性质、书法的观点及其对尊王、攘夷大义的阐发。刘文亦以李明复所载为基础，讨论了谢湜对齐桓公的评价与程颐、胡安国的异同。黄文则从李明复《春秋集义·纲领》中辑出谢湜《春秋总义》佚文十二篇，并认为谢湜、刘绚对程颐《春秋传》的撰著有重要潜在影响。以上关于谢湜的研究虽尚处起步阶段，但必将引起更多学者对谢湜《春秋》学的关注。

（六）程公说

程公说《春秋分记》是对《春秋》经传的纪传体改造，与清代顾栋高《春秋大事表》思路相同。但除宋鼎宗《春秋宋学发微》、赵伯雄《春秋学史》、戴维《春秋学史》对之有提要式的介绍外，一直以来并未引起学界太多关注。幸好近几年有学者开始关注这个问题，主要有方晴《〈春秋分记〉对〈春秋〉的改造与重建》（《内江师范学院学报》2019年第1期）、彭华《程公说与〈春秋分记〉》（《西华大学学报》2020年第5期）二文。方文从

---

① 郑浩. 崔子方《春秋》学著作研究[D]. 南充：西华师范大学，2019.

"以《史记》为范本的结构重建""从国别史到正史的改造""以图谱梳理《春秋》史事"分析了《春秋分记》对《春秋》经传的史学改造,又从尊王攘夷、经世致用方面探讨了《春秋分记》的经学旨趣。彭文则着重讨论了《春秋分记》的书名、体例、内容、价值与不足等。二文都还是关于《春秋分记》的初步研究,希望今后能有更多学者以程公说及其《春秋分记》为研究对象。

(七) 其他

除上述以外,宋鼎宗《春秋宋学发微》、赵伯雄《春秋学史》、戴维《春秋学史》都对王当、赵鹏飞有介绍,宋书、戴书还对魏了翁、李明复、家铉翁做了讨论,但都很简单。另外,前述葛焕礼《尊经重义:唐代中叶至北宋末年的新〈春秋〉学》、陈念先《苏辙〈春秋集解〉研究》在讨论苏辙《春秋》学的家学渊源时,对苏洵的《春秋》学有简单介绍。黄觉弘《唐宋〈春秋〉佚著研究》(中华书局,2014年)从现传各著作中辑佚出李尧俞、黎錞《春秋》学著作的部分内容,并对其进行了初步的探讨与分析。张尚英《赵鹏飞〈春秋〉学初探》(《蜀学与中国哲学》,四川文艺出版社,2013年7月),刘德明《吕祖谦与赵鹏飞对齐桓公的评价比较》(《朱子学刊》,2018年第1辑)对赵鹏飞关于《春秋》经传、《春秋》起止观点,以及赵鹏飞对齐桓公的评价有简单的讨论。聂树平、赵心宪《〈春秋集义〉作者李明复籍贯略考》(《四川师范大学学报》2010年第1期)以李明复为陕西合阳人、山西安泽人、浙江天台人的三种说法进行纠谬,力证李明复为今重庆合川区合阳镇人,具有正本清源之效。陈仕侗《魏了翁及其〈春秋左传要义〉研究》(台北师范学院2000年硕士论文)对魏了翁《春秋左传要义》的内容做了很详细的分析,但其误将魏氏采用的孔颖达疏引用的内容当成了魏氏所引,影响了其对魏氏《春秋》学评价的说服力。张尚英《家铉翁〈春秋〉学述论》(《儒藏论坛》第6辑,四川文艺出版社,2012年)就家铉翁关于《春秋》性质、三传、《春秋》起止、义例的认识,以及对尊王攘夷的阐发展开了论述,为身处宋末的家铉翁对宋代《春秋》学的一些偏颇之处做了修正。

由上述可见,目前学界对宋代巴蜀《春秋》学的个案研究从广度上讲,以苏轼、苏辙、崔子方等名家、大家为主,兼及李尧俞、黎錞、杜谔、苏洵、谢湜、赵鹏飞、程公说、魏了翁、家铉翁等人，尚有一些人物的《春秋》学没有引起学者的重视或者没有进入学者们的视野。如李明复《春秋集义》以集解的形式汇集了周敦颐、张载、二程、范祖禹、谢良佐、杨时、侯仲良、尹焞、刘绚、谢湜、胡安国、吕祖谦、胡宏、李侗、朱熹、张栻等17家《春秋》学说，虽对各家之说没有"断以己意"，但实则是以集解的形式对他之前的理学《春秋》学进行学统性的梳理与总结，关于谢湜《春秋》学的研究就是仰仗此书所载，但关于《春秋集义》本身尚没有学者进行系统的研究。再如，宋堂、何涉、杨绘的《春秋》学著作虽然已经亡佚，但从杜谔《春秋会义》及其他著作中保留的一些条目，可窥其《春秋》学一斑，惜还未进入学者们的研究视野。从深度上来讲，已有的个案研究，尤其是成果相对较多的苏辙、崔子方的研究，大致能展现其《春秋》学的成就与特色，但研究角度雷同、内容多有重复，且不够深入。

综上所述，已有的关于宋代巴蜀《春秋》学的研究成果为进一步研究宋代《春秋》学奠定了一定的基础，但还存在以下四点不足：

第一，没有全面、系统、深入的著作问世。关于宋代巴蜀《易》学的发展演变，有博士论文做了非常详尽的总结，而对在蜀"尤有传授"、著作数量仅次于《易》学的《春秋》学，虽有上述一些学者的论著讨论，但宏观角度的研究或只是就某一方面论述，或只是在讨论整个巴蜀学术文化时的简要概述，且多是依据历史上一些文献的记载与评论而做的观念性叙述，而不是建立在对宋代巴蜀《春秋》学著作研读基础上的系统研究。个案研究方面，除了少数学者的研究相对深入外，其余学者的研究有的只是尝试性的探讨，有的则还停留在对以往文献著录、评价资料的汇集转述上，并没有认真研读这些学者的著述。

第二，存在用力不均的问题。现在的研究主要针对个体学者的《春秋》学成就展开，整体上探讨宋代巴蜀《春秋》学成就、发展演变、特点的论著较少。个案研究上则注重苏轼、苏辙、崔子方等大家、名家的讨论，而对其他学者的研究不够重视。

第三，文献使用不充分。目前的研究，注重现在尚存的宋代巴蜀《春秋》学著作，对整部著作亡佚，但尚有部分内容被其他著作引用而流传下来的佚著关注很少，以致产生了一些错误的认识，得出了一些不妥的结论。

第四，研究往往就事论事，很少从历史主义与逻辑主义的角度对宋代巴蜀《春秋》学做出恰如其分的评价。对一定时期学术的总结与反思，不是简单地罗列学派、学者及其成果，也不是简单地叠加研究实例、缩写式地概述，而是要"辨章学术，考镜源流"，梳理、总结学术发展演化的历史及其发展规律，探讨各家的兴衰沿革及其原因，评价一定时代和阶段的学派、学者及其著作的成就、特点，给予他们在学术发展史上一个恰当的、应有的地位。宋代的巴蜀《春秋》学是"舍传求经、会通三传""重义理阐发、轻名物训诂"的宋代《春秋》学的重要组成部分，也是宋代理学思潮影响下的产物，更是巴蜀政治、经济、文化浸淫出的硕果，其领域、视野、角度以及方法既有共性又有个性，这些都需要通过系统地梳理、认真地总结，给予恰当而充分的评价。

宋代巴蜀《春秋》学随着历史的沉浮、学术思潮的变迁，走过了同全国《春秋》学相似的发展历程，同时又具有其自身的独特之处。在对宋代巴蜀《春秋》学存、佚文献整理的基础上，多角度、全方位地对其展开深入、系统的研究，无疑是非常必要而迫切的。

明代《孝经》学著述叙录（再续）五种[*]

田 君 汪 昕

四川大学古籍整理研究所

四川传媒学院有声语言艺术学院、四川省广播电视台

摘 要：吕维祺《孝经本义》为其《孝经大全》之主干精华，所论有理有据，非涵泳有年者不能道，诚明末《孝经》学之翘楚。虞淳熙《孝经集灵》专门汇集《孝经》灵异事，以映证其说，至若因果之说，于古代社会，取之说经固妄，取之劝善化俗，则无不可也；虞氏《从今文孝经说》驳古文而从今文，论研治《孝经》之根本，在于会其大旨、见诸行事。瞿罕《孝经贯注》，佛道二氏之言，半字不入，可谓明代儒家孝论之类编，然多涉故实，不啻政书，其于说解经义，亦属体例不纯者矣。黄道周《黄忠端公孝经辩义》，厘定次序分合，颇具创意，当与其《孝经集传》合观之，方可见黄氏《孝经》学之全貌。

关键词：《孝经》学；明代学术史；儒家孝论；叙录研究

一、《孝经本义》二卷，（明）吕维祺撰，《丛书集成初编》本

吕维祺，字介孺，号豫石，世称明德先生，明河南府新安县（今河南新安县）人。父为河南府名儒吕孔学，事母孝，捐粟赈饥，朝廷两旌孝义。维祺于万历四十一年（1613）登进士第，历任兖州推官、吏部主事、南京兵部尚书等。崇祯十四年（1641），李自成攻洛阳，吕氏尽出私廪，设局饷士赈济，城陷被俘，慷慨赴死，年五十五，谥号忠节。主要著述有《孝经本义》《孝经大全》《孝经或问》《音韵日月灯》《节孝义忠集》等。《明史》卷二六

---

[*] 项目信息：四川大学从 0 到 1 创新研究项目"李鼎祚易学思想整理与研究"（2023CX27）、四川大学中国语言文学与中华文化全球传播学科群建设项目"儒学文献溯源：旧史经典化与经典儒学化"（XKQZQN010）。

四《钦定胜朝殉节诸臣录》卷一有传。

据吕氏《孝经大全序》，《本义》撰成时间在吕氏《孝经大全》之前，取《大全》卷一至卷十三观之，皆为经文笺释，持本校勘，内容相当于《孝经本义》，而《大全》批注加详焉，吕氏融会旧注，删取诸说作为夹注，即为《本义》自撰疏证也。是书二卷，不啻《大全》之主干精华，单书另行，以广流传，其卷一对应《大全》本卷一至卷六，其卷二对应《大全》本卷七至卷十三，仍分作十八章，不改动经文，诚如维祺《孝经本义序》曰"或于孔曾传孝之本旨大义不甚刺谬，而于经文一字不敢移易，慎之至也"①，《开宗明义》诸章名，吕氏以为非经文原貌，尽皆刊去。卷末维祺曰"孝德之本，教所由生，其纲领也。自'身体发肤'至'未之有也'皆言孝德之本，而教在其中；自'甚哉，孝之大也'至'名立于后世矣'，皆言教所由生而本于孝；自'若夫慈爱恭敬'至末，复因曾子之问而推广极言之，无非申德本教生之意。前后语意相承，脉络贯通，而其理至广大，复至精约，真圣人之言也，后儒纷纷质疑而以意改之，或未揆之理耳"，所论有理有据，非涵泳有年者不能道，诚明末《孝经》学之翘楚也。

有明崇祯刻本，未见；有清道光《经苑》重刊本，《丛书集成初编·哲学类》《丛书集成新编·家庭伦理类》皆据之排印。

二、《孝经集灵》二卷、《附集》一卷，（明）虞淳熙述，（明）江元祚辑《孝经大全》本

虞淳熙，字长孺，一字澹然，世称德园先生，明杭州府钱塘县（今浙江杭州市）人。万历十一年（1583）进士，历官兵部职方主事、礼部主客员外郎、吏部稽勋员外郎。主要著述有《孝经迩言》《孝经集灵》《虞德园先生集》等。黄汝亨《吏部稽勋司员外郎德园虞公墓志铭》可参。

虞氏《孝经迩言》，以良知学注解《孝经》，是编则专门汇集《孝经》灵异事，以映证其说，《明史·艺文志》《千顷堂书目》皆著录于经部，以此为《孝经》之附丽，而《四库全书总目·孝经类存目·孝经通释》按语曰

---

① 笔者按：本文关于《孝经》诸著述，详列所据古籍版本于每条之末，则涉及引用原文者，为简明计，皆不出注。

"虞淳熙《孝经集灵》，旧列经部，然侈陈神怪，更纬书之不若，今退列于小说家"①，取《四库全书总目·小说家类存目》观之，有提要曰"此书专辑《孝经》灵异之事，如赤虹化玉之类，故曰集灵。夫释氏好讲福田，尚非上乘，况于阐扬经义而纯用神怪因果之说乎？其言既不诂经，未可附于经解，退居小说，庶肖其真"②，如《后汉书·独行列传·向栩传》"会张角作乱，栩上便宜，颇讥刺左右，不欲国家兴兵，但遣将于河上，北向读《孝经》，贼自当消灭"③，古来传为笑资，采录颠舛，诚属不经。然亦不可一概斥之，是编所辑，凡二百三十一条，附集二十八条，广涉儒释道三教之孝论。与虞氏同时，朱鸿亦有《孝经集灵》一卷，鸿自序曰"稽往哲之行，知报复之有征，于焉兴起其孝亲之心，于焉研究乎传孝之经，譬之引入其室而先开之牖者"④，所论通达有识。按其纂述宗旨，皆所以尊经崇孝，至若因果之说，于古代社会，取之说经固妄，取之劝善化俗，譬如，宗教灵迹，则无不可也。

有明万历朱鸿辑《孝经总类·亥集》本；有明泰昌陈继儒辑《宝颜堂秘籍·普集》（一名《陈眉公普秘籍》一集）之《虞子集灵节略》本，陈氏选取三十条，皆子史切于《孝经》本事者，虽属节略，尚得其要，系虞氏《集灵》之选本，民国上海文明书局据之石印，今《丛书集成新编》据之影印；有明崇祯江元祚辑《孝经大全·未、申集》本；有清道光曹溶辑、陶越增删《学海类编》本，收入"经翼"，晁氏木活字排印，民国上海涵芬楼据之影印；有清道咸间黄秩模辑《逊敏堂丛书》本，黄氏木活字排印。

三、《从今文孝经说》一卷，（明）虞淳熙述，（明）江元祚辑《孝经大全》本

《四库全书总目·小说家类存目》著录虞氏《孝经集灵》，其提要曰

---

① 永瑢，纪昀. 四库全书总目：第32卷：经部三十二：孝经类存目：孝经通释［M］. 北京：中华书局，1965：268.
② 永瑢，纪昀. 四库全书总目：第144卷：子部五十四：小说家类存目二：异闻：孝经集灵［M］. 北京：中华书局，1965：1230.
③ 范晔. 后汉书：第81卷：独行列传第七十一：向栩［M］. 北京：中华书局，1965：2694.
④ 朱鸿. 孝经集灵：卷首［M］. 明万历十七年（1589）刊本.

"《经义考》载淳熙有《孝经迩言》九卷、《今文孝经说》一卷,今皆未见"①,《今文孝经说》当作《从今文孝经说》,是书久无单行本,见于明朱鸿所辑《孝经总类·申集》与江元祚所辑《孝经大全·戌集》,四库馆臣失之矣。是书征引诸家之言古文《孝经》者,虞氏作案语列于下,或辩驳,或申说,凡十六条,多取司马贞之说,而征引稍广焉。按是书主旨,在于辨古文《孝经》之伪,其间论及今古文之异同,亦有可取之处,如引宋濂曰"古今文之所异者,特词语微有不同,稽其文义,初无绝相远者,诸儒于经之大旨,未见有所发挥,而独断断然致其纷纭,若此抑末矣",虞氏按语曰"穷经者,师其义乎,师其词乎?如以词而已矣,则宜辨;不则,无如会其大旨、见诸行事之深切著明也。后之君子无泥从今之语,复致纷纭",由此可见,是书驳古文、从今文,然研治《孝经》之根本,在于会其大旨、见诸行事,卷末虞氏特举此条,亦用心良苦矣。

有明万历朱鸿辑《孝经总类·申集》本;有明崇祯江元祚辑《孝经大全·戌集》本。

四、《孝经贯注》二十卷、《孝经存余》三卷、《孝经考异》一卷、《孝经对问》三卷,(明)瞿罕撰,明崇祯七年刻本

瞿罕,字曰有,又字明叔,号孺慕,明蕲州黄梅县(今湖北黄梅县)人。瞿九思第五子,邑诸生,七岁能文。与长兄瞿甲同讼父冤,往返徒步,不避寒馁,天下称"双孝"。崇祯十二年(1639)辟举崖州(今海南三亚市)知州,以清正著称,事迹载《崖州志》。主要著述有《孝经贯注》《孝经存余》《孝经考异》《孝经对问》等。《明史》卷二八八《瞿九思传》附录、清《黄梅县志》有传。

黄虞稷《千顷堂书目》卷三著录,"瞿罕《孝经贯注》二十卷,黄梅人,瞿九思子,邑诸生,崇祯七年进其书"②,万斯同《明史》卷一百三十三曰"瞿罕《孝经贯注》二十卷,又《孝经存余》三卷,又《孝经考异》

---

① 永瑢,纪昀. 四库全书总目:第144卷:子部五十四:小说家类存目二:异闻:孝经集灵[M]. 北京:中华书局,1965:1230.
② 周祖譔. 历代文苑传笺证:第2卷[M]. 南京:凤凰出版社,2012:483.

一卷，又《孝经对问》三卷，黄梅诸生，崇祯七年献其书"①，按，瞿氏所进呈，即属此本，《孝经贯注》二十卷，大体尚存，唯卷二十下，稍缺损佚失，亦是书孤本矣。至若《孝经存余》《孝经考异》《孝经对问》三种，今有目无书，据卷首目录，《孝经存余》三卷，为《贯注》之补充，卷一注今文《孝经》五引《诗》《书》为朱熹刊去者，卷二注今文《孝经》"三才章"内为朱熹刊去者，卷三注今文《孝经》"圣治章"内为朱熹刊去者；《孝经考异》一卷，对列今文《孝经》与《孝经刊误》各有损益者；《孝经对问》三卷，卷一论圣门诸孝、《孝经》独授曾子、篇章分次及诸家批注之异，卷二论孝本天经、有明圣孝、历代经筵、设官端教兼以《孝经》取士等，卷三论《孝经》内记星图、《武孝经》《农孝经》《女孝经》《酒孝经》《道孝经》《佛孝经》《夷孝经》及瞿氏集注《孝经》之故，为泛论孝学，犹可考见其大概。《孝经贯注》，集解之谓也，诚如卷首《凡例》曰"臣罕私念孔子作《孝经》，惟曾子得其传、朱子正其讹，真六经之母、心性之源"，"臣过不自量，谬为集解，题曰《孝经贯注》"。瞿氏所谓"贯注"者，非唯集解，抑亦贯通经文也，如《凡例》曰"此注但照经文逐字训解，重重翻剔，端取明醒，其有字画意义未经前人说过者，谬附鄙见；又见朱子以前六章为经、后十四章为传，因想全经血脉，原自融贯，故罕此注或就上文伏说下文，或就下文应说上文，总欲提掇照应，首尾穿联"，又卷首瞿氏以阅评前后为序，列举《孝经贯注姓氏》，大抵以明人说解为主，由此可见，是书包括明人集解、瞿氏自注、经文贯通三部分，观其贯注内容，据朱熹所分经传为本，语录子史，广讨博搜，二氏之言，半字不入，可谓明代儒家孝论之类编，渊薮荟萃，足资观览。然其间多涉明代故实，连篇累牍，不啻政书，有歌颂当朝之嫌，其于说解经义，亦属体例不纯者矣。

有明崇祯七年（1634）刻本，此为海内孤本，今广陵书社据之影印。

五、《黄忠端公孝经辩义》一卷，（明）黄道周撰，《黄漳浦集》本

黄道周，字幼平，一作幼玄，号石斋，明漳州府漳浦县（今福建漳浦县）人。天启二年（1622）进士，历官翰林院编修、詹事府少詹事兼侍讲学士，后于福州拥立南明隆武帝，出任首辅、武英殿大学士，募兵抗清，被俘

---

① 周祖譔. 历代文苑传笺证：第2卷[M]. 南京：凤凰出版社，2012：483.

97

殉国，年六十二。通经术，擅长诗文书画，尤精于天文历数之学，主要著述有《易象正》《三易洞玑》《黄漳浦集》等。《明史》卷二五五有传。

按，是书体例，系讲学答问体，观其问答内容，借黄门师生探讨，以申明《孝经集传》改造厘定之旨，如黄氏曰"《孝经》各有引《诗》及'子曰'字，疑亦曾子门人所记。看他首称'仲尼''曾子'，则非仲尼手授无疑也。然王逸本'故自天子至庶人'章，上有'子曰'二字，则文理失顺；又孝德章加'子曰'，亦虚衍难施。惟首章'夫孝始于事亲'节，宜加'子曰'两字，为五孝统，余俱可省耳。班生曰'与其过而去之，宁过而存之，晦翁作《孝经》定本，删去"圣治章"数句，至今为人口实，今于五孝之章，各留'子曰'字，亦无损于义，何必去经文以就便读乎'"，其间师弟问难，探讨先后异同，厘定次序分合，剖析精微，颇具创意。当与《孝经集传》合观之，可见黄氏《孝经》学之全貌。

有清道光十年（1830）陈寿祺辑《黄漳浦集》木刻本，收入卷三十"杂著"类，藏于福建漳浦县图书馆，今人王文径等据陈本编校，国际华文出版社《黄漳浦文集》排印本；有清同治二年（1863）傅寿彤《澹勤室著述》大梁刊本。

语录体范畴及发展源流辨析*

程得中

重庆交通大学马克思主义学院

摘 要：语录体是中国传统学术著述的一种重要体式。从语源学来看，"语"是表示辩论、答疑的一种讲学和教育形式，语录是对讲学内容的记录。语录源于上古记言的语类文献，鼻祖是《论语》。琐言、史书、奉使伴使语录、诗话等文体有语录之名而无其实。另外，禅宗虽也有语录，但无论从文化传统、编纂体例还是对话方式、口语运用，都非《论语》嫡传。继承《论语》衣钵的是宋代兴起的理学语录，体现在结构内容、语言、编纂形式各方面，这一时期是语录体的黄金时期。理学成为官方哲学后的元明清时期，语录体得到继承，但由于专制政府对思想的控制加强，已经不复宋代的景象，到清中叶，伴随子学兴起、经学衰落，语录体逐渐退出历史舞台。

关键词：语录体；辨析；源流

语录体作为一种中国传统学术著述的重要体式，学者对它的认识、理解、解释往往不尽一致，在实际运用的过程中，内涵和外延常常模糊不清，指称范围相互纠葛，因此有必要对其范畴进行明确的辨析。同时，厘清其发展源流，对于学术史研究也有重要意义。

一、"语"之语源学释义

《说文解字》解释"语"："论也。从言吾声。"清代段玉裁注曰："论

---

* 本文为国家社科基金重大项目"语录类文献整理与儒家话语体系建构及传承的研究"（课题编号：20&ZD265）的阶段性成果。

也。此即毛郑说也。语者，御也。如毛说，一人辩论是非谓之语。如郑说，与人相答问辩难谓之语。从言，吾声。"从以上记载可知，《说文》和段注认为，语表示与人讨论、辩难。

其他学者的研究也足以支持这一论点，《说文》徐铉注云："论难曰语。语者，午也。言交午也。吾言为语，吾，语辞也。言者直言，语者相应答。"认为"午"为"语"之本义，辩论往复交流，形容论难之激烈。对此，高田忠周有不同意见，他认为"吾"乃"语"字的古字，"吾从口五声。五，古文作×，阴阳交午之象。论难曰语，故从×声，以兼会意。吾即语字尤显矣"①。高氏以五字的古字表示阴阳交午，虽与徐铉观点有异，但都从语源学角度揭示了语的论难之本义。

对于"言""语"之区别，许慎在《说文》中解释"言"时说，"直言曰言，论难曰语"，对许慎的说法，后世尤其当代学者存在过分解读的现象，过于强调言、语差异。如王力认为，"言是自动地跟别人说话，语则是回答别人的问话，或是和人讨论一件事情，两者区别很清楚……作名词时语的谚语一义，是言所没有的"②。其实，言语在古代多数时候是通用的。孔颖达在《毛诗正义》中说，"直言曰言，谓一人自言。答难曰语，谓二人相对。对文故别耳，散则言、语通也"。说明商周时期，言、语如果不是同时出现，一般情况下表示一样的意思，可以换用。

语既然表示辩难，一开始便与学术和教育有着不解之缘。《周礼·春官·宗伯》记载，"以乐语教国子：兴、道、讽、诵、言、语"，"乐语"是春秋时期的乐教内容之一，兴、道、讽、诵、言、语都是乐教的教学方法。其中，"言"是指用直言的方法教育学生，"语"是指用辩难的方式教育学生。

三国韦昭对"语"作注说，"语，治国之善语"，先贤的治国善语在先秦时期已经具有了贵族教育教材的性质。《国语·楚语》记载楚庄王向申叔时询问如何教育太子，申叔时答教授《语》以"使其明德"：

问于申叔时，叔时曰："教之《春秋》，而为之耸善而抑恶焉，以戒

---

① 李圃. 古文字诂林：第二册［M］. 上海：上海教育出版社，1999：719.
② 王力. 古代汉语［M］. 修订本. 北京：中华书局，1981：42.

劝其心；教之《世》，而为之昭明德而废幽昏焉，以休惧其动；教之《诗》，而为之导广显德，以耀明其志；教之礼，使知上下之则；教之乐，以疏其会合而镇其浮；教之《令》，使访物官；教之《语》，使明其德，而知先王之务用明德于民也；教之《故志》，使知废兴而戒惧焉；教之《训典》，使知族类，行比义焉。

可见，在申叔时的眼中，《语》与《春秋》《世》《诗》《故志》《训典》等经典并列，俨然是最重要的教材。

孟子言"爵一，齿一，德一"，上古文化重视尊者、老者、贤者，史官将他们的言辞书于竹帛，用文字记载下来，以教育后世。《左传·文公六年》载："古之王者知命之不长，是以并建圣哲，树之风声，分之采物，著之话言。"孔颖达解释这段话说，"为作善言遗戒，著之竹帛，故言著之也"[①]。这是王者之言，具有垂训后世的作用，所以记录下来。上古三代十分重视老者，认为从他们的人生经验中可以汲取智慧，因此将他们的言语载录于史册。若个人或国家遭遇重大疑难时，往往会向年老之人请教。《礼记·内则》记载："凡养老，五帝宪，三王有乞言。五帝宪，养气体而不乞言，有善则记之为惇史。三王亦宪，既养老而后乞言，亦微其礼，皆有惇史。"《国语·晋语八》记载范宣子与和大夫争田，叔向对范宣子说："吾闻国家有大事，必顺于典型，而访咨于耆老，而后行之。"于是范宣子向訾祏请教，圆满解决了这个争端。贤者的嘉言善语也是语类文献记载的主体，春秋时期的贤者称为君子，君子不仅有良好的礼仪和修养，还有立言传统。《国语》和《左传》很多篇章以"君子曰"领起，记载君子的嘉言善语。《左传》中记载鲁国君子叔孙豹出使晋国，叔孙豹说："豹闻之，太上有立德，其次有立功，其次有立言，虽久不废，此之谓不朽。"可见，君子看来，立言与立德、立功并重，具有永恒的价值。

因此，从语源学来看，"语"是表示辩论、答疑的一种讲学和教育形式。中国传统文化有重言传统，君主、老者、君子的嘉言善语往往载之竹帛，以垂询后世，遂促进了上古语类文献的繁荣。

---

① 孔颖达. 春秋左传正义［M］. 十三经注疏本.

二、语录溯源——上古语类文献

"语"不仅是言说形式,而且是上古史书的一种体例。徐中舒认为"语"是瞽矇传诵的历史,到春秋末期经笔录后,成为一种新兴的书体。由于中国史官文化的发达,这些贤者的"嘉言善语"先经口耳传授,继而被书之于简牍,这就是语体文献。

朱自清认为先秦时期主要以记言的语体文献为主,《经典常谈》记载:

> 中国的记言文是在记事文之先发展的。商代甲骨卜辞大部分是些问句,记事的话不多见。两周金文也还多以记言为主。直到战国时代,记事文才有了长足的进展。①

虽然《汉书·艺文志》载:"古之王者,世有史官,君举必书,所以慎言行,昭法式也。左史记言,右史记事;事为《春秋》,言为《尚书》,帝王靡不同之。"也就是说语体文献之外还有专门记事的史书。但其实记事之书也兼记言,如学者侯文华认为,《左传》以"君子曰"形式载录的经典评论与其所相关的史事是合二为一的,也是叙事与记言的结合。②

另外,语体文献中也有一种事语体裁的著作,言事兼记,但以语为主。沈长云在《〈国语〉编撰考》中说:

> "事语"也是一种语,这种语就其名号看来,是既有故事又有议论,事语结合,而以语为主的一种体裁。③

因此,正如章学诚所说:"古人不著书,古人未尝离事而言理。"叙事是为了说明某种道理,记言是对这种道理的概括和归纳。叙事是途径,记言是目的。因此可以说,记言体是上古时期的主要文献著述形式。

现存可见的最早语类文献是记载商王占卜情况的甲骨卜辞,由叙辞、命

---

① 朱自清. 经典常谈[M]. 北京:中华书局,1980:19.
② 侯文华.《论语》文体考论[J]. 中国文学研究,2008(3):34-38.
③ 沈长云.《国语》编撰考[M]//上古史探研. 北京:中华书局,2002:325-338.

辞、占辞和验辞组成，可视为记言体文献之雏形。周革商命，重视文教作用，《尚书》《逸周书》①可为代表。《尚书》中的《盘庚》《大诰》《甘誓》等篇是记载周王政令、训辞的记言文献。《逸周书》中的《周祝解》是史官以"语"箴戒国君的言辞，如《小开武》《大聚》《大戒》为完整的对话体，《程典》《文儆》《商誓》为单方面的训诫。及至春秋时期，随着史官文化的发达，史官采集"嘉言善语"汇编成书，语体文献大兴，以《国语》为代表，记载贤人的言语。

关于语体文献的生成，有学者认为可分为仪式型、政典型、教学型、著述型四类②，认为《尚书》以特定仪式作为其生成的基础，属于仪式型语类文献。又《国语》由规谏话语和咨政话语构成判断，其属于政典型语类文献。《论语》以教学为目的，属于教学型语体文献。《老子》是老子作为史官的个人专著，反映了战国时期著作的成熟。这其中有很多观点值得商榷：如《左传》《国语》常有"吾闻之""古人有言"等形式，可能是对上古祈言仪式的记录，似可归入仪式类文献。至于《老子》成书于战国之说本身就存在很大争议，而且该书属于个人著作，并非史书式的现场话语记录，因此归入语体文献似乎有些牵强。尽管如此，该文还是对研究语类文献的生成有一定借鉴意义。

就语类文献记载"语"的体式，专门载录"嘉言善语"的"语"，最初用来指对话体，如《国语》③《事语》④等。后来，"语"体又被用来指称"善言"这一文体，其范围不再限于对话体。⑤如学者认为《逸周书》中的

---

① 《逸周书》的成书存在争议，可能晚于《论语》。班固认为《逸周书》是孔子删削《尚书》之篇，今人多不信从，而以为是战国人所编；各篇写成时代或可早至西周，或晚至战国或西汉。

② 夏德靠.论上古语类文献的类型及其文化意蕴[J].西南交通大学学报（科学社会版），2010（6）.

③ 《国语》成书时代也存在争议。司马迁、班固等认为成书于春秋时期，唐宋以后，赵匡、程颐、朱熹、郑樵等提出疑问，或谓之西汉刘向校书所辑，或谓多人在不同的历史时期陆续编成，清末康有为等怀疑是战国或汉后的学者托名春秋时期各国史官记录的原始材料整理编辑而成的。

④ 《事语》是《管子》里记载的一篇文章，见于《管子》第七十篇，各篇成书时间不一，大致在战国时代至秦汉时期，可能晚于《论语》。

⑤ 夏德靠.论先秦语类文献形态的演变及其文体意义[J].学术界，2011（3）：172-182.

记言体包括多种形式,将之分为以下几类:对问体、教令体、谏诤体、训诫体和格言体等。① 他认为对问体的完整体式由问、答、谢构成,如《小开武》《大聚》《大戒》等篇。在这种标准体式中,双方平等对话,答语成为整篇文章的重心所在,答语大都充满道德训诫意味。教令体虽也有双方在场,但两者的处境并不相同,一方处于主动地位,发布训令,这些训令包含道德训诫;另一方不参与对话,只是训令的接受对象,常处于听的位置。这类篇目如《程典》《文儆》《商誓》等。从文体形态及其性质方面来看,《逸周书》中的教令体非常接近《尚书》的"训、诰"体。谏诤体主要是臣子规谏君主而形成的一类文体。至于训诫体,罗家湘认为是从对问体、教令体、谏诤体文章中将有关政治、经济、军事的训诫部分摘录出来所构成的。格言体是指单纯记录某人言论,比如,用"王若曰""君子曰""史佚有言曰""古人有言曰""谚曰""语曰"引起,汇编某人言论或民间谚语而成。

三、语录的鼻祖——《论语》

《论语》被公认为语录体鼻祖,记载了孔子与其弟子的言论,以下试述其产生原因、文体来源及特征。

(一)《论语》产生的原因:私学兴起和述而不作的观念

学者②认为,私学教育和述而不作观念为语录产生的必要条件。春秋时期是一个社会大变革的时代,士阶层的兴起打破了本来被贵族阶层垄断的教育,"天子失官,学在四夷",出现了教育下移的趋势。在此背景下,孔子以"有教无类"相号召,开办起史无前例的私学,"弟子三千,贤者七十二",可谓盛极一时,大大普及了文化教育。孔子开创了崭新的师生关系,既有知识的传授,也重视对弟子品德与才干的培养,孔子经常与弟子谈心,将教学活动融入日常生活。《汉书·艺文志》记载,"论语者,孔子应答弟子、时人及弟子相与言而接闻于夫子之语也"。《论语》中《子路、曾皙、冉有、公西华侍坐》一章,师生对话极为生动,又极富诗意。千百年来,人们读到这一章仍感到如沐春风。孔门教学有四科:德行、政事、文学、言语,其中后两

---

① 罗家湘.《逸周书》研究[D].兰州:西北师范大学,2002.
② 张子开.语录体形成刍议[J].武汉大学学报(人文科学版),2009(5):517-521.

者都与对话能力的训练有关。战国时代"不治而议论"的文学之士如纵横家的出现,应该说与孔子开创的对话教育传统有一定关系。

《论语》的产生还源于孔子述而不作的著述观。孔子称:"述而不作,信而好古,窃比于我老彭。"① 这反映了孔子对先贤的尊崇,正是这一历史使命感使他毕生致力于对上古文献的整理。另外,孔子对文献也怀有深深的敬畏,"君子有三畏:畏天命,畏大人,畏圣人之言。小人不知天命而不畏也,狎大人,侮圣人之言"②。正是这种将著述看得无比神圣的观念使得孔子只述不作,后人了解他的思想只有通过学生记录的语录。

如果将研究视野放宽,与孔子同时代的西方哲人苏格拉底自己也无著述,他的思想保存在弟子柏拉图整理的"对话录"中。因为苏格拉底的主要教育方式就是对话,朱光潜认为"对话在文学体裁上属于柏拉图所说的'直接叙述'一类,在希腊史诗和戏剧里已是一个重要的组成部分"。柏拉图把它提出来作为一种独立的文学形式,运用于学术讨论,并且把它结合到所谓"苏格拉底式的辩证法"。可见,西方的对话体也是源于史学和文学,然后被用于学术。这一体式的优点,朱光潜认为,"不从抽象概念出发而从具体事例出发,生动鲜明,以浅喻深,层层深入,使人不但看到思想的最后成就或结论,而且看到活的思想的辩证发展过程"。这些都和《论语》有相似之处。

(二) 文体来源:对语类文献的继承

《论语》汇集各弟子所录的编纂形式,体现出对上古语类文献的继承。俞樾认为,"左丘明著《国语》,亦因周史之旧名。孔门诸子论撰夫子绪言,而名之曰'语'"③。吕思勉认为,"然则《论语》者,孔子及其门弟子言行之依类纂辑者;《国语》则贤士大夫之言行,分国纂辑者耳"④。这两种说法是符合历史事实的。

孔子毕生从事于对上古文献的整理和修订,非常重视历史文献,《论语》记载:

---

① 论语:卷四:述而第七 [M].四部丛刊本.
② 论语:卷八:季氏第十六 [M].四部丛刊本.
③ 俞樾.湖楼笔谈:九九消夏录 [M].北京:中华书局,1995.
④ 吕思勉.吕思勉读史札记 [M].上海:上海古籍出版社,2005.

夏礼吾能言之，杞不足征也。殷礼吾能言之，宋不足征也，文献不足故也。足，则吾能征之矣。

孔子也有高度的历史使命感，夫子自道：

天下之无道也久矣，天将以夫子为木铎。①
天生德于予，桓魋其如予何？②

因此学者认为，"孔子以史为师，以史籍为教，又以道统自任，他的学生也应该非常熟悉这些文献。所以，以'语'体的形式载录孔子的语言，其文化动机也就是认为孔子属于古史官、君子统系，是巫史文化中人"③。

（三）《论语》的文体特征

《论语》共分20章，多为短章小语，各章没有统一而明确的主旨，没有严密的逻辑关联，每篇之名取于该篇前面两字。

主要包括孔子的独语和与弟子或时人的言谈，可称为独语和对话，其中孔子独语最多，据学者统计，"记言共480则（纯记事43则），其中孔子独语就占248则，另有教诲或评论他人他事之语77则，与弟子或他人对话96则，弟子或他人独语45则，而弟子之间、弟子与他人对话仅8则"④。

孔子独语以"子曰"领起，学者认为源于史官文化的记言传统。⑤《尚书》用"王若曰"记载周公祭祀时的发言，表明一种神圣话语形式。春秋时期史官也用"君子曰"形式发表观点和评论，在载录嘉言善语时也常用"君子曰"。因此可以说，"子曰"是"王若曰"和"君子曰"记言传统的延续，是记言文体的标志，战国时期"墨子曰""孟子曰"也是这一文体的延续。

《论语》的对话体有两种：不完整的对话体和相对完整的对话体。不完

---

① 论语：卷二：八佾第三［M］.四部丛刊本.
② 论语：卷二：八佾第三［M］.四部丛刊本.
③ 过常宝.《论语》的文体意义［J］.清华大学学报（哲学社会科学版），2007（6）：29-34，141.
④ 刘伟生.语录体与中国文化特质［J］.社会科学辑刊，2011（6）：265-268.
⑤ 过常宝.《论语》的文体意义［J］.清华大学学报（哲学社会科学版），2007（6）：29-34，141.

整的对话体是在原始谈话内容的基础上,将先师的经典语录完整地保留下来,而将谈话的背景和对方的问句进行概括和提炼,形成不完整的对话体。如:

> 子贡问君子。子曰:"先行其言而后从之。"①

相对完整的问答体不仅记载先师的回答,也载录谈话者的问句,有时也对谈话背景做交代,形成相对完整的问答体。如:

> 子夏问曰:"巧笑倩兮,美目盼兮,素以为绚兮?何谓也?"子曰:"绘事后素。"曰:"礼后乎?"子曰:"起予者商也!始可与言诗已矣。"②
> 子入太庙,每事问。或曰:"孰谓鄹人之子。"③

(四)《论语》的语言特征

关于《论语》的语言特征,谭家健认为"它采用的是当时流行的周王朝的普通话('雅言'),以当时中原地区的群众口头语言为基础,既通俗平易,明白晓畅,同时又吸收古代书面语言精粹、洗练、典雅、整饬的长处,形成一种新的语言风格"④。此说甚确,《论语》的确是将口语和书面语结合的典范,口语是因其源于生活记录,书面语因其为弟子所记,略为修饰。这便使《论语》既有实录的性质,又具有一定的文学性,推为文学巨著。具体可以概括为以下几点:

第一,口语化的语言。《论语》中记载的多是日常谈话,场面轻松自然,口语化特征明显。很多地方犹如现场记录,如孔子见师冕的情形如此记载:"师冕见,及阶。子曰:'阶也。及席,子曰:'席也。'皆坐,子告之曰:'某在斯,某在斯。'"⑤虽寥寥数语,但描摹人物活灵活现,具有很强的文

---

① 论语:卷一:为政第二[M].四部丛刊本.
② 论语:卷二:八佾第三[M].四部丛刊本.
③ 论语:卷二:八佾第三[M].四部丛刊本.
④ 谭家健.先秦散文艺术新探[M].北京:首都师范大学出版社,1995:4.
⑤ 论语:卷八:卫灵公第十五[M].四部丛刊本.

学性。

《论语》中包含大量的语气词，据统计，"也"出现532次，"矣"出现181次，"乎"出现158次，"焉"出现88次，"哉"出现61次。以《论语》仅仅不到16000字的规模，语气词的频率非常高。

第二，诗化语言和修辞手法的运用。《论语》的语言不全都是口语，有些章节具有诗化语言的特点。《论语》全书，四言句式非常多。如"人而无信，不知其可也"，"乐而不淫，哀而不伤"，"成事不说，遂事不谏，既往而不咎"等。

同时，在行文造句时，它又采用了一些修辞手法。如对仗手法"其身正则不令而行；其身不正，虽令不从"，排比手法"知者乐水，仁者乐山；知者动，仁者静；知者乐，仁者寿"。这些修辞手法的运用，使得句式整齐，读来朗朗上口。

（五）《论语》的编纂

关于《论语》的编纂，据《汉书·艺文志》记载，《论语》是孔子弟子在孔子死后，将各人所记孔子言行的笔记集中到一起，经过一番整理编辑而成的。至于哪些弟子参加了这项工作，班固没有述及。东汉的郑玄也曾给《论语》作注，他首次提出《论语》由仲弓、子夏、子游等人撰定。这个说法影响极大，后人多从信不疑。然而，唐人柳宗元不以为然。他认为孔子的弟子中，曾子最小，而《论语》记载了曾子的死事，说明子夏、子游等人不可能编辑《论语》。编辑此书的当是曾子的弟子，完成于曾子死后。杨伯峻综合前人的观点认为，"《论语》编纂成书虽在孔子死后七十多年，但着笔或者较早，甚至也不是一人的笔墨"，所以，"《论语》是采辑孔门弟子或者再传弟子有关笔墨，在战国初期编纂而成的书"。

四、各种名实不符的"语录"

先秦时期的语录有《墨子》《孟子》等。《墨子》中的《耕柱》《贵义》《公孟》《鲁问》等篇是由弟子分别记录下来的墨子语录。《孟子》由孟轲与弟子一起编纂，记录其讲学论辩，也属语录之属。汉代之后出现了很多模仿《论语》的"拟语录体"，比如，西汉扬雄的《法言》和晋代王通的《文中子》，虽然体式上全是短章小语，每篇由"子曰"领起，但因为是其自著，其问答全属虚拟，而非教学论辩的实录，故不能算作语录。真正继承语录传统的为宋代兴起的理学语录。历史上以"语录"命名的著作很多，但大多有其名无其实，如不予厘清会妨碍对语录体的认识。下面依次梳理以"语录"为名的琐言、诗话、奉使伴使语录、史书和佛道语录五种体式。

（一）琐言①

"语录"之称名，始于唐代。《旧唐书·经籍志》《新唐书·艺文志》《通志·艺文略》杂史类所载孔思尚《宋齐语录》，其书今已亡佚，《太平御览》收其片段，可窥其概貌：

> 曰：孙康家贫，常映雪读书。②
>
> 曰：梁特进沈约撰史，王希聘尝问约曰："从叔太常何故无传？"约戏之曰："贤从叔者何可载？"答曰："从叔唯忠与孝，君当不以忠孝为美。"约有惭色。③
>
> 曰：虞愿字士恭，会稽人，祖为给事中。中庭有橘树，冬熟，子孙争取，愿独不取，祖及家人并异之。④
>
> 又曰：张元字孝始。祖丧明三年，元每忧涕，读佛书以求福祐。后见《药师经》云"盲者得视"，遂请七僧，燃灯七日七夜，转《药师经》行道，每自责曰："为孙不孝，使祖丧明。今以灯施普照法界，愿祖目见明，元求代暗。"其夜，梦一老人以金鎞治其祖目，谓之曰："勿悲，三日之后必差。"元于梦中喜跃惊觉，乃遍告家人。居三日，祖目果渐见明，从此遂差。⑤

以上记载的是孙康映雪读书的故事、王希聘讥讽沈约的史事、虞愿不取

---

① 琐言为用文言写的志怪、传奇、杂录、琐闻、传记、随笔之类的著作，内容广泛驳杂，举凡天文地理、朝章典制、草木虫鱼、风俗民情、学术考证、鬼怪神仙、艳情传奇、笑话奇谈、逸事琐闻等，宇宙之大，芥子之微，琳琅满目，包罗万象。文笔有的简洁朴实，有的情文相生、美丽动人，常为一般读者所喜爱。
② 李昉. 太平御览：卷一二：天部一二：雪 [M]. 四部丛刊本.
③ 李昉. 太平御览：卷五一三：宗亲部三：从伯叔雪 [M]. 四部丛刊本.
④ 李昉. 太平御览：卷五一九：宗亲部九：孙 [M]. 四部丛刊本.
⑤ 李昉. 太平御览：卷五一九：宗亲部九：孙 [M]. 四部丛刊本.

别人橘子的事迹、张元孝的孝行使其祖父复明,既有野史,也有怪诞之故事。可见《宋齐语录》是一种记录奇闻异事的文学体裁,略似《世说新语》的体例。正如《史通》所记:"若刘义庆《世说》,裴荣期《语林》,孔思尚《语录》,阳玠松《谈薮》,此之谓琐言者也。"① 刘知己认为《世说新语》这些书都是琐言类史籍。

(二) 诗话

宋代诗话很多称语录。如唐庚的《唐子西语录》《钟山语录》和胡舜陟的《三山老人语录》等。《唐子西语录》原名《唐子西文录》,《萤雪轩丛书》收录此书时改成今名,是记录北宋文学家唐庚论诗文之语录的一卷书,为同时人强行父记述。强行父曾与唐庚同寓京师,日从之游,归记庚口述论诗文之语。庚卒,行父旧所记无存,乃追忆而成是书。唐庚口述于宣和元年(1119)九月至第二年正月,强行父追记于绍兴八年(1138)三月。《四库全书》收于集部诗文评类,归于语录体一类。

(三) 奉使伴使语录

宋代与辽、金、高丽、蒙古等国往来,"因纪一时问答之词,馈送之礼。考宋制,凡奉使伴使皆例进语录于朝"②。马永卿《懒真子》一书记载苏洵与二子同读《富郑公使北语录》,如此记载可信,那么奉使伴使语录北宋时已经形成。南宋时期,奉使伴使语录更加普遍。《重明节馆伴录》《使金录》《使北日录》的作者倪思、陈卓、邹伸都是当时出使北方金国的南宋使者,这些书是他们回国后写的向皇帝汇报出使过程的记录。通过以上分析可知,奉使伴使语录是一种记载出使或伴使的公文。

(四) 史书

这是记载人物言行的一种史书体裁。如北宋《张忠定公语录》,是记载北宋蜀守张咏的嘉言善语的,晁公武的《郡斋读书志》如此记载:"皇朝张忠定公咏守蜀有善政,其门人李畋纪其语论可以垂世者。"

(五) 佛道语录

褚斌杰对语录体的定义如下:"语录体,是指直接记录讲学、论证,以

---

① 刘知己. 史通:卷十:杂述第三十四 [M]. 四部丛刊本.
② 永瑢. 四库全书总目:卷五十二:史部八重明节馆伴语录 [M]. 乾隆武英殿刻本.

及传教者的言谈口语的一种文体。"① 这一定义注意到了语录体的讲学特征，因其讲学内容的不同可分为儒释道三家。理学语录虽晚于禅宗语录，但其实继承自《论语》，两者源于不同的文化传统，编纂体式和言说方式也截然不同，后世抄袭禅宗之说实为反理学者所诬。②

禅宗语录是指记载、辑录中国佛教禅宗六祖以后历代禅师法语的书籍。大都为禅师口语，由亲随左右的门人弟子随时笔录编集而成。举凡师徒传法心要、参悟验证、方便施化，诸方学士参学所得，并互相问答、诘难、辩论、参究等，均详做记述。禅宗之有语录，肇自《六祖坛经》，以后日益发展，成为禅家的一种专门文体。钱大昕《十驾斋养新录》卷一八云："释之语录始于唐。""达摩西来，自称教外别传，直指人心。数传以后，其徒日众，而语录兴焉，支离鄙俚之言，奉为鸿宝。"盖禅门不重对经义的义解，而重对学人进行随机接引，故丛林中禅师的说话和他们与学人的对话，就有举足轻重的地位，学人把它记录下来，以便参究，便成为语录。

唐代禅宗语录为数不多，而且每种语录一般只记一位禅师的言谈。到了宋代，出现了语录体兴盛的局面：不仅稍有名望的禅师都有门人弟子为其编集语录，出现了带综合性的语录集，而且创造了以"拈古""颂古""评唱""击节"为名的新的语录体裁。其文献数目也非常惊人，郑樵的《通志·艺文略》于释家专有语录一目，总计释类文献十种三百三十四部一千七百七十七卷中，语录即有五十六部九十一卷，约占总部数的17%，总卷数的5%。元明两代禅宗语录已不复宋代盛况，或辑录当时禅师言行，或对前代语录编集再治，体例未有创新。入清以后禅宗语录渐稀。

道教语录兴起于元代，著名的如《丹阳真人语录》《晋真人语录》《长生真人至贞语录》《盘山真人语录》《莹蟾子语录》《诸真语录》等。道教语录与禅宗语录颇为类似，比如，王志道仿禅门的拈颂之体，撮录《老》《庄》中语，下附偈颂，袭用禅家"公案"之称，名之为《玄教大公案》。道教语录尽管形式上类似禅宗语录，如问答相济，用语俚俗，但毕竟佛道两家教义迥异，因此道教语录的语言风格不似禅宗的简短隽永。

---

① 褚斌杰.中国古代文体概论［M］.增订本.北京：北京大学出版社，1990.
② 程得中.理学语录与禅宗语录关系问题再考辨［J］.朱子学研究，2022（1）：298-315.

111

总而言之，琐言、诗话、奉使伴使语录、史书和佛道语录五种体式，或属于文学随笔、诗歌评论，或属于应用文体，或属于史书，或属于宗教文化传统的讲学语录，都不属于《论语》的嫡传。

五、《论语》的嫡传——理学语录

尽管语录体从上古语类文献、先秦《论语》到唐宋儒道释语录，从诗话、奉使伴使语录到小说、历史等文体，名称含义很宽泛，不尽相同，但由于宋代理学对后世的巨大影响，元明清以后，谈语录者便基本特指以程朱语录为代表的理学语录了。尤其在清乾隆时期，四库馆臣在《四库全书总目》中评书评文之内容艺术及体例优劣时，更是频频以诸如"语录之体""语录体例"等突出强化了语录体这一文体的独立性和鲜明特征。

理学语录与《论语》一脉相承，如南宋蔡抗认为，"《论语》一书，乃圣门高弟所集，以记夫子之嘉言善行，垂询后世。《朱子语类》之编，其亦效是意而为之者也"①；王柏也说，"予读《家语》而得《论语》之原，其序谓'当时公卿大夫士及诸弟子悉集录夫子之言，总名之曰《家语》，斯言得之矣。正如今程子朱子之语录也"②。

理学语录产生的背景和《论语》极其相似，产生在宋代学术思潮争奇斗艳、书院教育兴起的时期，产生的原因是理学家秉承"默而知之"的著述观，因此他们的学说主要保存在弟子记录的语录中。③ 理学语录对《论语》的继承主要表现在：结构内容上，篇章之间大多无逻辑联系，独语部分以"程子曰""朱子曰"领起，师生对话为问答体式；语言上，口语化表达，大量运用俗语、方言、俚语，通俗易懂；编纂形式上，一般是老师去世后，门人弟子汇集各自平时所记编纂而成。

但理学语录对《论语》并非一味仿效，而是顺应当时时代特征，有很多创新：第一，由于宋代俗文化的发达，宋代理学语录纯用白话记录，并且包含大量方言俗语，这是对《论语》的口语化和诗化语言结合的巨大发展，也是遭到后世批评的主要原因。如魏了翁《答池州张通判》云："惺惺，此是

---

① 朱子语类：第1册 [M]．黎靖德，朱星贤校点．北京：中华书局，1986：10.
② 王柏．鲁斋集：卷九：家语考 [M]．民国续金华丛书本．
③ 程得中．理学语录价值再探讨 [J]．宋史研究论丛，2019（1）：276-298.

语录中如'活泼泼''满腔子'之类，皆用世俗语。铭词用此，稍欠经雅。"① 第二，没有《论语》中对谈话场景的叙述，纯粹记言，记言形式大多摒弃了《论语》的独语体，主要采用对话体，但弟子之间的对话则付之阙如。第三，不再只是老师微言大义的独语或简短解答，而是学生不断追问，老师详加阐述，甚至有激烈的辩论，这便使篇幅大幅增长，如《朱子语类》达到140卷之多。第四，体例创新，出现了按主题分类的语录《朱子语类》，还有以字典形式编纂成书的语录《北溪字义》。《北溪字义》是陈淳学生王隽根据陈淳晚年讲学笔记整理而成，分为命、性、心、情、才、志等二十六门，各门之下汇集陈淳平日与学生的讲论。第五，研究内容扩大，不仅包括论学、为政、历史，而且扩大到对自然科学的探究。如《朱子语类》对天气现象成因的解释，从化石推论海陆变迁的记载。第六，编纂者不只限于弟子，有的语录是由后代记录、编纂成书的，这些语录也应属于家训的性质。如苏辙的《栾城遗言》和胡安国的《胡氏家传录》。第七，有些语录在老师在世时已经汇编成书，二程与朱熹在世时都已经有他们的语录流传，甚至有的理学家参与了自己语录的编纂，如《木钟集》便是由陈植与其弟子一起编纂完成的。

应该指出的是，宋代文、哲分途的历史背景下，理学语录的纯学术记录性质自然有别于《论语》学术著作加文学著作的性质，这使它更专注于学术的阐述，而忽略文学性的修饰，从而使后世将《论语》奉为圭臬，而对理学语录嗤之以鼻，现在看来，这种批评是极其短视和不公平的。理学语录虽有篇幅冗长之弊，但那是由其说理的特点决定的，我们更应看到它在学术观点的阐述上比《论语》透彻得多，而且学生不再只是一个可有可无的配角，而是起而与老师辩论，这些可以说是中国学术的巨大进步。

南宋以后，由于理学逐渐被统治阶级提倡，理学语录得以继续发展。元代大儒多有语录传世，明代王阳明及其心学学派多采用语录作为建构学派、传承思想的主要体式，语录编纂进入第二个高潮期。清代乾嘉时期，考据学兴起，理学讲学活动不复往日盛况，语录也随之走向没落，逐渐淡出了中国学术舞台。

---

① 魏了翁. 鹤山集：卷三十五：答池州张通判 [M]. 四部丛刊本.

三、03 儒学学术

朱熹的自然观

郭 齐

四川大学古籍整理研究所

摘　要：朱熹是中国思想文化史上继孔子以来的第二座高峰，其自然观具有很大的代表性，在中国文化自然观中具有一定的典型性，值得认真梳理和分析评估。然而，在既往的研究中这一问题尚未引起足够重视。本文对朱熹自然观的内涵、外延和特点做了初步分析，认为其与中国传统的"元气说""阴阳五行说"和"天人合一"思想及儒家哲学一脉相承，又有新的发展。他将宇宙看成"理—气"自身永恒运动的整体，既阐述了自然、社会和人的普遍规律，又揭示了自然的特殊规律，内容丰富，论述精深，体现了儒学鲜明的入世特色，而有别于本土道家的出世倾向。其在中国自然观发展史上的地位和影响，有待进一步展开深入研究。

关键词：朱熹；自然观；天人合一；宋明理学

朱熹，字元晦，祖籍江西婺源，生长于福建，南宋杰出的思想家、教育家、文学家、学者。作为宋代理学的集大成者，他的思想远绍孔、孟以来传统儒家思想，直接继承和改造了"北宋五子"——周敦颐、程颢、程颐、张载、邵雍的学说，融合佛、道二教思想，建立了庞大的理学思想体系。这一体系博大精深，影响整个中国封建社会长达数百年之久。直至辛亥革命，官方的御用哲学仍然是朱熹的学说。13世纪，这一学说先后传入朝鲜和日本，一度成为两国的统治思想。之后，在东南亚地区也产生了深刻影响。近代，又传入欧美。作为东方文化的重要内容，朱熹的学说已经发展成为世界性的学说。当今，国际朱子学方兴未艾，继续向纵深发展。研究者认为，朱熹的理学思想体系规模庞大、论证细密、条理清晰，代表了当时民族思维的最高水平,是中国思想文化史上继孔子以来的第二座高峰。因此,朱熹的自然观就很具有代表性,在中国文化自然观中具有一定的典型性,值得认真梳理和分析评估。

在朱熹那里,"自然"一词指自由发展、不假人力或理所当然,并无今天所说"自然界"或"大自然"之义。但这并不等于说朱熹没有自然的概念,只不过它一般包括在"宇宙""世界""天下""天地""万物"之类涵摄人类社会在内的更大概念中,或专指"飞潜""动植""山河""枯槁"等具体实物。

朱熹哲学思想的核心和基石是"理气论"。他认为,既先于物质世界,又独立于人的意识之外的精神本体"理"是宇宙的最高存在,是产生世间万物的根源,即"生物之本"。"理"与物质性的"生物之具""气"相结合,即产生出万事万物,生生不息,无穷无尽。朱熹说:

> 宇宙之间,一理而已,天得之而为天,地得之而为地,而凡生于天地之间者,又各得之以为性。……若其消息盈虚,循环不已,则自未始有物之前,以至人消物尽之后,终则复始,始复有终,又未尝有顷刻之或停也。[1]

> 未有天地之先,毕竟是先有此理。[2]

> 且如万一山河大地都陷了,毕竟理却只在这里。[3]

> 且如天地间人物草木禽兽,其生也莫不有种,定不会无种子白地生出一个物事。这个都是气。若理,则只是个净洁空阔底世界,无形迹,他却不会造作。气则能酝酿凝聚生物也。但有此气,则理便在其中。[4]

> 理又非别为一物,即存乎是气之中。无是气,则是理亦无挂搭处。[5]

---

[1] 朱熹.朱熹集:卷70读大纪[M].郭齐,尹波,点校.成都:四川教育出版社,1996:3656.
[2] 黎靖德.朱子语类:卷1陈淳录[M].王星贤,点校.北京:中华书局,1986:1.
[3] 黎靖德.朱子语类:卷1胡泳录[M].王星贤,点校.北京:中华书局,1986:4.
[4] 黎靖德.朱子语类:卷1沈僩录[M].王星贤,点校.北京:中华书局,1986:3.
[5] 黎靖德.朱子语类:卷1万人杰录[M].王星贤,点校.北京:中华书局,1986:3.

理与气既是世界的本质，也是世界的根源。显然，无论从"理气论"的本体论还是生成论出发，自然界都遵循着与人类社会一样的"生物之本—生物之具"的共同规律。

但这只是就一般性或普遍性而言，作为"人"的对立面的"自然"，包括动、植物界和非生物界，毕竟有着不同于人类社会的个别性或特殊性。这方面朱熹有大量的论述，阐释了它们不同于人类社会的特殊规律。如：

> 盖五星皆是地上木火土金水之气上结而成，却受日光。经星却是阳气之余凝结者凝得，也受日光。但经星则闪烁开阖，其光不定；纬星则不然，纵有芒角，其本体之光亦自不动，细视之可见。①

> 风只如天相似，不住旋转。今此处无风，盖或旋在那边，或旋在上面，都不可知。如夏多南风，冬多北风，此亦可见。②

> 霜只是露结成，雪只是雨结成。古人说露是星月之气，不然。今高山顶上虽晴亦无露，露只是自下蒸上。人言极西高山上亦无雨雪。③

> 雪花所以必六出者，盖只是霰下，被猛风拍开，故成六出。如人掷一团烂泥于地，泥必濽开成棱瓣也。又六者阴数，太阴玄精石亦六棱，盖天地自然之数。④

> 伊川说世间人说雹是蜥蜴做，初恐无是理，看来亦有之，只谓之全是蜥蜴做则不可耳。自有是上面结作成底，也有是蜥蜴做底。某少见十九伯说亲见如此。十九伯诚确人，语必不妄。⑤

> 海那岸便与天接。或疑百川赴海而海不溢，曰，盖是干了。有人见海边作旋涡，吸水下去者。⑥

> 问：曾见答余方叔书，以为枯槁有理。不知枯槁瓦砾如何有理？

---

① 黎靖德. 朱子语类·卷2 沈僩录 [M]. 王星贤, 点校. 北京：中华书局, 1986：22.
② 黎靖德. 朱子语类·卷2 辅广录 [M]. 王星贤, 点校. 北京：中华书局, 1986：23.
③ 黎靖德. 朱子语类·卷2 辅广录 [M]. 王星贤, 点校. 北京：中华书局, 1986：23.
④ 黎靖德. 朱子语类·卷2 沈僩录 [M]. 王星贤, 点校. 北京：中华书局, 1986：23.
⑤ 黎靖德. 朱子语类·卷2 万人杰录 [M]. 王星贤, 点校. 北京：中华书局, 1986：24.
⑥ 黎靖德. 朱子语类·卷2 李方子录 [M]. 王星贤, 点校. 北京：中华书局, 1986：28.

曰：且如大黄、附子亦是枯槁，然大黄不可为附子，附子不可为大黄。①

草木都是得阴气，走飞都是得阳气。各分之，草是得阴气，木是得阳气，木坚。走兽是得阴气，飞鸟是得阳气，故兽伏草而鸟栖木。然兽又有得阳气者，如猿猴之类是也。鸟又有得阴气者，如雉雕之类是也。唯草木都是阴气，然却有阴中阳、阳中阴者。②

问：动物有知，植物无知，何也？曰：动物有血气，故能知。植物虽不可言知，然一般生意亦可默见。若戕贼之，便枯悴，不复悦怿，亦似有知者。③

因举康节云：植物向下，本乎地者亲下，故浊。动物向上，本乎天者亲上，故清。猕猴之类能如人立，故特灵怪。如鸟兽头多横生，故有知无知相半。④

物受天地之偏气，所以禽兽横生，草木头生向下，尾反在上。物之间有知者，不过只通得一路。如乌之知孝，獭之知祭，犬但能守御，牛但能耕而已。⑤

关于造成自然界与人类社会这种差异的根本原因，朱熹用"理同气异"来解释。他说：

夫太极动而二气形，二气形而万化生。人与物俱本乎此，则是其所谓同者。而二气五行氤氲交感，万变不齐，则是其所谓异者。同者其理也，异者其气也。必得是理而后有以为人物之性，则其所谓同然者固不得而异也。必得是气而后有以为人物之形，则所谓异者亦不得而同也。⑥

---

① 黎靖德．朱子语类·卷4甘节录［M］．王星贤，点校．北京：中华书局，1986：61.
② 黎靖德．朱子语类·卷4程端蒙录［M］．王星贤，点校．北京：中华书局，1986：62.
③ 黎靖德．朱子语类·卷4廖德明录［M］．王星贤，点校．北京：中华书局，1986：62.
④ 黎靖德．朱子语类·卷4廖德明录［M］．王星贤，点校．北京：中华书局，1986：62.
⑤ 黎靖德编．朱子语类·卷4沈僴录［M］．王星贤，点校．北京：中华书局，1986：66.
⑥ 黎靖德．朱子语类·卷4林夔孙录［M］．王星贤，点校．北京：中华书局，1986：59.

三、儒学学术

为了说明"理同气异",朱熹常常运用许多生动的比喻,如:

> 问:气质有昏浊不同,则天命之性有偏全否?曰:非有偏全。谓如日月之光,若在露地,则尽见之。若在茅屋之下,有所蔽塞,有见有不见。昏浊者是气昏浊了,故自蔽塞,如在茅屋之下。然在人则蔽塞有可通之理,至于禽兽,亦是此性,只被他形体所拘,生得蔽隔之甚,无可通处。至于虎狼之仁,豺獭之祭,蜂蚁之义,却只通这些子,譬如一隙之光。至于猕猴,形状类人,便最灵于他物,只不会说话而已。到得蛮獠,便在人与禽兽之间,所以终难改。①

> 或说人物性同,曰:人物性本同,只气禀异。如水无有不清,倾放白碗中是一般色,及放黑碗中又是一般色,放青碗中又是一般色。又曰:性最难说,要说同亦得,要说异亦得。如隙中之日,隙之长短大小自是不同,然却只是此日。②

> 人物之生,天赋之以此理未尝不同,但人物之禀受自有异耳。如一江水,你将勺去取,只得一勺。将碗去取,只得一碗。至于一桶一缸,各自随器量不同,故理亦随以异。③

在朱熹的自然观中,"天"有着不同寻常的特殊地位,其相关论述也最为丰富。大致说来,朱熹将"天"的含义概括为三类,即"也有说苍苍者,也有说主宰者,也有单训理时"④。

1. 说苍苍者。理学家没有人否认天的物质性。具体地说,天由气构成,在空间上具有最大的广延性。如张载言太虚即气,由太虚有天之名;邵雍言"天以气为质","天之体,无物之气也"⑤;二程言"以形体言之谓之天"⑥,

---

① 黎靖德. 朱子语类·卷4 黄灏录 [M]. 王星贤, 点校. 北京:中华书局, 1986:58.
② 黎靖德. 朱子语类·卷4 林夔孙录 [M]. 王星贤, 点校. 北京:中华书局, 1986:58.
③ 黎靖德. 朱子语类·卷4 沈僩录 [M]. 王星贤, 点校. 北京:中华书局, 1986:58.
④ 黎靖德. 朱子语类·卷1 沈僩录 [M]. 王星贤, 点校. 北京:中华书局, 1986:5.
⑤ 邵雍. 皇极经世书:观物外篇:河图天地全数第一 [M]. 卫绍生, 注解. 郑州:中州古籍出版社, 1992:319, 323.
⑥ 无名氏. 诸儒鸣道:卷43:伊川先生语十一 [M]. 济南:山东友谊书社, 1992:920.

"天地本一物，地亦天也"①。他们都对天的形体和运动规律做了细致的描述。朱熹对物质之天有大量的论述，这里摘录几段主要的说法。

> 天地初间只是阴阳之气，这一个气运行，磨来磨去，磨得急了，便拶许多渣滓，里面无处出，便结成个地在中央。气之清者便为天，为日月，为星辰，只在外，常周环运转。地便只在中央不动，不是在下。②
> 地之下与地之四边皆海水周流，地浮水上，与天接，天包水与地。③
> 天包乎地，其气极紧。试登极高处验之，可见形气相催，紧束而成体。但中间气稍宽，所以容得许多品物。若一例如此气紧，则人与物皆消磨矣。④
> 《离骚》有九天之说，注家妄解，云有九天。据某观之，只是九重。盖天运行有许多重数，里面重数较软，至外面则渐硬。想到第九重，只成硬壳相似，那里转得又愈紧矣。⑤
> 要之天形如一个鼓鞴，天便是那鼓鞴外面皮壳子，中间包得许多气，开阖消长⑥。

关于"天大无外"的传统说法，朱熹既不像张载那样持完全肯定的态度，也不像邵雍、二程那样要么存而不论，要么基本赞同，而是倾向于相信"天大有外"。他说道：

> 某自五六岁，便烦恼道，天地四边之外，是什么物事？见人说四方无边，某思量也须有个尽处。如这壁相似，壁后也须有什么物事。其时思量得几乎成病，到而今也未知那壁后是何物。⑦

---

① 无名氏. 诸儒鸣道：卷23：二程先生语三 [M]. 济南：山东友谊书社，1992：467.
② 黎靖德编，王星贤点校. 朱子语类·卷1陈淳录 [M]. 北京：中华书局，1986：6.
③ 黎靖德. 朱子语类·卷2沈僴录 [M]. 王星贤，点校. 北京：中华书局，1986：28.
④ 黎靖德. 朱子语类·卷2周谟录 [M]. 王星贤，点校. 北京：中华书局，1986：18.
⑤ 黎靖德. 朱子语类·卷2沈僴录 [M]. 王星贤，点校. 北京：中华书局，1986：23.
⑥ 黎靖德. 朱子语类·卷74沈僴录 [M]. 王星贤，点校. 北京：中华书局，1986：1904.
⑦ 黎靖德. 朱子语类·卷94黄义刚录 [M]. 王星贤，点校. 北京：中华书局，1986：2377.

天之外无穷，而其中央空处有限。天左旋而星拱极，仰观可见。四游之说，则未可知。然历家之说乃以算术得之，非凿空而言也。若果有之，亦与左旋拱北之说不相妨。如虚空中一圆球，自内而观之，其坐向不动而常左旋；自外而观之，则又一面四游，以薄四表而止也。①

宋代理学家中，以朱熹对物质之天的描述最为具体而完备，其中不少是他的独见。如天地的产生、天的形体、天的结构、天的运行和天外假说等。不难看出，以上说法包含了一些荒唐的猜测，这是受当时知识水平所限。尽管如此，朱熹毕竟在自己心目中勾画出了一个清晰的、具体可感的天的形象。

2. 说主宰者。以天为有意志的、主宰世界的最高人格神，是殷周时期的古老观念。至春秋，这种观念已经动摇。宋代理学家当然早已摒弃了人格神的说法，当他们言及主宰意义的"天"时，只是一种借喻，而言"帝"只不过是一种比拟，实际上指宇宙的不可抗拒的支配力或客观必然性。程颐说"以形体言之谓之天，以主宰言之谓之帝"②，所谓主宰，指的是"理"的不以人的意志为转移、不可违抗的性质。朱熹正是这样理解的。如答门人问"命之不齐"云："只是从大原中流出来，模样似恁地，不是真有为之赋予者。那得个人在上面分付这个？诗书所说，便似有个人在上恁地。如'帝乃震怒'之类。然这个亦只是理如此。天下莫尊于理，故以帝名之。'惟皇上帝降衷于下民'，降，便有主宰意。"③

3. 单训理时。以理训天系二程首创，但类似的思想却并不自二程始。《庄子·天地》言"无为为之之谓天"，《孟子·万章上》说："舜、禹、益相去久远，其子之贤不肖，皆天也，非人之所能为也。莫之为而为者，天也。莫之致而至者，命也。"《荀子·天论》说："列星随旋，日月递照，四时代御，阴阳大化，风雨博施……皆知其所以成，莫知其无形，夫是之谓天。"既是"无为""莫之为""无形"，就只能说是某种不可名状、难以言

---

① 朱熹. 朱熹集：卷62答李敬子余国秀[M]. 郭齐，尹波，点校. 成都：四川教育出版社，1996：3270.
② 无名氏. 诸儒鸣道：卷43：伊川先生语十一[M]. 济南：山东友谊书社，1992：920.
③ 黎靖德. 朱子语类·卷4陈淳录[M]. 王星贤，点校. 北京：中华书局，1986：63.

表的因素在冥冥中起着支配作用。此非"道"而何？《老子》说"道"是无状之状，无象之象，"吾不知其谁之子，象帝之先"，它"生而不有，为而不恃，长而不宰"；《庄子·大宗师》说"道""自本自根，未有天地，自古以固存"；《齐物论》说"道""若有真宰，而特不得其朕，可行可信，而不见其形"；《天道》说"道""于大不终，于小不遗，故万物备，广广乎其无不容也，渊乎其不可测也"，不正是这样吗？称之为天，这个"天"实在是一种强名，一种借喻，正如我们今天说"天生""天才""天赋""天然"一样。之所以借天为喻，是由于就人们所知，再没有哪一件事物像天一样至大至刚，不为他物所支配而又神秘莫测了。二程以理释天，在很大程度上正是吸收了老庄思想，其"理"基本上就是老庄的"道"，只不过少了些神秘色彩而已。他们回答天福善祸淫之问说："此自然之理，善则有福，淫则有祸。"回答天道之问说："只是理，理便是天道也。"① 又说"天者，自然之理也"②，特别强调自然。自然者，自己这样也，这不就是"莫之为而为"吗？二程又说："只是这个理，以上却难言也。"③ 这不就是"吾不知其谁之子""自本自根""道法自然"吗？因此"单训理"之"天"也只能是强名和借喻，实际指不以人的意志为转移的客观必然性。这种必然性本来不可名，如果一定要给它一个称谓，"天"其庶几乎。邵雍也是这样理解的，他说："自然而然者，天也。"④

在宇宙生成论方面，周敦颐只上溯到"太极"，以上只能说"无极"；张载上溯到"气"，而不言气之生灭，以上只能说"神不可致思，存焉可也"⑤；邵雍承袭老子，上溯到"道"，以上只能说"自然"；二程上溯到"理"，以上只能说"难言"。的确，对于"以上"，除了存而不论，人类还能说什么呢？

---

① 两条并见无名氏.诸儒鸣道：卷43：伊川先生语十一 [M].济南：山东友谊书社，1992：924.
② 无名氏.诸儒鸣道：卷44：伊川先生语十二 [M].济南：山东友谊书社，1992：952.
③ 无名氏.诸儒鸣道：卷22：二程先生语二之三 [M].济南：山东友谊书社，1992：445.
④ 邵雍.皇极经世书：观物外篇上：后天周易理数第六 [M].卫绍生，注解.郑州：中州古籍出版社，1992：364.
⑤ 无名氏.诸儒鸣道：卷4：正蒙：神化篇 [M].济南：山东友谊书社，1992：100.

三、儒学学术

在"天者理也"这点上，朱熹的理解与二程完全一致。如说"'动以天'之'天'，只是自然"①，"言天使者，天理当然，若使之也"②，这样的议论很多。

朱熹之所以特别重视"天"，是因为它至刚至正，其大无外，不仅不同于自然界中任何别的实物，而且是孕育万物包括人的摇篮。例如，他第一次明确地把物质之天作为人性的直接来源，从实证的角度阐明了天理转化为性理的具体细节，从而为理学心性论提供了新的更为完备的本体化论证。"天"在朱熹的自然观中确乎具有不可替代的特殊地位。

从以上梳理不难看出朱熹自然观的特点：1. 对自然的总体认识比较模糊，没有专门的概念，而是将其夹杂在对天人万物的探讨中，因而缺乏一般性论述。2. 在"理气论"本体论和生成论框架内，自然与人类社会皆为理气自身运动的产物，遵循着共同的一般规律。3. 自然具有不同于人类社会的个别性与特殊性，这是源于气禀的差异。4. 无论对于自然还是人类社会，"天"都具有不同寻常的特殊地位。

朱熹的自然观与中国传统的"元气说""阴阳五行说"和"天人合一"思想及儒家哲学一脉相承，又有新的发展。在"元气说"和"阴阳五行说"基础上，朱熹发展出"理气论"，用以解释世界的本质和本原。在"天人合一"思想基础上，朱熹发展出理学天人论，即"乾坤父母，民胞物与"。这一思想完美体现在他所极力称道的张载《西铭》中。③ 关于天人关系，朱熹

---

① 黎靖德. 朱子语类·卷27 甘节录 [M]. 王星贤, 点校. 北京：中华书局，1986：674.
② 朱熹. 四书章句集注：孟子集注：卷9：万章上 [M]. 北京：中华书局，1983：310.
③ 《西铭》乃《正蒙·乾称篇》之首段，原文云："乾称父，坤称母，予兹藐焉，乃混然中处。故天地之塞吾其体，天地之帅吾其性。民吾同胞，物吾与也。大君者，吾父母宗子；其大臣，宗子之家相也。尊高年，所以长其长；慈孤幼，所以幼其幼。圣其合德，贤其秀也。凡天下疲癃残疾、惸独鳏寡，皆吾兄弟之颠连而无告者也。于时保之，子之翼也。乐且不忧，纯乎孝者也。违曰悖德，害仁曰贼。济恶者不才，其践形惟肖者也。知化则善述其事，穷神则善继其志。不愧屋漏为无忝，存心养性为匪懈。恶旨酒，崇伯子之顾养。育英材，颍封人之锡类。不弛劳而底豫，舜其功也。无所逃而待烹，申生其恭也。体其受而归全者，参乎；勇于从而顺令者，伯奇也。富贵福泽，将厚吾之生也。贫贱忧戚，庸玉女于成也。存吾顺事，殁吾宁也。"见张载. 张载集：正蒙：乾称篇 [M]. 章锡琛, 点校. 北京：中华书局，1978：62-63.

125

的自然观虽主张主客统一,强调事天法天,但也认为人为万物之灵,主张裁成辅相,赞天地之化育,"为天地立心,为生民立命,为往圣继绝学,为万世开太平",① 体现了儒学鲜明的入世特色,而有别于本土道家的出世倾向。道家是自然主义,人向自然回归;朱熹是人本主义,自然向人生成。它也不同于外来的佛教,佛教是虚无主义,立足于"空";朱熹是现实主义,立足于"实"。

  总之,朱熹将宇宙看成"理—气"自身永恒运动的整体,既阐述了自然、社会和人的普遍规律,又揭示了自然的特殊规律,内容丰富,论述精深,特色鲜明。其对中国传统文化自然观的继承和发展,在中国自然观发展史上的地位和影响,有待进一步展开深入研究。

---

① 张载.张载集:拾遗:近思录拾遗[M].章锡琛,点校.北京:中华书局,1978:376.

超越"内圣外王":重新审视宋代文人治国的政治功效

郭海龙　徐红霞

中央党史和文献研究院(中央编译局)

北京市海淀区人社局

摘　要:宋代文人治国优点突出,为后世津津乐道。同时,宋代文人治国存在严重的弊端,与文人治国伴生的朋党之争流毒甚远:宋、明的亡国在一定程度上与文人治国伴生的党争密切关联。文人治国背后的政治哲学是"内圣外王"或"哲学王"假说,这类理论模型存在重大缺陷。因此,必须通过理性的程序设计,通过智库等途径,协调科学决策与利益表达之间的关系,弥补和克服"内圣外王"假说的不足,发挥知识分子优势,避免文人治国的弊端,促进长治久安。当今时代,宋学等传统优秀文化研究应跳出故纸堆、承担时代责任,并积极适应科技发展、全球化,实现马、中、西结合,创造新儒学,从而更好地拥抱知识经济时代。

关键词:文人治国;利弊;内圣外王;智库;利益表达

古今中外历史上,诸如梭伦改革、商鞅变法、万历新政、摊丁入亩、明治维新等改革变法,一般都会导致国家强大。但是,历史上也有不少变法没有成功,尤以唐朝王叔文新政("二王八司马"[①]事件)、宋朝庆历新政、王安石变法比较突出,这些变法,不但没有使国家强大,反而加剧了社会矛盾,加速了政治衰败。种种结果,让人们对改革、变法充满了疑惑。与此同时,安史之乱后,从中唐到宋代中期,王朝内部门阀世家政治(宗藩体系余

---

① "二王八司马"指的是唐顺宗年间推行一系列善政的一批革新派官僚士大夫,主张打击宦官势力、革新政治。其中的"二王"指王叔文、王伾,"八司马"指韦执谊、韩泰、陈谏、柳宗元、刘禹锡、韩晔、凌准、程异,他们在改革失败后,俱被贬为州司马。

波）逐渐转变为宋代平民政治之上的君主专制，文化也随之从贵族文化过渡到平民文化，这一变革被称作"唐宋变革"①。唐宋之变与变法失败同时发生，人们不禁会问，这二者之间有没有必然联系？经分析认为，二者都是科举制度等一系列因素产生的结果，而宋代的特殊性则在于放大了科举制在唐宋之变中的作用。具体来说，唐宋之变的产生因素：一是科举制度完善；二是宋太祖制定了"不杀士大夫"等祖宗家法，使得皇帝与士大夫共治天下；三是宋太宗雍熙北伐失利，偃武修文，撰修《太平广记》《太平御览》，为全社会确立价值导向，用文治代替武功塑造意识形态合法性，大大强化科举考试进入官场的价值，强化了庶族文人政治地位。从中唐到宋代，文人治国模式逐渐成熟，其拥有巨大优势，但是也存在明显的弊端，并非尽善尽美。在治国中，应当崇文与宣武并举，建立知识分子发挥才能的科学程序，才能避免宋代文人治国的弊端。

一、宋代文人治国的利弊

提起宋代，人们对其存在截然相反的两种印象。一种认为宋代积贫积弱，在对外战争中总是吃败仗，两宋均灭亡于外敌之手。另一种认为宋代繁荣昌盛，宋代GDP总量占当时全球的三分之二，人均GDP全球最高。其中，"皇帝与文人士大夫共治天下"，②中华文化"造极于赵宋之世"③更是为人所津津乐道。这两种观念各执一词，也都有支撑各自观点的论据。

这两种截然相反的观点之所以同时存在，是因为论者立场、视角存在差别。第一种观点认为宋代积贫积弱，对外军事斗争远远不如汉唐盛世，是从政治尤其是军事方面讲的。第二种观点反映了经济文化视角。实际上，二者是有机统一的：宋代自宋太祖立下"不杀士大夫"的祖训后，知识分子享有"帝师"等崇高地位、优渥待遇，因而最大限度地发挥了知识分子的积极性和创造力，塑造了文化上繁荣昌盛的局面。知识分子在古代历史上达到了最

---

① 罗祎楠.认识论视野中的唐宋变革问题［J］.北京大学学报（哲学社会科学版），2022，59（4）：97-107.
② 杨世利.近二十年来宋代士大夫政治研究综述［J］.中国史研究动态，2008（4）：8-14.
③ 陈寅恪.邓广铭《宋史职官志考证》序［M］//金明馆丛稿二编.上海：上海古籍出版社，1982：245.

高地位。同时，在宋代，相比于知识分子的优越地位，农、工、商、兵则处于"万般皆下品"的位置，而重文抑武也使得将帅在宋代遭遇悲惨。唐末藩镇割据和五代十国军事政变导致政权更迭频仍，因此宋代明确采取了重文抑武的政策。宋代杨家将和狄青、岳飞等名将结局都比较凄惨，在很大程度上是宋代重文抑武政策导致的。从宋代起，"好铁不打钉、好男不当兵"的说法开始形成，永恒地改变了中国人的性格和气质。中国自古到宋初的尚武精神荡然无存，出将入相的情形几乎绝迹，形成了文人治国掌握政权的局面，这一情形的优点和缺点都十分鲜明。

（一）宋代文人治国的优点

一是发挥了文人的聪明才智，通过完善道德体系促进了政治清明，避免了军事政变。早在春秋末年，孔子的杰出弟子子贡以"一言以兴邦、一言以丧邦"的非凡外交智慧表现，达到了"子贡出，存鲁，乱齐，破吴，强晋而霸越"（《史记》）的效果，充分体现了文人的聪明才智。汉初三杰萧何、张良、韩信都是杰出的知识分子，奠定了兴盛四百年的汉朝制度基础。唐初房谋杜断，更是奠定了大唐盛世的基业。宋代开国宰相赵普"半部《论语》治天下"，明代王阳明和清代曾国藩以儒学造诣成就文治武功，皆被视为文人治国的典范。宋代这方面则登峰造极，营造了文人发挥聪明才智的良好氛围，促进了政治清明。宋代之后，尤其是宋代程朱理学的形成，使得中国儒家的学说体系变成了全民尤其是士大夫的行为准则，古代中国篡权行为明显少多了，甚至几近消失。这不得不说是宋代重文抑武政策以及程朱理学的功劳。强调三纲五常的程朱理学，使得"君臣、父子、夫妻、兄弟、朋友"等五伦关系形成了明确的准则。忠君爱国成为一个人最高的行为标准，这从道德心理层面抑制了将帅发动叛乱的可能。久而久之，从意识形态层面巩固了政权，达到了"心治即国治，心安即国安"的效果。此外，在宋神宗之前，宋代以范仲淹、王安石为代表的文人继承了汉代以来文人儒生经世致用的传统，普遍具有济世安民的抱负，从而提出、延续并发扬了忧乐关乎天下的传统。这种学统上的优良风气促进了北宋前期的政治清明。

二是文化繁荣昌盛。宋代处于中华古代文明的巅峰，这很大程度上得益于文人治国的政策。宋代文化和之前相比发生了骤然变化，以前强调上层贵族精神生活的文化逐渐趋于平民化，适合平民阅读的平话——小说的雏形开始萌芽，市民阶层逐步形成，并出现了类似西方文艺复兴时期的文化现象，被称作"近世化"①，即向近代资本主义迈进的过程，其实是世界范围内最先出现的资本主义征兆。虽然宋朝对外战争表现不佳，但是软实力首屈一指，有人甚至在"纳岁币"一事上进行过度解读，认为宋朝虽然向辽、金、夏贡献了岁币，但是，这是一场"货币战争"，②而且辽、金、夏、大理等政权都成了大宋的经济文化附庸：使用大宋的货币，模仿大宋的官制。甚至有人推断，如果元帝国没有吞并南宋，同样会很快汉化。这虽然是过度解读，但也从侧面反映出大宋强大的软实力。

（二）宋代文人治国的弊端

宋代政治最突出的特征是文人治国，如上所述，虽然文人治国有着巨大的好处，但是存在着明显的弊端。

一是国防意识和政治远见存在严重不足。两宋时代，最初为了防止五代十国政权更迭频繁，永葆赵家江山，宋太祖采取了两方面的措施以"强干弱枝"，可归纳为文武两个方面。武的方面，一方面接受赵普"惟稍夺其权，制其钱谷，收其精兵，则天下自安矣"的建议，通过"杯酒释兵权"消除了自从安史之乱以来地方割据、藩镇坐大的直接原因；另一方面强化禁军，并通过枢密院、布兵图等方式造成"兵不识将、将不识兵"的局面以直接控制禁军，消除禁军发动类似"陈桥兵变"政变的可能。文的方面，则派文官主政地方，节度使不再掌握实权；树立"不可杀士大夫"的祖训，采取重文抑武的方针。这样做固然强化了中央集权，宋代因此被认为是向绝对君主制过渡的重要时期，但是，这些举动却大大降低了将帅和士兵的积极性，严重削弱了国防实力。

两宋时代，经济实力在世界上首屈一指，远远胜过辽、金、夏、元等少数民族政权，却在对这些少数民族政权的战争中，处于被动挨打的地位，北宋和辽国不得不签署城下之盟；北宋亡国于金国；南宋对金国割地赔款，最后又亡国于元帝国。两宋对外战争屡吃败仗，不得不通过纳岁币方式，以金钱赎买和平。久而久之，人们就习以为常了。北宋初期，澶渊之盟签订之

---

① 李济沧．"宋朝近世论"与中国历史的逻辑把握［J］.中国经济史研究，2017（5）：77-86.

② 宋朝的货币战争［EB/OL］.养身心 观天下微信公众号，2016-09-08.

时，宰相寇准还顾及国家体面，要求谈判者不要做太大的让步，岁币控制到了每年30万缗；到了北宋"元祐更化"之时，当朝宰辅司马光甚至提出了割让土地换取与辽国和西夏苟安的主张。理由是"君子怀德，小人怀土"（《论语》），君子在德不在土，其迂腐由此可见一斑。总之，国防能力和政治远见在一帮文人墨客手中变得十分差，中原王朝受到前所未有的军事挑战。

二是党争此起彼伏导致国势每况愈下。文人治国与历史上的党争存在天然关联。中国历史上的党争，先秦不可考。战国时期，纵横家在各国游说导致"合纵""连横"的争论已经有党争端倪。东汉时期，宦官、外戚之间争权夺利，党争已经出现，"党锢之祸"则是有记载的第一次以"党争"为重要内容的标志性事件。不过，在中唐及以前，党争并不是政治斗争的主流，政治斗争往往伴随着世家大族的武力角逐。中唐、晚唐以后，随着科举制度的完善，庶族地主崛起，世家大族衰微导致私人武装废弃，政治集团之间武力斗争变得不现实，朝堂之上党争逐渐成为政治斗争的重要组成部分。牛李党争是这一时期的典型事件，这使得唐朝政治在安史之乱后更加混乱不堪。随后的五代十国军事政变频仍，到了宋代，统治者吸取教训，确定了重文抑武的方针，文人政治成为主流，党争才变成政治生活的主流。历史上，党争在宋代中后期和明代中后期比较突出。宋代熙丰—元祐党争是北宋走向衰亡的标志性事件。明代清流与循吏、东林党与阉党之间的斗争也严重影响了晚明的政治局势，甚至也成了南明小朝廷的痼疾，导致南明难以像南宋那样延续国祚，快速走向了灭亡。清末光绪年间，帝党与后党之争，使得洋务运动、戊戌变法、"新政"等受到重大影响，加速了清朝的灭亡。

党争导致政治衰败。除了宋代党争导致变法失败外，汉末、晚唐、明末、清末的党争，皆使这些朝代陷入严重内耗。一般情况下，争论，尤其君子之争，无伤大雅，然而，一旦朝政分歧过于理想化，就容易导致过分自信，如果夹杂着私人恩怨，便更容易成为祸害。王安石、司马光都是君子，却不守中庸之道，分别被称作"拗相公""司马牛"，导致熙宁元丰改制—元祐更化—绍圣之变等以年号为标志的事件，新党与旧党纷争不断，官不聊生的同时民不聊生，国力严重内耗。苏轼乌台诗案，开宋代文字狱先河；蔡京、童贯、高俅等人打着变法的幌子，巧立名目，剥削百姓，逼良为娼，导致宋江、王小波、方腊等人揭竿而起，宋代统治陷入合法性危机，风雨飘摇,最终亡于女真之手。南宋末年,党争同样此起彼伏,一些派系以庆元党禁等方式禁止朱熹及其门人参政,对政治和学术都产生了不利影响。尽管文人治国存在弊端,但是一概以党禁处之,是因噎废食,严重失之偏颇,损害了文人士大夫报国安邦的积极性。

二、文人治国弊端产生的原因分析

如上所述,宋代文人治国存在优势,也存在很多弊端,产生弊端的原因主要有如下几点:

(一) 文人秉性使然

一是清高、自负、自命不凡,格局不够。正如魏文帝曹丕所说,"文人相轻,自古而然"(《典论·论文》)。在术业有专攻的一些文人心中,自己掌握了某种其他人都不会的独门绝技,以此可以"遗世而独立、羽化而登仙"(苏轼《前赤壁赋》),傲视苍穹。在这种心态的影响下,文人很容易产生"老子天下第一"的观念,卓尔不群,同时却恃才傲物,甚至狂放不羁。这种情形下,文人智慧而多疑,多疑而对其他人,尤其是政见不同的人缺乏信任。思维过于理想化、固执偏激;食古不化、教条主义,存在极端化倾向。在用人方面,重用所谓志同道合者,并理想化地党同伐异,非志同道合者得不到重用、一再贬斥。在宋代文人治国环境下,此类表现尤甚。王安石和司马光都是道德上无可挑剔的君子,然而,正是他们过于自信,造就了宋代最大的党争,庙堂之上良莠不齐,在"劣币驱逐良币"[①]的恶性循环下,一些正直之士被迫远离朝堂。苏轼文采(文化才华)、干才(政治才能)卓越,却因秉持中庸之道,受到新党和旧党的轮番打击,屡屡遭受压制,始终未能久居权力中心,宋仁宗为子孙选择的宰相之才,就这样被埋没。而与此同时,大宋则在党争中每况愈下,以至于无力回天。

二是重名轻实,好钢未用到刃上,国家负担太重,冗员太多。受儒家所谓"名不正则言不顺,言不顺则事不成"(《论语》)思想影响,很多文人讲究"正名"。过于追求正名,喜欢摆谱,舞文弄墨、繁文缛节,把太多物资、民力、财力耗费在各种排场仪式上,损耗国力。例如,号称"风华绝代

---

① 马慧. 干部选用中"劣币驱逐良币"的成因及防范之策 [J]. 领导科学, 2018 (7): 15-17.

词中帝"的南唐李煜曾经设立专门管理笔、墨、纸、砚的官员；无独有偶，"百事皆能，独不能为君"的宋徽宗也有类似的设置。这种与国家大事无关的设置显然陷入了无限制的机构膨胀之中，只会加重百姓的负担和疾苦，不利于政权稳定。从这个角度来看，宋代因文化经济发达、政治军事孱弱而被称作"大号版的南唐"，确实不无道理。过于重视繁文缛节和细枝末节，过于精致的制度容易产生"过度文明"，进而抑制变革。[①] 中国历史上，从孔子开始，大量熟读诗书的儒家学者基本上都是守旧派，对于社会变革或改革变法持抵制态度。孔子强调"克己复礼"以维护西周初年以分封制、嫡长子继承等为主要内容的秩序，对于当时出现的礼崩乐坏深感忧虑。后世王莽执政获得最高权力后，异想天开地要恢复"井田制"等古代制度，导致政权紊乱、崩溃。事实上，文人容易清高，必须满足各种礼节的要求才肯为国家、为社会效力，这种对繁文缛节和细枝末节的过分重视，导致制度过分精细化，这不利于制度保留一定的弹性以适应客观经济、政治、社会形势的变化，久而久之，制度就会不适应社会发展，产生"过度文明"，进而抑制变革。

（二）政治竞争缺乏文明的制度规范，陷入朋党政治

由于缺乏制度规范，宋代文人群体之间的斗争，最初还是君子之争，后来则恶化到了残酷斗争、无情打击的地步，导致内耗严重，最后加速了北宋的灭亡。在元丰、熙宁年间，新党执政，王安石作为一代鸿儒，比较有雅量，对于司马光等守旧派并无迫害，而是尊重司马光的意愿，让其在洛阳编书，因此才有了鸿篇巨制《资治通鉴》。但是，待到王安石下台，司马光秉政，事情就起了巨大变化，司马光对吕惠卿，章惇对苏轼，蔡京对司马光、章惇都进行了无情打击，甚至司马光被蔡京列为《元祐党籍碑》中的奸党之首，责令天下州府都刻此碑，贻害甚广。变法与守旧的政策之争，到了北宋后期已经完全蜕变为朋党之争。文武卓越之人得不到重用，诸如蔡京等投机钻营之辈以及一些毫无主见的庸碌之人秉持朝政。"庙堂之上，朽木为官"，结果是国事糜烂，对内政治昏暗不明，压制甚至是迫害人才；朝堂之下，没有把才能用在富国强兵上，而是浪费在党争之中，导致经济总量居全球第一

---

① 郭海龙，徐红霞. 文明钟摆周期律视角下的世界社会主义[J]. 中国延安干部学院学报，2020，13（1）：79-88.

的大宋对外妥协软弱。被混乱的朝政把国家折腾得积贫积弱，致使两宋皆亡于外族之手。

（三）用人路线不成熟

从宋代起，伴随着庶族地主的崛起，"朝为田舍郎，暮登天子堂"的做法已经司空见惯。这使得很多政治人物毫无基层或地方执政经验，凭借所谓的书本知识，就直接进入权力中枢，贸然执政。其执政必然是纸上谈兵，比如司马光。著书19年，一朝出山，就担任宰相。这导致其对王安石变法不甚了解，而在缺乏调查研究的基础上，全面废除新法，引发了朝政动荡。古训"宰相必起于州郡，将军必发于行伍"（《商君书》），在宋代中后期荡然无存。这种人才路线可以说是断送大宋江山的组织路线因素。

另外，虽然王安石起身于州郡，在成为宰相之前，曾经在地方任职多年，而且身体力行推广新法，并取得了成效，但是，王安石担任宰相之后，由于急于求成，听不进逆耳之言，缺乏调查研究，提拔重用了大量阿谀奉承、投机钻营之徒，导致变法队伍中鱼龙混杂。那些心术不正的新法执行者，利用新法的漏洞从中渔利，严重影响了变法威信，也为顽固守旧势力攻击变法提供了口实。

可以说，当时的用人路线在人才成长和提拔方面的偏差和错误，严重影响了文人治国的效果，并且加剧了党争，放大了文人治国的弊端。

（四）程朱理学自身存在的不足影响了时代风气

反思宋朝的文人治国，程朱理学是一个绕不开的话题。理学的开山鼻祖周敦颐是一个品行高洁的君子，其学说为程颖、程颢兄弟和朱熹发扬光大之后形成了程朱理学。程朱理学在政治上主张统治者代表"天理"，用三纲五常统治社会，要求各个阶层"存天理、灭人欲"。这其实是将孔孟之道、封建伦理纲常进行了伦理化和法制化，变成了人们遵从的道德和律法。在统治者看来，这确实是一个有利于统治的学术主张。因此，在朱熹之后不久，宋代正式把程朱理学定为官方意识形态，时任皇帝赵昀庙号封为"宋理宗"，就是对程朱理学推崇的表现。这一官方做法为明、清等后世王朝所继承。实质上，程朱理学是对汉代"朴学"的一种反动。把理论上汉唐崇文、尚武的健全人格，变成了佞文厌武的偏狭人格，中断了北宋前期经世致用的儒学传承，影响了中国人尤其是南方人的性格。佞文厌武使得北宋中后期和南宋的执政者格局狭促，无容人雅量，不敢启用辛弃疾、陆游等仁人志士，对外则频频战败，无力抵御外族入侵，造成了外族第一次全面占领华夏的局面。秉承程朱理学的明代同样也在后期陷入了党争之中，造成了外族第二次全面占领华夏的局面。这样的后果，不得不说与佞文厌武的统治术密切相关。

由此看来，官方意识形态的选择至为关键。同一时期的日本，则摒弃程朱理学，引进陆王心学，吸收了他们认为的中华文明的"精华"，为近代通过明治维新实现富国强兵奠定了思想基础。近代日本能迅速崛起为与欧美并驾齐驱的列强，基本归功于明治维新。但明治维新能够成功，究其原因并不是因为明治的政治手腕有多少过人之处，也不是因为德川家族无能，而是因为当时推动明治维新的西乡隆盛、伊藤博文、东乡平八郎等很多重要人物都充分效法了王阳明。尤其是东乡平八郎，更是"一生俯首拜阳明"。王阳明的思想是当时日本的"开国""维新"和"独立主权"者，用以反对"锁国"维持封建的传统观念的有力的思想武器。

三、超越"内圣外王"，完善专家治国

宋代文人治国导致饱学之士过分自信，甚至自负，以致党争不断，其哲学渊源在于儒家的"内圣外王"，自以为是、排斥异己。文人相轻，自古亦然，是党争的根源。"内圣外王"与古希腊的"哲学王"思想十分相似①，都具有缺陷，应当予以克服。

(一)"内圣外王"或"哲学王"存在的缺陷

从哲学角度来看，文人治国的理论根源在东西方都存在。在西方，古希腊柏拉图的"哲学王"主张是其源头；在东方，中国的孔孟之道"内圣外王"主张和"哲学王"异曲同工。通过前文对文人治国弊端的分析，我们不得不反思"内圣外王"和"哲学王"存在的缺陷。

第一，哲学并非尽善尽美，生搬硬套容易出现偏差。从辩证唯物主义认识论来看，任何学说，包括儒家学说以及西方的哲学思想，都是一种理论体系。理论始终是对实践经验的总结和描述，与实践总是存在着或大或小的差距。从这个意义上来说，"实践为体，理论为用"是对这种情况的典型概括。

---

① 李月园. 试比较内圣外王与哲学王：关于理想政治 [J]. 才智, 2016 (16): 215.

要是从哲学或者儒家思想出发去从事政治活动，会陷入教条主义或本本主义，脱离实际，甚至会陷入空谈和扯皮，空谈误国、实干兴邦，就是针对这种现象提出来的。拘泥于某种理论，容易纸上谈兵，给国家和人民带来损失。

第二，哲学家也有自己的利益，难以完全不偏不倚。法国著名生物学家巴斯德说过一句名言"科学无疆界，学者却有自己的祖国"。这句话，也适用于哲学家，"'思想'一旦离开'利益'，就一定会使自己出丑"[1]。无独有偶，人们经常批评一些著名的大学培养出了"精致的利己主义者"[2]，就是因为著名的大学虽然教育了很多人，有些人学富五车、学贯中西，但是，他们也得衣食住行婚丧嫁娶，他们也有自己的利益，想当然地认为经历过高等教育的人就是道德完人，这是一种脱离实际情况的表现。同样，宋代文人治国，也会考虑自己和自己集团的利益，从而结成利益共同体，即结党营私。而且，由于文人钻研文墨，有的善于舞文弄墨、数黑论黄，有的人甚至成为直接害死周亚夫、李广等名将的刀笔小吏，使得朋党政治之争愈演愈烈。

第三，政治不仅仅是哲学辩论，更是利益综合、利益博弈和利益妥协。哲学往往追求真，而政治则不同，要追求的是利益平衡。只有利益平衡了，社会关系才能和谐。这种操作，不是哲学辩论就能解决的，而是需要身体力行，制定各种平衡利益的规则。从本质而言，政治是不同群体之间的利益表达和利益综合，只有共赢才能促进共生和谐。如果仅仅靠哲学原则解决问题，那么会严重违背政治规律，小则政治混乱，大则国家倾覆。例如，王莽改制就是简单问题复杂化的一个典型，结果是治丝益棼，乱上添乱。从马克思·韦伯的政治统治合理性角度而言，"哲学王"或"内圣外王"更接近于克里斯马型统治，只是这种魅力源于哲学家通达的气质。然而，并不是哲学家就一定通达，一定具备克里斯马型统治所需要的超凡魅力。因此，其统治往往难以持久。而且，哲学家容易把简单问题复杂化，使得人们难以适应其复杂的统治哲理，无所适从，久而久之，必将产生某种脱节，从而偏离正常的政治发展轨道。由此看来，"人人皆可以为圣"的理想过于虚无缥缈，让

---

[1] 马克思恩格斯全集：第2卷[M]. 北京：人民出版社，1958：103.
[2] 史文祺，穆佳滢. 伪装与展演：青年"精致"利己主义审思与探幽[J]. 理论导刊，2021（3）：105–111.

很多人觉得伦理道德说教高不可攀,遂变通以求心安,出现了"满口仁义道德、满肚子男盗女娼""三年清知府、十万雪花银"的两面人、伪君子。

(二)克服"内圣外王"弊端的建议

鉴于这些原因,应着重从以下几个方面着手去克服"内圣外王"导致的种种弊端。

第一,完善智库机制,让知识分子通过智库机制发挥决策咨询作用。文人治国之所以出现种种弊端,从决策层面来看,主要是因为决策系于文人政客一人之手,而要使国家长治久安,完全依赖文人不行,离开文人的聪明才智更不可行。因此,应当既要发挥文人的聪明才智,又要避免文人治国的弊端,于是古代的智囊、军师,现代的智库应运而生。通过智库机制,既能让决策层看到专业的分析,又能避免专家局限于某一领域的"高、精、尖"而对其他领域盲目无知导致的决策失误,可谓一举两得。文人雅士本身就应立足于传承和发扬光大文明等本职工作,至于参政、秉政,并非大多数文人雅士的强项。实际上,政治史往往是学术与权术交织较量的历史。从国家层面讲,缺乏代表真理力量的学术,只会是玩弄权术的政客主导政局,将会是指鹿为马、万马齐喑的昏暗污浊局面;反之,只有文人雅士在凭意气、兴趣治国理政,则会出现如宋代、南唐那种因过于精致而导致的矛盾重重、国家积贫积弱的局面。从群体层面讲,文人雅士如果"处江湖之远"(范仲淹《岳阳楼记》),则"鸾鸟凤凰,日以远兮;燕雀乌鹊,朝堂坛兮"(屈原《涉江》),君子志消、小人志长;文人雅士如果秉政,则必须变换气质才能促进政治安定,这是因为"圣人无常心,以百姓心为心"(《道德经》)。然而,"江山易改、秉性难易",文人气质一旦形成,就形成了思维定式和惯性,难以摆脱自我和本我,更难以达到"超我"。因此,最佳策略是,重用能改变气质投身政治的个别文人,如管仲、张居正、曾国藩等,即诸葛亮舌战群儒之时所提到的"君子之儒"[①],让他们成为国家的栋梁之材;对于大多数难以改变气质、格局狭促的文人,应当把他们置于参谋、门客的位置,让他们提供真知灼见,用于决策咨询。如果能够区别对待这两类文人,实现权术服从和服务于真理(学术),同时以制度约束文人和政客的私欲,从根

---

① 高培华."君子儒"与"小人儒"新诠[J].河南大学学报(社会科学版),2012,52(4):33-39.

源上消除党同伐异，则民族幸甚、国家幸甚！

第二，完善人才成长机制和评审、选拔机制，突出基层实干经验和业绩。正所谓，实践出真知、实践长才干。"纸上得来终觉浅，绝知此事要躬行"，朱熹的这句诗实际上强调了实践的重要性。人才的成长，尤其是政治人才的成长，离不开实践经验积累。一段时间以来，"三门"（家门、校门、机关门）干部总是出问题，就在于缺乏基层实践经验，对事情的发展把不准、吃不透。而选拔和任用干部突出基层工作经验有助于克服这一不足。这就需要加大干部交流力度，让从事理论工作的干部多去实干部门、基层锻炼，让实干部门和基层干部多去理论研究部门挂职，如此，则在干部培养过程中，实现理论与实践两手抓、相结合，从而相得益彰。

第三，明确政治纪律，用严明的法纪消除潜规则，消除宗派主义。宋代之所以党争无底线，就是因为文人治国缺乏刚性的约束，而宋神宗、宋哲宗等过于宽大为怀，对文人各种包容，甚至是纵容，导致党争此起彼伏，直接影响了朝堂局势。宋徽宗则沉溺于"瘦金体""千里江山图"等诗情画意之中，将政治委托给"六贼"，更是不负责任。要克服这一现象，就需要明确规则，对于触犯规则的人，无论地位多高、贡献多大，都应淘汰出局。用明确的规则消除潜规则，并用任人唯贤的原则，消除宗派主义、任人唯亲，从而用政治纪律和法纪塑造政治清明的局面。

四、余论

宋明时代，儒家宗教化，逐步形成道学，后来统称为理学，理学服务于唐宋以来的绝对主义变革。理学家群体主张以道统治国，并垄断了真理，以道学宗师的身份为空前强化的绝对君主制服务。而到了明代，王阳明则主张，每个人都可以自行研读并掌握真理，明体适用，类似于欧洲宗教改革路德教的主旨"因信称义"，即"信仰耶稣即可得救"[1]，人与良知、本心直接对话，不再通过道学家。明末清初，三大启蒙思想家主张经世致用，进一步否定君权，促进了内心解放，与西方启蒙思想的理性主义遥相呼应。而乾嘉训诂，是一种儒学的原教旨主义，与西方19世纪末主张"回到康德"，苏联

---

[1] 刘光顺. 成圣路径内化的中西差异：以马丁·路德的因信称义与王阳明的致良知为例[J]. 宗教学研究，2017（3）：244-251.

称霸时期东欧国家主张"回到马克思",有着异曲同工之效。

传统的道学过于强大,成为明清官方意识形态,以至明末清初昙花一现的经世致用思想被淹没在洪流烟尘中,中国古代历史没回答好"李约瑟之问",没突破孔孟框架,局限于圣人之学。宋代《梦溪笔谈》《营造法式》以及明代《天工开物》所提供的科技知识,在"万般皆下品,唯有读书高"的年代被认为是毫末技艺。四大发明中,火药用于鞭炮,指南针用于风水,造纸、印刷术用于寻章摘句、编纂古书,一切都在原有的轨道中不断循环,呈现出过度文明状态,缺乏开拓的动力。直到清末,外国人用坚船利炮打开国门,出现"三千年未有之大变局",才惊动了统治阶级,即便如此,戊戌变法也是"托古改制",足见理学统治的根深蒂固,直到新文化运动,才得以彻底改观。

即便如此,宋学仍然值得深入挖掘其当代价值,以促进马克思主义、西方外来学说与中华传统文化的相互结合。如今的宋学研究,应当注意以下两点:

一是不能皓首穷经于故纸堆,一味复古,而应树立研究的时代责任感。遍览儒学典籍,横渠四句"为天地立心,为生民立命,为往圣继绝学,为万世开太平"最有代表性,最能代表当代宋学研究的主旨。横渠四句沟通天地、生民、往圣、万世,达古通今、继往开来,可谓"仰观宇宙之大,俯察品类之盛"(《兰亭集序》),最能体现宋学研究的品格。

二是要推动宋学在内的中华优秀传统文化创造性应用、创新性发展。宋学内在的中华优秀传统文化创造性应用、创新性发展,应放在全球化背景下,放在IT与量子通讯、物联网、人工智能、5G等科技革命大潮下,放在全人类文明的大势下,通过华夏文明的现代化改造来整合古今中外,就像当年儒释道融合一样,实现中、西、马融合[1],创造出融合中、西、马的新国学。在这个过程中,应克服古代传统文化轻视科学技术的弊端,必须像哥白尼所说的那样"睁开双眼、面对世界",像屈原《天问》那样,在回答时代之问、人类之问、世界之问中,塑造出一批批究天人之际、通古今之变的大家,推动中华文明伟大复兴。而至于成一家之言,则是中华优秀传统文化创造性应用、创新性发展水到渠成后的副产品。

---

[1] 陆建华. 当代中国新哲学的建构路径:对中西马融合会通的反思[J]. 兰州学刊, 2014(6): 1-7.

天命双重意涵下的君权范式

——基于赵贞吉"人统"观念的考察*

陈伟良

上海财经大学浙江学院马克思主义研究中心

摘 要：明儒赵贞吉编纂内、外二篇，实际上是为了借助典籍之分类，供君主经世辅助之用。虽然赵贞吉最终未竟此功，令后人无法一窥内、外篇之全貌，但从现有的文献中，不难梳理出二篇的逻辑架构与理论进路。在二篇中，《统部》位居内篇《经世通》之《史通》门之首，其地位可见一斑。赵氏将"统"分为"天统""地统""人统"三层意思，核心在于"人统"。若对"人统"加以考察，"天命"便至少具有双重意涵：一方面，"人统"作为"代天而承统"[1]，是对君权合法性的确认，此是宗教性的一面；另一方面，"人统"作为"君道也，天命之所在也"[2]，是对统治者践行君道以证见天命的要求，此是道德性的一面。换言之，以"人统"为代表的君权统治，虽上承于天，却因君主自身的德行正劣而不葆有终极的必然性，"地统"的分合正是统治者是否有德的表现，更进一步则会威胁到"天统"之宗教意涵的权威。赵贞吉以入世、出世之不碍不忌的一体圆融来定义君主的身份，即是对此二重性的思考。实际上，赵贞吉的政治观，是中晚明时期"觉民行道"理念蔓延之际，儒家士人亦仍不放弃"得君行道"的集中展现。

---

* 基金项目：2021年度浙江文化研究工程重大项目"阳明后学年谱系列（第一辑）"，课题编号：21WH70085

[1] 赵贞吉.与少司马确庵论统部书[M]//四库全书存目丛书：集部100.济南：齐鲁书社，1997：602.

[2] 赵贞吉.与少司马确庵论统部书[M]//四库全书存目丛书：集部100.济南：齐鲁书社，1997：602.

关键词：赵贞吉；人统；天命；君权

自周以降，随着人文精神的觉醒与激荡，天所具有的宗教性不断衰弱，并由人格神的性质逐渐演变为道德法则性质，中国开启了"内在超越"的哲思进路，"天道"兼具了"超越义"与"道德义"双重意涵。[1] 心性的超越性并非预示着对天的宗教性的否定，相反，宗教性的天，在传统儒家的思想中仍有一席之地。特别是在面对"天子"时，这一明显带有宗教意味的身份是儒家士人所不能僭越的。因此，对于君权，儒家始终有一种紧张感：一方面不得不承认君权的合法性，另一方面又要为防止君权的滥用谋求出路，"天命"之宗教性与道德性的相互交织就尤为明显。赵贞吉（字孟静，号大洲）对"人统"的阐释，就集中表现了这一特点。

一、人统之宗教性：代天承统

在被问到编纂内篇的目的时，赵贞吉直言：

> 予意在备经世之法，俾愿治之主有所采择耳。《经》（按：《道德经》）曰："域中有四大，而王居一焉。"王即经世之主也。其位为统，其臣为传，其令为制，其事为志，其道为典，其德为行，其才为艺，其技为术，譬之于车，轮、辕、辐、毂、轴、盖、厢，一不备，非完车也。能知七部之书，皆以赞治而固其统。[2]

可见，内篇所载之八部，根本在于为首之《统部》，即是以供君主经世辅助之用。而其余七部，都由《统部》衍生而出，是作为"统"之概念的不同层面及表现的外化。赵贞吉将"统"作为车之整体，并将其余七部喻为车之各个构件，即是意欲以《统部》来涵摄内篇之其余七部的明证，所谓"能

---

[1] 牟宗三对"内在超越"概念有具体说明："天道高高在上，有超越的意义。天道贯注于人身之时，又内在于人而为人的性，这时天道又是内在的。天道既超越又内在，此时可谓兼具宗教与道德的意味，宗教重超越义，而道德重内在义。"参见牟宗三. 中国哲学的特质 [M]. 台北：学生书局，1974：30-31.

[2] 赵贞吉. 内外二篇都序 [M] // 四库全书存目丛书：集部 100. 济南：齐鲁书社，1997：598.

知七部之书，皆以赞其治而固其统也"是也。所以，至少就内篇《经世通》而言，君主之位、君王之道显然被拔高到了主导位置。

至于为何以《统部》为先，赵贞吉言：

> 予以为统者，君道也，天命之所在也，历数之所归也，九州之所往也，正朔之所自出也。夫子书"王正月，大一统也"，统不先王，何以经世？故其书先统。夫统者，围而无外之义，合而为一之名也。有天统焉，历数是也；有地统焉，九州禹迹是也；有人统焉，九州共主民所归往之一人是也。夫天统无变更也，地统有分合也，人统有正劣也。……所谓因人统有正劣，而后地统有分合者，此也乃予作统部之大凡也。①

"统者，君道也"再次点明了《统部》对倡扬君道的实际作用。赵贞吉还区分了天统、地统、人统三组概念：所谓"天统"，指的是岁时节候的次序；所谓"地统"，指的是九州华夏之疆土；所谓"人统"，即是君主自身。在赵贞吉看来，君道（"人统"）是天、地、人"三才"之核心，"人统"是"天统"所代表的"历数之所归"、"地统"所代表的"九州之所往"，体现在君主能应天时以定历法、居君位而统天下。此外，天时不可变更，地统却有分合，且地统之分合归根结底是由于人统之正劣，即君主施政的正确与否。因而，君主是"天命之所在"，君主的执政疆域是天所赋予的，扮演的是"代天而承统"的角色，赵贞吉以《统部》的论述将君主地位的正当性与合法性加以确立，体现了借由天之意而言君的宗教性一面，其言"气归于一人焉，则代天而承统而天必与之以九围之地"② 即是此意。

另一方面也要注意到，君主虽然"代天而承统"，且天"与之以九围之地"，但是"人统之正劣"即君主的执政方式，会直接关系到统治地位的稳固，以及"地统"之九州禹迹的统一，并最终危及"代天承统"的合法性地位。在这个意义上，"人统"之正劣与"地统"及"天统"的运势息息相关。

---

① 赵贞吉. 与少司马确庵论统部书 [M] // 四库全书存目丛书：集部 100. 济南：齐鲁书社，1997：602-603.
② 赵贞吉. 与少司马确庵论统部书 [M] // 四库全书存目丛书：集部 100. 济南：齐鲁书社，1997：602.

<<< 三、儒学学术

赵贞吉以〇指示"地统",无分无合,为九州之地的本然状态,"合九州而为一圆,相以著于甲子之下、每代之上,〇为地统焉"①。又"夫地统本无分合,因人统有正劣,而后有分合也"②,所以君主执政的中正与否,在"地统"的分合上有直接的印证。赵贞吉将"人统"的正劣归纳为"一、孛、蚀、既、彗、分"六种情况,并以图式一一对应不同执政方式下"地统"的表征:

圆圈中有著一画焉。⊖即一人也、一德也,天命人心之所归而正朔之所自出。……然正不可常继,必有劣,故继之以孛 ⊙。一变而为孛,孛者,太阳之戾气,人君失度之象也。孛必有逼而蚀者起,故继之以蚀。蚀有四义焉 ◐◑◒◓,上者母后之逼也;下者妃后宦官之逼也;左者强臣勋狄之逼也;右者权奸柄盗之逼也。逼蚀而不已,必既,故继之以既 ●,既则书统亡矣。……既而继以彗 ⊛,以彗即孛之戾气流毒而四溢也。……天命若定,则复为一,如其未定焉,则势必分,故彗以后继之以分 ⦀。自分而上至于孛皆称为劣。夫均一统也,正者一而劣者五,天人去留之际,世运否泰之机,皆系于一人焉。③

天命所定、人心所归在于君主的表现便是"一",这时君主能全幅发挥"代天承统"的角色而无所缺漏。但是君主终究只能代天,而不能僭越成为天本身,所以就政治的角度而言,君与天之间始终相隔一线。当君主之作为失度无章时,天命之于君主的意涵就会逐渐流散,一旦君主失德而不配位,随之便有"孛、蚀、既、彗、分"等种种劣迹显现,反映在"地统"上即是国之疆域、国之人心不断分崩离析的过程。就此,"人统"之正劣的流转,实质上可以看作"代天承统"的宗教性因君主个人之作为不断损益的过程。

赵贞吉以"代天承统"的命题,在宗教性的意义上对君主的统治权加以

---

① 赵贞吉. 与少司马确庵论统部书[M]//四库全书存目丛书:集部100. 济南:齐鲁书社,1997:602.
② 赵贞吉. 与少司马确庵论统部书[M]//四库全书存目丛书:集部100. 济南:齐鲁书社,1997:602.
③ 赵贞吉. 与少司马确庵论统部书[M]//四库全书存目丛书:集部100. 济南:齐鲁书社,1997:602-603.

确立。但是"人统"的正当性与核心性并不是借以凌驾于"地统"与"天统"之上的倚仗，恰恰相反，正因为君主不能恒久葆有天命，"人统"的地位实际上并不牢靠，一旦走作倾覆，危及的不仅是自身的统治，还关系到世运生民的福祉。故而，赵贞吉言"天人去留之际，世运否泰之机，皆系于一人焉"。

二、人统之道德性：以德配位

从赵贞吉对"代天承统"的解释，我们很容易引申到另一个面向：正因为"统者，君道也，天命之所在也"，所以君主实际上是代天行事，而如何让天命在自己身上流转以保持"人统"之正位，就是君主所面临的首要问题。

实际上，赵贞吉以类似宗教性的天命为由在建构"人统"之合法性基础上，已然对君主的权力本身在道德性上下了一道枷锁，而后者，正是"人统"的另一层意涵：践行君道，以德配位，以见天命。此时，"天"的角色便由人格神性质转变为道德性质，"天命"的概念也由传统意义上的命定，延伸为道德的命。其实，这种"宗教人文化"的进路，自春秋时代就已展开，正如徐复观所言："天既为道德性之天，神也是道德性的神，则传统的'命'，除了一部分已转化而为运命之命以外，还有一部分亦渐从盲目的运命中透出，而成为道德性格的命。"[1] 作为君主，纵然具有"代天承统"的神圣地位，但却始终不能摆脱作为"人"的存在。因此，宗教性的天命无法使君主以支配者的身份跃居于万民之上，相反，天命相互交织的特殊性决定了君主理应对道德性的天命怀有更高的自觉，此不仅是维系自身统治的要求，更是作为现实的"人"的需要。赵贞吉一面说"九州共主，民所归往之一人"，一面说"以一人治天下，不以天下奉一人"[2] 的用意，也就不难理解了。

经筵日讲的经历，可以说是赵贞吉直接面对穆宗进行道德教化的良机，

---

[1] 徐复观. 中国人性论史：先秦篇 [M]. 上海：上海三联书店，2001：49.
[2] 赵贞吉. 日讲直解 [M] // 四库全书存目丛书：集部100. 济南：齐鲁书社，1997：386.

也是其践行儒家"得君行道"抱负的政治舞台。① 他以"先自治而后治人"②的基调奠定了君权统治的基本方式,并将天下治乱兴衰归于君主一人之德行操持,自此,君主之道德修养就具有了重要的现实意义。

赵贞吉毫不避讳地对君主剥削民众的做法进行了反驳:

> 若为君者,惟知剌剌小民以供奉一己纵意之费,将见民生既贫,君不能独富而国因以危,犹之割肉以克腹,其腹虽饱,而身则随毙矣,可不戒哉?由是知人君之患非自外来,当由身出也。③

君主与民众是肉身一体的关系,若君主为满足一己之私欲而搜刮无度,就如同"割肉以克腹",虽能图得一时之安乐,但最终难免落得"腹饱而身毙"的结局。在赵贞吉看来,君民之间是一荣俱荣、一损俱损的整体,而影响或荣或损的因素,多归于君主自身修养的高低。治国之术不需外求,只要在自己身上用功即可,所以他说"人君之患非自外来,当由身出也"。

至于如何用功,赵贞吉直言:"平天下者,惟当以明德为先。"④ 何谓"明德"? 他说:

> 天之生人,本有善而无恶;人之良心,本好善而恶恶。但人虽知善之当为而不肯着实为善,虽知恶之当去而不肯着实去恶。自家欺瞒了本心,意何由诚,身何由修乎? 君子诚意的工夫只是要禁止这欺瞒不实的心,其恶恶也就如恶恶臭一般必欲去之而后已,其好善也就如好好色一

---

① 赵贞吉从事经筵日讲,始于隆庆元年(1567)八月,止于隆庆四年(1570),讲授的主要内容出自《尚书》《大学》《论语》等经典,《赵文肃公文集》卷九至卷十五有载经筵日讲的主要内容。对赵贞吉经筵日讲的研究,亦可参见阚彬. 立教当世、交游天下:论赵大洲的教育活动与社会交往[D]. 四川:西华师范大学,2016.
② 赵贞吉. 进讲录[M]//四库全书存目丛书:集部100. 济南:齐鲁书社,1997:373.
③ 赵贞吉. 日讲直解[M]//四库全书存目丛书:集部100. 济南:齐鲁书社,1997:384-385.
④ 赵贞吉. 进讲录[M]//四库全书存目丛书:集部100. 济南:齐鲁书社,1997:372.

般必欲得之而后已,这等方才合着那为善去恶的本心,自家方才快足。①

君主虽然身居"人统"之正位,但是君主秉承着好善恶恶的良知本心而存在,此乃天命之道德属性,这也是人之为人的根本规定,此点君主与凡民并无二致。君主所要做的,只是将这"欺瞒不实的心"彻底改变,重现"好善恶恶"的本质特征,并于一念之"几"上加以省察。他接着说道:

> 这本心独知之地,正天理人欲之几。一念自慊,积之而为圣为贤;一念自欺,积之而为愚为不肖。其几虽微,所系甚大。是以君子之学,必当致谨于此而时加省察之功,善念方萌即着实用力而不徒徇外以为人,恶念少动即痛自克治而不徒苟且以自恕,然后意可诚而心正身修矣。臣当论之修其身以立天下国家之本,事亦大矣。然其要只在谨于独知之地,岂不易简,岂为难行?

赵贞吉认为,人于独知之时,念虑发用之"几",正是用功的实处。"几"不是其他,正是意念所发时天理与人欲相混杂的状态。若此时情感之发用能做到"不徇外""不苟且",不受外物左右,亦不放过一毫人欲之矫揉造作,而能对人之情感意识的幽暗与晦涩时刻保持清楚的自觉,使得情感之发用无时无刻不中正得体,就是"慎独"。对于君主而言,所谓"明德",便是通过"慎独"与体察一念之"几"的功夫,令天理良知之昭明灵觉在己身得到一全幅朗现的过程。当君主之所为能自然合于"天理"时,也即合于"天命"本身,"人统"则亦自能得其正,治国平天下也就顺理成章了。赵贞吉甚至认为,君主若能坚守明德诚意之方,国家之隆盛超越汉唐盛世亦指日可待,所谓"尊圣经明德在诚意之训,守贤传慎独在其严之箴,则德比高厚,治隆唐虞亦可驯致,而汉唐之富庶小康不足数矣"② 是也。这无疑给了君主极大的信心与动力。

---

① 赵贞吉. 进讲录 [M] // 四库全书存目丛书:集部100. 济南:齐鲁书社,1997:371.
② 赵贞吉. 进讲录 [M] // 四库全书存目丛书:集部100. 济南:齐鲁书社,1997:371.

此外，君主慎独进德之目的不仅限于自身道德之圆满，还在于能以此感化万民，有如润物无声般地使民众得到道德之教化。所以，对于君主而言，修己与治国之间，还潜藏着一条感民之道。正是这条道路的存在，使得超越汉唐之说不至沦为空想，也使得君主的德性修养在"上达"的超越性基础上，更具"下学"的现实性效果。赵贞吉在解释《论语·为政篇》中孔子回答季康子如何使民敬、忠以劝①的条目时说：

> 此章是说感民之道，其本在上的说话。……在上的若怀恣肆之心，积骄泰之行而责民之敬己甚难。其惟内敛肃其神志，外整洁其威仪，临下之际而俨然端庄，则未施敬于民而民自敬也。在上的若孝不及于推恩，慈不本于深爱而望民之忠己甚难。其惟纯吾孝于老老而为人子者皆悦，广吾慈于幼幼而为人亲者皆悦，以心感心而笃近举远，则未施忠于民而民自忠也。……由是观之，孔子之论皆本于修己。②

"以心感心"一语，道出了赵贞吉对君主德治方式的基本立场。包括敬、忠、孝在内的种种道德情感，都是好善恶恶的良知本心的自然流出，是天命的一体直贯。君主与凡民在阶层上虽有上下之别，但在道德上却无贵贱之分。而此道德之心的本质同一性，恰为人与人之间的"共情"（empathy）奠定了基础。道德情感是"我固有之，非由外铄"的，因此，它始终有一种"不容已"的力量以冲破私意的障蔽，而在现实中得以显现。另外，道德情感的相通性使得道德教化不需要强制灌输，只要将人固有的良知良能加以唤醒，由近及远、由此及彼，道德感召之间人人自能获得气质上的转变。而如此"感民之道"，实则对君主提出了更高的要求，即道德本心的本质同一性，使君主、凡民之间在道德能力上的分际与悬隔得以泯灭，人人皆秉承天命之德性而生，人人在道德上亦皆有复归于天命的可能性。这使得君主在道德的修养上复有一种紧张与压迫感：无论是出于"代天承统"的特殊地位（应然层面），还是鉴于治国的实际效用考量（实然层面），君主在道德上都必须起

---

① 季康子问："使民敬、忠以劝，如之何？"子曰："临之以庄，则敬；孝慈，则忠；举善而教不能，则劝。"杨伯峻.论语译注［M］.北京：中华书局，1982：20.
② 赵贞吉.进讲录［M］//四库全书存目丛书：集部100.济南：齐鲁书社，1997：374-375.

到垂范的作用，这也就意味着君主必须对自身现实生命中昏暗与陷溺的层面更加敏感而不能有一刻放纵，如此，修身与治国才能真正连结为统一无欠缺之整体，所谓"新民必本于人君之明德，而明德为新民之本"① 是也。

所以，君主在"代天承统"的角色之外，还必须做到"以德配位"，而后者，正是前者得以维系的根本保证。身处君权统治的时代，赵贞吉并不设想对君权有一彻底的颠覆，他自觉地承接了宋儒的传统，将君主的道德端正作为"政治的要件"，将臣看作君的咨询者、师傅。② 此或与其经筵日讲的经历密不可分。总之，他以宗教性与道德性相结合的方式构建了君权统治的范式，既维护了君权的尊严，又在最大程度上用道德的力量来施以劝诫警醒。但是，赵贞吉理想中的君主形象并未止步于此。

三、"人统"视角下的入世与出世观

将赵贞吉对入世与出世问题的看法纳入"人统"中加以考量，是合理且必要的。一方面，赵贞吉一生力主融通三教，③ 甚至以亲身之体悟证明佛氏不足以害人，④ 入世、出世之不碍不忌的一体圆融即是其涵摄三教的集中表现。另一方面，《统部》居于内篇八部之首，主经世，而"人统"为《统部》之核心，故君主为经世之中坚，所谓"王即经世之主也"。在阐释内、外篇的关系时，赵贞吉却以"经世者不碍于出世之体，出世者不忌于经世之用"⑤ 一言以蔽之，并以"内、外者，主、客之谓也。经世为主，出世为

---

① 赵贞吉. 日讲直解 [M] // 四库全书存目丛书：集部100. 济南：齐鲁书社，1997：384.
② 狄百瑞. 中国的自由传统 [M]. 李弘祺，译. 北京：中华书局，2016：67.
③ 姜宝《赵文肃公文集序》对赵贞吉有如下评价："公自童稚，诵法孔子，时即有志求通二氏学，即有志出世而经世。"参见姜宝. 赵文肃公文集序 [M] // 四库全书存目丛书：集部100. 济南：齐鲁书社，1997：242.
④ 赵贞吉自言："夫仆之为禅，自弱冠以来矣，敢欺人哉？公观仆之行事立身，于名教有悖谬者乎？则禅之不足以害人明矣。仆盖以身证之，非世儒徒以口说诤论比也。"参见赵贞吉. 与赵浚谷中丞书 [M] // 四库全书存目丛书：集部100. 济南：齐鲁书社，1997：574.
⑤ 赵贞吉. 祭古圣贤文 [M] // 四库全书存目丛书：集部100. 济南：齐鲁书社，1997：604.

客",① 可知在赵氏的理想中，君主当成为合入世与出世特征为一体的形象。因此，从"人统"出发，既能把握赵贞吉入世、出世观的脉搏，也能对其理想的君权范式有一把握。

在赵贞吉看来，君主一面扮演着"经世之主"的角色，一面却不能以经世为终点，而必须要对出世的面向有所自觉，这也是他在编经世通后，复赘以出世通的原因。他说：

> 出世通，西方化人之书也。……化人之法，以浮生鼎鼎百年劳蕴为世也。往者为过去世，续者为未来世，三世流转，未有涯际，而至人常住之心不与流转也，此谓之横出三世也。又此世者，五浊混混，名为欲界，升之为色界，再升为无色界。然升者复坠，坠者复升，无已时也，而至人常住之心不与之升沉也，此谓之竖出三世也。界即世也，夫俾经世者得此常住真心而用之于化理，其益岂小哉？②

经世与出世是判摄儒学与佛道两家分殊的基本方式，但是随着佛道两家世俗化倾向的逐渐强化，表现在给予人伦生活以足够重视，这种以与日常生活隔绝与否来界定经世或是出世的观点便值得再三考量。③ 与之相应，当出世的一面不再成为佛老的专有属性时，儒家也能借用佛老的理论资源对儒学思想本身进行创造性诠释，进而扩充概念的基本意涵。赵贞吉的上述言论，即是具备此自觉的表现。从赵贞吉对"三世说""三界说"的论述来看，他对佛教义理是有深刻体认的，"横出三世"与"竖出三世"的说法，似乎也带有佛家达至彼岸的愿景，但若细究之，则有毫厘千里之差。赵贞吉将出世

---

① 赵贞吉. 内外二篇都序 [M] // 四库全书存目丛书：集部100. 济南：齐鲁书社，1997：599.
② 赵贞吉. 内外二篇都序 [M] // 四库全书存目丛书：集部100. 济南：齐鲁书社，1997：598-599.
③ 彭国翔指出："随着唐宋之际禅佛教和新道教的兴起与发展，佛道两家越来越强化了世俗化的取向，对社会伦理不断给予肯定和重视。而儒家在于佛道两家的交往互动过程中，也相应地不断彰显其超越的向度。在这种儒释道三教日益交融的情况下，再简单地以入世与出世的两分法将儒学与佛道两家各置一端，便无法全面深入地在儒学与佛道两家之间作出明确的区分。"参见彭国翔. 良知学的展开：王龙溪与中晚明的阳明学 [M]. 北京：生活·读书·新知三联书店，2015：259.

通定义为"化人之书",那么"出世"便不是遁离这世间,而正是在这世界之中寻求到一条解脱觉醒之道,所谓"化人之法,以浮生鼎鼎百年劳蕴为世也"。赵贞吉借佛教"三世说""三界说"的理论,实质上意在说明世事之变化无常,人居于"世界"之内无可避免地随之浮沉升降。但是,人的解脱之处不在彼岸,不在遁世避世,只在世事磨炼之中修得一颗"常住之真心"。一旦人能以此"常住之真心"观照自身,则无论时空变化,万事酬酢纷纭,人皆能得以贞定而不随物牵。就此而言,"横出三世"与"竖出三世"并不预示着人要成为"跳出三界外,不在五行中"的存在,与之相反,人要在现实世界之中、在日用常行之内磨炼自己的本心,使得自己的本心在纷繁杂乱的物事中能不随波逐流,不升降难定,此即是"出世"的真义,也是赵贞吉纂出世通的真正意图。

更进一步,"常住之心"实际上包含了心体两个方面的内容:其一,"常住"一语,是心体"存有义"的表征,不随三世流转,不顺三界升降,是心体之真实无妄;其二,透过心体的"存有义","常住之心"所具有的"横出三世""竖出三世"的样貌,又是心体于"境界义"上所表现出的无执不滞、不执不著的特征,而此两者,正体现了阳明学中良知之"有"与"无"的双重面向。① 可以说,赵贞吉对于"出世"的理解与建构,与良知之"无"的境界论向度是若合符节的,而在此间,赵贞吉似乎并未失却儒家本位与功夫特色。

这点在他对功夫的最终旨归——"大圆镜智"的阐释上有所体现。赵贞吉认为"大圆镜智"是通过渐习熏修而人人皆能达到的精神境界:

> 己力未充,故时有滞执处,时有碍塞处,于此但假渐习熏修,久之不息,徐徐当彻去矣。即彻处谓之"先天而天弗违",即未彻谓之"后

---

① 陈来对阳明学中"有"与"无"的内容有精到的论述,参见陈来. 有无之境:王阳明哲学的精神 [M]. 北京:生活·读书·新知三联书店,2009. 此外,在阳明后学中,对良知之"无"阐释最为细致的当属王龙溪,赵贞吉除了出于对禅佛教的体认外,亦受到王龙溪的影响。荒木见悟指出:"赵大洲的工夫通过克服种种障蔽,眼目在于本心自觉的觉醒,体认万物一体的道理,是'阳明—心斋'路线的延伸,但是赵大洲与王龙溪由于禅而有密切的交情。"就此而言,赵大洲思想中表现出良知之"无"的面向,也不足为奇了。参见荒木见悟. 赵大洲的思想 [J]. 廖肇亨,译. 中国文哲研究通讯,2003,13 (2):57-74.

天而奉天时"也。作如是功者，日用间种种色色刹刹尘尘，皆在此大圆镜智中，卷舒自在，不见有出入往来之相，陵夺换转之境矣。①

可见，"大圆镜智"的境界，并没有抛弃人伦日常，即没有与现实生活彻底割裂，相反，赵贞吉认为日用之行色种种，理应被"大圆镜智"所囊括，而"大圆镜智"正是在面对现实诸多不同境域之中，所表现出的不随境迁而率性自得的生命状态。赵氏虽未明言"常住之心"与"大圆镜智"的关系，但是不难看出，"大圆镜智"即是"常住之心"的自然显现与具体运用。赵贞吉接着说道：

> 此大圆镜智即不落有无之窍也，更欲何求耶？《中庸》曰"天命之谓性"，言其不假人为，无善无不善也；"喜怒哀乐之未发谓之中也，发而皆中节谓之和也"，指其率性不假人为之处也。周子曰"和也者，中也；中节也，天下之达道也"，指其已发即未发之体也。老子观窍与观妙，同出同玄之旨，与此同也。佛氏不思善不思恶，见本来面目之义，与此同也。岂可以《中庸》之言谓堕于情缘难免生死耶？②

"不落有无"即是对"大圆镜智"所体现出的无执不滞状态的最佳注脚。赵贞吉将"《中庸》已发与未发""老子观窍与观妙""佛教不思善不思恶"同等对待，着力点即在于三者在用功之时皆能做到不假人为，即不以一毫私欲私意掺杂其间，全然由本体作主而不执不著的状态。这个"本体"于三家而言虽不尽相同，但是所显现出的随顺觉性、自然而然的状态却有异曲同工之妙。所以，在赵贞吉看来，不论是儒家的"无善无不善"，还是佛家的"不思善不思恶"，目的不在于否定善或恶本身，而是为了强调洞见本体的情境下情感念虑皆能得其自然的特征。他甚至认为，在"大圆镜智"的观照下，三家将会和谐共存，"青城峨眉之中，即衡山庐阜之境也；衣冠师表之

---

① 赵贞吉. 答胡庐山督学书［M］// 四库全书存目丛书：集部 100. 济南：齐鲁书社，1997：578.
② 赵贞吉. 答胡庐山督学书［M］// 四库全书存目丛书：集部 100. 济南：齐鲁书社，1997：578.

地,即御风云游之处也"①。

赵贞吉以"大圆镜智"来统摄儒、释、道三家,虽然在本体的层面上还有待商榷,但是以本体自然、无执不滞这一理念为接洽点,却也为三家找到了相近之处,并以此构成了他对入世、出世观念的基本看法。

> 夫能周容遍摄则一体矣,能独一无侣则一用矣,能随顺觉性则即体即用、即用即体、体用一如矣。夫学至于体用一如,则达乎大觉圆顿之门矣。……故歌云:"如今休去便休去。"非谓休官休世休事也,谓休其不了之心也。又云:"若觅了时无了时。"不了之心,在官去官,任事谢事,俱不了也。惟知者,当下了,即当下休矣;当下休,即当下徹矣。②

若能随顺觉性,则所感所发皆为本体呈露,不从躯壳起念,则万事万物自然感而遂通,此之谓"即体即用、即用即体"是也。所谓"大觉圆顿之门",不过是以"大圆镜智"观照万物所臻之应有境界。赵贞吉以两句歌谣为引,乃是其为重申入世、出世的观点作一注脚。入世与出世,非在世间与避世的争端,不是脱离凡尘、斩断情缘的一了百了,如此虽能得"休去便休去"一时之安宁,却终将踏入"觅了时无了时"的困苦。若能不执著于此,而将功夫用于"休其不了之心"上,时时以"常住之真心"作主而不着一毫私意,则虽"在世",亦能得"出世"之自由。在这个意义上,入世与出世,也只是权法而已,所谓"于此了了,世法与出世法一齐徹去"③ 是也。

而对于君主来说,作为"经世之主",个人进德修业的最终指向必然是对"出世"的一面有所觉悟,并以两者相互为用,才能成就"人统"之正位。因为君主在以"慎独""察己"等功夫克除私意复归道德性"天命"之时,已然包含了随顺觉性、感而遂通的"出世"意涵,以君主个人道德情感之真实无妄,顺随着"感民之道",则天地万物均能各得其所,赵贞吉所设

---

① 赵贞吉. 答胡庐山督学书 [M] // 四库全书存目丛书:集部100. 济南:齐鲁书社,1997:579.
② 赵贞吉. 答胡庐山督学书 [M] // 四库全书存目丛书:集部100. 济南:齐鲁书社,1997:579.
③ 赵贞吉. 答胡庐山督学书 [M] // 四库全书存目丛书:集部100. 济南:齐鲁书社,1997:578.

想的"原此真心，不分愚智，鱼跃鸢飞，各识其职"①的局面也终能实现。就此而言，君主是能"代天承统""以德配位""以心感心"的"经世之主"，同时也兼具"横出三世""竖出三世"的"出世"觉悟以修得一颗"常住真心"，此为赵贞吉"人统"观念的全部内容。

四、结语

在儒家传统中，君主的地位不言而喻，而如何对君主施以教化，即透过君主的仁政善治来实现儒家的道德理想，这是儒家知识分子所面对的普遍问题，而根本上是由大一统的君主专制形态下，治权与政权不分这一客观现实决定的。正如牟宗三先生所指出的："皇帝在权与位上是一个超越无限体，儒者始终未想出一个办法使政权为公有，便不能依一客观有效之法律轨道使其权位客观化与理性化。在无政道以客观化皇帝的情形下，儒者只能从治道方面拿'德性'来客观化之。"② 因此，随着道德意识的觉醒，"天命"在"宗教性"之外，不断被赋予"道德性"的内涵，而后者不断占据了儒家政治学说体系的重要位置也是自然而然的了。

在赵贞吉看来，君主一面是"代天承统"，一面又必须"以德配位"，前者是将君主的身份置于宗教性的视角，后者是将君主视作现实的人的考虑。因此，"天命"的双重性在"君主"的角色上就表现得尤为明显。扼要而言，赵贞吉以"人统"概念，确定了君权统治的正当性。"人统"是"天统"所代表的"历数之所归"，"地统""人统"所代表的"九州之所往"，君主居于应天时以定历法、居君位而统天下的中心位置。此外，"人统"之正劣，对应"地统"之分合，最终会影响君权的统治，而"人统"之正劣与否，归根结底在于君主能否实现道德性"天命"的全幅朗现，即以自身之"明德"来感召天下，实现齐家、治国、平天下的内在统一。虽然人人皆能凭借道德的修养复归"天命"，但是"人统"所包含的"统者，天道也"的内在规定，使得君主较之凡民有更高的自信与责任去践行"天道"，君主对自身情感的阴暗与陷溺面也当更为敏感，宗教的神圣意识与道德的自主性在君主的

---

① 赵贞吉. 求放心斋铭 [M] // 四库全书存目丛书：集部100. 济南：齐鲁书社，1997：594.
② 牟宗三. 政道与治道 [M]. 长春：吉林出版集团有限责任公司，2010：28-29.

身份上就愈发凸显。林远泽指出的"道德性儒家已明确意识到,应将宗教的神圣意识,收摄成实践意志的自觉与自重。在这种天道与性命相贯通的意识下,道德仍有其自主性,但宗教的超越性,又使人能有道德实践之无穷努力的动力根源",① 在赵贞吉"人统"概念上亦得到了印证。此外,以主、客关系来定义《经世通》与《出世通》,故在赵氏的体系中,入世与出世的看法并不与其他思想相互独立,相反,只有将其放入"人统"的观念中,"经世者不碍于出世之体,出世者不忌于经世之用"的真义才能得到显现。换言之,在赵贞吉看来,君主作为"经世之主",更应当而且必须体现入世与出世的双重精神内涵。

中晚明时期阳明学者所代表的儒学,其政治取向已由"得君行道"逐渐向"觉民行道"转移,② 而以王艮为代表的"泰州学派"出现的"布衣儒者"群体,已然成了"觉民行道"的中坚力量。虽然黄宗羲《明儒学案》将赵贞吉列入《泰州学案》,耿定向亦曾指出"徐方伯子直（徐樾）承之（王艮之学）,传赵文肃"③,但是无论就赵贞吉本人的师承与思想而言,抑或从整个泰州学派的设置来看,赵氏的学派归属仍有可商榷之处。④ 其实,吕妙芬先生曾指出:"嘉靖年间阳明学派摆脱了跟随一位老师学习、以老师为依归的学派型式,逐渐转化为以各地方读书人相互切磋论学为主的讲会模式,以同门意识结合的阳明学派便逐渐蜕变成一种泛阳明学的学术运动。"⑤ 身处此洪流之中,加之出入佛、老的经历,要彻底辨析赵氏的学派归属,则

---

① 林远泽. 儒家后习俗责任伦理学的理念 [M]. 台北：联经出版公司, 2017：197-198.
② 余英时先生对此有细致的观察,参见其两篇论文："现代儒学的回顾与展望——从明清思想基调的转换看儒学的现代发展"、"士商互动与儒学转向——明清社会史与思想史之表现",收入余英时. 现代儒学的回顾与展望 [M]. 北京：生活·读书·新知三联书店, 2004.
③ 耿定向. 王心斋先生传 [M] // 四库全书存目丛书：集部131. 济南：齐鲁书社, 1997：350.
④ 比如,吴震先生认为赵贞吉的师承关系及思想特征与泰州学派并无确定关系,而将赵贞吉看作是泰州学派的"周围人物"。参见吴震. 泰州学案刍议 [J]. 浙江社会科学, 2004, 2：142-150. 再如彭国翔先生也曾对泰州学派中周汝登的学派归属问题进行澄清。参见彭国翔. 周海门的学派归属与《明儒学案》相关问题之检讨 [J]. 台北清华学报, 2001, 31（3）. 都可看作是对黄宗羲泰州学派布局的省思。
⑤ 吕妙芬. 阳明学士人社群：历史、思想与实践 [M]. 台北："中研院"近代史研究所专刊, 2003：67.

是另一个问题。但是若以赵贞吉"人统"观念为切入点,其思想以阳明心学(儒学)为根基,当无可疑。① 就此而言,"得君行道"或"觉民行道",似乎就并不能作为某个学派的"专属"。晚年经筵日讲的经历,又使赵贞吉重拾起了"得君行道"的希望,而内、外二篇的编纂初衷,正是出于供君主经世辅助这一最直接的目的。正如彭国翔先生认为的:"在专制君权的绝对笼罩之下,'觉民行道'充其量只能在伦理道德的领域内推行。由于这一路线所蕴含的'民众政治主体'直接对君权构成威胁,在专制的君主制下,较之'得君行道','觉民行道'作为一种政治取向可以说更难获得发展。"② 即使中晚明时期"觉民行道"愈发成为一种社会潮流,但是包括赵贞吉在内的儒家士人,并未彻底放弃对"得君行道"理想的追求。赵贞吉对"人统"概念的展开,正反映出他试图以"天命"的二重意涵来规范皇帝这一"超越无限体"的现实方式,虽未摆脱中国古代于政道方面的局限,但也是儒家以德化来维持政治道德的集中显现,特别是在"觉民行道"大行其风的背景下,赵贞吉的主张无疑具有现实意义。

---

① 嘉靖辛酉年(1561),赵贞吉与蔡汝楠相见于周南,赵贞吉作《七图》以赠。赵氏以"太极图"与"河图"为"儒家之秘典,五常之本,九法之宗",可见其儒家本位旨趣。参见官长驰. 赵贞吉诗文集注:第 23 卷:周南留著图录序[M]. 成都:巴蜀书社,1999:774.

② 彭国翔. 阳明学的政治取向、困境和分析[J]. 深圳社会科学,2019(3):22-31.

徐复先生对章黄学术的继承与开拓

郭万青

唐山师范学院

摘 要：徐复先生亲炙于章太炎、黄侃两位国学大师之门，在继承学术方法、辑存章黄两位大师的学术成果、注释或传布章黄学术成果等方面，做了大量的工作。同时，徐复先生又在章黄学术固有方法、材料的基础上，因利就便，在学术方法和方式、学术材料、学术领域方面都有新的开拓。

关键词：徐复；章黄学术；继承；开拓

引 言

以章太炎、黄侃两位先生为核心的章黄学派是近代传统语言学的中坚力量，在传统学术和近代学术的交汇中形成了自己的学术体系和学科体系，即以小学为核心和基础的传统考据研究。其学术影响不但辉耀当时，而且影响着中国传统语言学、中国古典文献学以及相关学科的学术研究路向和进程。章太炎、黄侃两位先生是开宗立派的一代大师，在学术体系建构方面深宏博大，太炎先生的其他弟子则在章太炎学术体系的辉照下，在某一学科方面向精深发展，使得章黄之学进一步精密谨严。黄侃先生及门弟子众多，也多能在黄侃先生学术体系之下，承续师门传统，把某一方面学术向精深、精细处发展。章太炎先生早年弟子直接或间接参与了近代革命和新文化运动，如鲁迅为"民族魂"，吴承仕加入中国共产党，黄侃先生参与同盟会等。黄侃先生诸多弟子在新中国成立之后加入了中国民主同盟。徐复，字士复，一字汉生，号鸣谦，江苏武进人。1929—1932年就读于金陵大学，师从国学大师黄侃、胡小石等先生攻读传统语言文字学；1935年9月考入金陵大学国学研究班，继续从黄侃先生问学。1936年2月至苏州章氏国学讲习会，从章太炎先生问学。徐复先生求学问业的时候，两位大师的学术都已达到其学术人生的巅峰，故徐复先生所受影响既深且巨。

从徐复先生一生的学术研究路数和学术研究领域而言，他是在完全继承章黄学术的路数和研究领域的基础上，又开拓出了新的研究方法和学术研究领域。从某种程度上而言，徐复先生在优秀传统文化传承和发展方面为我们做出了典范。

一、徐复先生对章黄学术的传承

在传承章黄学术方面，徐复先生主要做了三方面工作：（一）继承学术方法，继续章黄固有的学术研究路数和领域；（二）辑存或注释章黄两位大师的学术研究成果；（三）刊发传布章黄学术成果，对章黄学术研究成果进行序赞。

（一）继承学术方法，继续章黄固有的学术研究路数和领域

章黄学术以小学为根底，在此基础上延伸至经学、子学、史学、集部、佛学等相关学问和学科。而就其小学的研究方法和路数而言，以求语源、求本字为核心。章太炎先生的《小学答问》《新方言》《文始》《岭外三州语》是章黄小学学术方法和学术路数的创发之作，也是体系构建之作。以方言方面而言，太炎弟子中黄侃先生有《蕲春语》、汪东先生有《吴语》。黄侃先生弟子中，刘赜先生有楚语研究成果，徐复先生有常州方言、浔阳方言、蜀方言研究成果。从日本东京时期一直到章氏国学讲习会时期，《说文解字》一直是章太炎先生主要讲授的课程之一，《说文》研究也是其小学研究的依托和重要内容之一，其日本东京时期《说文解字》讲授内容被辑成《章太炎说文解字讲授笔记》出版。黄侃先生手批《说文解字》分别于上海古籍出版社和中华书局两次出版，其部分内容由黄焯先生辑成《说文笺识四种》出版，以飨学林。钱玄同先生有《说文段注小笺》，沈兼士先生有《说文》论著若干。徐复先生早年即从章、黄大师问学，《说文》也是其重要研究对象之一，从甫上大学开始，即以《说文》为研究对象，研玩体例、考证文字、辨别部首、校核音义，成为其小学典籍研究重要内容之一。

黄侃先生执教南北，揭示门径，为小学研究者指出小学十书，为研治学

问根底书。黄侃先生及门弟子，对小学十书中的某一部或某几部，都有精深研究。如刘赜先生、陆宗达先生的《说文》研究，殷孟伦先生的《尔雅》研究等。徐复先生则于《说文》《尔雅》《释名》《方言》《广雅》《广韵》等皆有精深研究。如《说文》方面有论文近30篇，著作一部，研究内容大致包括：1. 保存师说；2. 体例或专题研讨；3. 具体文字研讨；4. 《说文》部首研讨；5. 《说文》相关研究人物或著述的推介。《释名》方面则有《释名音证》《释名补释》等，《尔雅》《广雅》《广韵》《方言》等皆有补笺、补释等著述嘉惠学界，还编纂有《广雅诂林》，主编《传世藏书·语言文字卷》。此外，徐复先生从上大学的时候就从事《释名》研究和《说文》研究，一直到八九十岁的时候还在继续深耕砚田，对这两部小学要籍的研究，贯穿其学术生涯始终。

此外，黄侃先生针对当时国学书目所列图书动辄数百部，使初学者难以依从的弊病，提出古书二十五部，后又减为二十四部，为学问基础书。这二十几部书包括传统的"十三经"以及在"十三经"基础上衍生出来的"十四经""十五经"中的《国语》《大戴礼记》和其他十部著作。黄侃先生教授弟子，往往以小学十书和二十五部书提示。关于这一点，殷孟伦先生、徐复先生皆有追记。二十五部书中，除了小学十书中已经包括的《尔雅》《说文》《广韵》外，还包括《十三经》中的另外十二部经典和《大戴》《国语》《史记》《汉书》《资治通鉴》《通典》《庄子》《荀子》《文选》《文心雕龙》。此外，民国时期还流行过黄侃先生的一句话，谓"八部书外皆狗屁"，即《毛诗》《左传》《周礼》《说文解字》《广韵》《史记》《汉书》和《文选》，可看作黄侃先生所指示二十五部书的精华编。黄侃先生及门弟子中，对二十五部书中的某一部或几部也多有精深研究，如黄焯先生《毛诗》传笺研究、杨伯峻先生《春秋左传》研究、范文澜先生《文心雕龙》研究、洪诚先生《周礼》研究、骆鸿凯先生《文选》研究、钱玄先生《三礼》研究，都是相应学术领域的巅峰或权威。徐复先生早年即立志踵武高邮王念孙《读书杂志》，有撰写"后《读书杂志》"的学术计划，此后几十年间，对包括《尚书》《战国策》《史记》《汉书》《后汉书》《晋书》《宋书》《陈书》《南史》《史通》《老子》《管子》《晏子春秋》《墨子》《庄子》《荀子》《淮南子》《新语》《新书》《盐铁论》《论衡》《潜夫论》《世说新语》《颜氏家训》《楚辞》《陶渊明集》《文选》《文心雕龙》《诗品》《杜工部诗》《韩昌黎诗

158

集》《柳河东集》、岑参诗、孟郊诗、袁郊《红线传》、刘蜕《文泉子集》、李贺诗、《孙可之文集》等在内的三十几部常见要籍进行了勘校考释。其中，《尚书》《史记》《汉书》《庄子》《荀子》《文选》《文心雕龙》等都在黄侃先生规定二十五部书之内。

(二) 辑存或注释章黄两位大师的学术研究成果

徐复先生以辑存、注释、发扬师说为使命。在其早期学术研究成果中，就不断辑列师说。如发表于1931年的《〈说文解字〉疑义举例》就引述了黄侃先生《说文》观点七条。又有《蕲春黄先生讲授〈说文〉记录》，该篇识语谓："蕲春师精研许书，求形声义一贯之恉，于段氏《说文注》多所纠正。复侧闻绪论，昭若发蒙。两年前撰《小学折中记》以演赞师言，既已载之金陵大学《金声》及《文学院季刊》矣。今岁又负笈从游，冀获深造。而师遽尔萎丧，问字无从。每念遗训，哀痛如何！今敬录师所阐发者数百事，择其尤要者登之《制言》刊。其他训诂音韵之属，所记尤详，亦当从事理董，陆续刊布，以谂当代治小学者。乙亥十月士复识。"① 《蕲汉大师〈说文〉讲记》则是对章太炎先生《说文》观点的辑列。至《说文五百四十部首正解》中，仍多存列章黄两位大师的诸多《说文》具体研究成果。此外，徐复先生还辑有《黄季刚先生论史札记》等。

黄侃先生病逝不久，徐复先生即撰《黄季刚先生遗著篇目举要初稿》刊印行世，分专著、学术、文录、诗录、词录几大类别，应该是最早为黄侃先生著述进行分类的文献。《黄季刚先生遗著篇目举要初稿》序文先简述黄侃先生一生行止，次论黄侃先生学问文章，次梳理其著述，可谓简要精当，是黄侃研究方面的重要文献，对此后黄侃先生著述的渐次编辑行世不无裨益。1936年，章太炎先生辞世，徐复先生又与沈延国、朱季海、潘承弼等先生合撰《章太炎著述目录后编初稿》，刊于《制言》半月刊以广其传，便于此后文献的搜集与文集的整理。

章太炎先生《訄书》是其生平重要著作，由于古奥难读，使想借此书了解太炎学术者望而生畏。徐复先生于20世纪70年代开始注释《訄书》，经过近三十年的努力，最终结撰，并于2000年12月由上海古籍出版社出版。

---

① 徐复. 蕲春黄先生讲授《说文》记录 [J]. 制言, 1935 (7).

《南京师范大学文学院学报》2002年第3期刊发《〈訄书详注〉笔谈》编者按云："它以54万字的宏大规模，倾注了一位90高龄的大学者的毕生学识、近30年的辛勤以及对师门的深情，为章氏绝学架起了一座通向今天与明天的桥梁。""《訄书详注》的撰写启动于黄钟毁弃、瓦釜雷鸣的'文化大革命'后期，这是一种挑战的态势；而那三十年如一日的坚守，哪一天不响起对学术春天的热情呼唤，哪一天不闪耀着'不信春阳唤不回'的执着的信念之光！"①《訄书详注》的出版，为了解太炎学术、研读《訄书》提供了可读之本，此后国内若干部《訄书》注解著述的出版，无不建立在以《訄书详注》为重要学术参考的基础之上。徐复先生晚年还有撰述《訄书易读》语体文本的学术计划②，因种种原因，未能足成，仅有《〈訄书·清儒〉绎义》一篇收入《徐复语言文字学晚稿》。

此外，徐复先生还撰写回忆录或接受采访，留有多种亲炙章黄两位大师的回忆资料，为了解和研究章黄学派、章黄学术传承提供了很有价值的学术史料。

（三）刊发传布章黄学术成果，对章黄学术研究成果进行序赞

1979年，南京大学受教育部委托开办全国训诂学讲习班，由洪诚先生、殷孟伦先生、徐复先生担任主讲，对章黄学术多有发扬。训诂学讲习班后半期，讲习班师生发起建立中国训诂学会的倡议。1981年，中国训诂学研究会正式在武汉成立，会长、副会长多为黄侃先生及门弟子，会长为陆宗达先生，殷孟伦先生、杨潜斋先生、徐复先生、周大璞先生、赵振铎先生等为副会长。中国训诂学研究会的成立，是包括徐复先生在内的章黄传人努力的结果，同时也是对章黄学术传承的重要体现。徐复先生在担任中国训诂学研究会副会长和会长期间，会集同道，发扬学术，不遗余力。多位亲历者都撰有

---

① 南京师范大学文学院学报编辑部.《訄书详注》笔谈编者按 [J].南京师范大学文学院学报，2002（3）.

② 王华宝《记徐复先生新世纪学术活动》于2003年元月下记云："与本校张芷教授合作撰写《訄书易读》。"（徐复.徐复语言文字学晚稿 [M].南京：江苏教育出版社，2007：662.）又李灵年《言传身教 永铭于心》于2003年2月1日下记云："谈到张芷先生，让张与他合作搞《訄书简译》以便普及，35万字，三年完成，两人署名。张说，《详注》一般人仍读不懂。徐老说，可搞语体译本（指注释）。"（赵生群，方向东.古文献研究集刊：第7辑 [M].南京：凤凰出版社，2013：46.）

深情的回忆文字，读者可参。此外，徐复先生在南京师范大学创办汉语史硕士点和古文献学专业，实际上也可看作对章黄学术的传承与发扬。门下传学弟子十人，皆成专门之学，如朱声琦教授的汉语史研究、吴金华教授的《三国志》研究、王继如教授的敦煌学研究、梁晓虹教授的佛典音义研究、方向东教授的贾谊研究以及礼学研究等，皆已蜚声学林，为众宗仰。此外，非入室弟子而从徐复先生求学问教者无虑万人。徐复先生还和自己的多名学生合作出版论著，真正实践了黄侃先生提出的"刻苦为人、殷勤传学"的理念。

1981年6月21—24日，江苏省语言学会成立大会暨语言科学第一次报告会在南京举行。1981年12月辑印成《江苏省哲学社会科学联合会1981年年会论文选（语言学分册）》，作为江苏省语言学会会刊内部印行。《江苏省语言学会会刊》1981年第2期为《黄侃先生研究资料》，首篇收入《陈云同志关于整理出版古籍的意见》，"黄侃研究资料"部分收入殷孟伦先生《黄侃先生在古汉语研究方面的贡献》、许嘉璐先生《黄侃先生的治学精神》、陆敬先生《黄季刚先生革命事迹纪略》、黄焯先生《黄季刚先生遗著目录》，章太炎先生《量守庐记》、范文澜先生《文心雕龙讲疏序》、孙世扬先生《黄先生蕲游遗稿序》作为本部分的"历史文献"单元，张汝舟先生《怀念季刚先生》、钱玄先生《记黄侃先生讲三礼》、徐复先生《师门忆语》作为本部分的"回忆录"单元，此外还收录了黄侃诗词选。对于弘扬黄侃先生学术起到了重要作用。

此外，徐复先生还参与了《章太炎全集》的整理，以《文教资料》辑刊的名义出版了汤国梨先生的《影观集》，校读《黄侃日记》《章太炎医论集》等。对学者的章黄学术研究成果，徐复先生多有奖掖推许。如为叶贤恩《黄侃传》提供资料线索并撰序，为《黄侃著作集》题赞等。

二、徐复先生对章黄学术的发扬与开拓

徐复先生在传承章黄学术的同时，因应时代发展和学术发展的需要，在章黄固有学术方法和研究范式基础上，又开出新的格局。大致体现在三个方面：（一）学术方法和方式的开拓；（二）学术领域的拓展以及新学术材料的使用；（三）对黄侃先生"小学十书"的继承与发展。

（一）学术方法和方式的开拓

作为传统语言学的殿军和近代语言学的开拓者，章黄小学的主要内容仍然是文字、音韵、训诂之学，其研究方法仍以音义联系为主。徐复先生在从章黄两位大师求取学问的同时，在学习因缘的促成下，又引入了新的学术方法。

实际上，在章氏国学讲习会任教时期，徐复先生就开始讲《马氏文通》。他说："一个人的读书，搞文学的也好，搞历史的也好，搞哲学的也好，最要紧一点，要识字。字都不识，怎么讲历史、哲学啊？所以要研究文字的音、形、义。还要搞语法，句子怎样构成的？不知道它怎么构成，就永远看不懂书了。我还是赞成先读《马氏文通》。"① 对汉语语法学的作用给予肯定。

抗战爆发之后，徐复先生转徙西南地区，在四川巴县界石场边疆学校担任教师，"就地调查方言资料、风土人情，学习蒙藏语文"②。由于接触到民族语言和民俗材料，故徐复先生在传统考据方法之外，又以民族语言和民俗材料对汉语史和传统文献的诸多问题进行了考证。

在巴县界石场边疆学校期间，徐复先生先后发表或撰写有关藏蒙语文的文章，有《蒙藏闲话》（《新评论》1943年第3—4期）、《"歹"字源出藏文说》（《东方杂志》1944年第40卷第22期）、《阌氏读音考》（《东方杂志》1945年第41卷第5期）、《守温字母与藏文字母之渊源》（1946年2月撰稿）、《"歹"字形义及其制作年代》（《中国文化研究汇刊》第9卷）等五篇论文，这五篇论作都借助了其新学的蒙、藏文。《蒙藏闲话》一共8则，前四则和第七则是蒙古问题讨论，其他三则是藏族藏语问题讨论。这八则采取传统札记体的方式，或记所闻，或记心得，涉及史学、语言学、文学、传统小学等多个领域，都是在边疆学校修习藏蒙语言、阅览相关研究成果之后所发。《"歹"字源出藏文说》是徐复先生习藏文之后，解决汉文疑难的经典案例。汉字"歹"为好之反义，但出现较晚。徐复先生考其较早见于郑所南《心史》，后《元典章》用之。蒙文袭取藏文，后学者袭其字作记音符号，以示不好之反之义。《"歹"字形义及其制作年代》一文是对《"歹"字源出藏文说》的续补。《阌氏读音考》是在信从日本学者白鸟库吉（1865—1942）

---

① 徐复. 徐复先生口述史［M］.《南大语言》编委会. 南大语言学：第4辑. 北京：商务印书馆，2012：356-375.
② 吴金华. 徐复先生学术纪年初稿［J］. 南京师范大学文学院学报，1995（6）.

认定匈奴为蒙古种的基础上，以蒙语考订《史记》《汉书》中的"阏氏"。《守温字母与藏文字母之渊源》是徐复先生当年音韵学讲义中之一章。该稿最大的学术贡献，在于破除了以往三十六字母起源于梵文的观点，认为三十字母和藏文字母最有渊源。根据吴金华教授《徐复先生学术纪年初稿》，自1938—1947年十年间，徐复先生撰写或发表论文25篇，改订《秦会要订补》一部。而这极少的一部分研究成果，确是"作者注重跨民族、跨时代、跨地区的语言比较研究"①的重要组成部分，代表着徐复先生学术生涯的一个重要阶段，同时也构成了徐复先生学术研究的重要领域，即汉藏、汉蒙语言比较研究。

王宁、黄易青撰有《师古而非复古　坚守而不保守——论章炳麟、黄侃国学研究和教育中的使命意识、独立思想和严谨学风》，对章太炎先生、黄侃先生学行做出了客观的评价。事实上，作为章黄学派的重要传人和"一面旗帜"，徐复先生早在边疆学校时期，就真正实践了"师古而非复古、坚守而不保守"的理念和精神，不仅不保守，而且还积极学习新理论、积极收集新材料，利用新理论、新材料解决旧问题。

在史学领域，王国维较早提出"二重证据法"，即以"纸上之材料"与"地下之新材料"相互证发。此后，陆续有学者提出"三重证据法"。如饶宗颐把王国维"二重证据"中的"地下之新材料"分成有文字的材料和没有文字的实物两类，其中有文字的材料就是第三重证据。饶先生的三重证据法实际上是王国维"二重证据法"的细化。此外，黄现璠、徐中舒、杨向奎等学者也都提出过三重证据法。20世纪90年代以来，叶舒宪、陈东辉等提出人类学三重证据法、古汉语研究三重证据法，潘树广认为这些观点实际上都是在王国维的二重证据之外提出第三种证据，即"地上的活材料"。毛佩琦于2006年提出"纸上之材料、地下之新材料和社会调查"的三重证据法，其中社会调查实际上还是关注"地上的活材料"。徐复先生在边疆学校时期，以蒙藏语文、蒙藏习俗作为研究参照所进行的系列研究，实际上利用的就是"地上的活材料"，已经在学术研究中切实实践了"三重证据法"。

此外，徐复先生还对校勘体例进行总结，撰有《校勘学中之二重及多重误例》(《新中华》1945年第11期)，对校勘体例多有总结。钱玄先生《校

---

① 吴金华. 徐复先生学术纪年初稿［J］. 南京师范大学文学院学报，1995 (6).

勘学》一书对徐复先生《校勘学中之二重及多重误例》条例多有引述称赞。1959年,徐复先生在《南师学报》1959年第2期发表《杨树达先生遗著献疑》,胪列七条纲目,总结语言文字研究方法方式,具有重要的学术方法论意义,同时具有很大的学术示范意义。

徐复先生晚年的时候,还从宏观治学的角度,提出"通""精""专"等,虽然是对戴震等清代学术大师的评价,也可看作夫子自道。总之,就像王华宝教授所指出的那样:"在学术方法上,既注意继承学术传统,而又强调会通、求实,以创新为学术研究的第一要义。"① 王继如教授也认为徐复先生在学术上强调"通""精"②。

(二) 学术领域的拓展以及新学术材料的使用

徐复先生早年从事《释名》《说文》以及方言研究,至巴县界石场时期,学术领域拓展到汉藏对音、边疆民俗等领域。因利就便,整理《秦会要》,撰成《秦会要订补》。此后数年间多次增补,又撰写制度史论文数篇附于书末。20世纪60年代,开始接触敦煌词语,撰写了两篇很有分量的学术论文。段熙仲教授在《在〈敦煌变文词语研究〉讨论会上的发言》中指出:"作为一位半生在古籍中探讨古汉语的语言学者,今天积极地将俗语言提到科学研究的日程上来,尽管变文词语还是古代俗语言,这仍旧是值得我们欢迎的事。""我欢迎从古汉语、《秦会要》转向俗语言的这种思想变迁。"③ 对徐复先生转向新的学术领域给予了高度评价与赞扬。

章太炎先生、黄侃先生的主要学术领域在传统小学和先秦要籍,并延及《文心雕龙》《文选》等集部要籍。徐复先生则进一步延至中古诸多文献,拓展了学术领域。此外,徐复先生从20世纪60年代开始参与编纂《辞海》,此后更参与了《汉语大词典》等系列辞书编纂工作,主编《广雅诂林》《古汉语大词典》,把传统语言学研究和辞书编纂进行了有机结合。

学术界一直流传章太炎、黄侃两位先生对新发现材料不够重视的说法,

---

① 王华宝. 记徐复先生新世纪学术活动 [M] //徐复. 徐复语言文字学晚稿. 南京:江苏教育出版社, 2007: 655-666.
② 王继如. 心存三乐, 学求通精: 追思徐老 [M] //赵生群, 方向东. 古文献研究集刊: 第7辑. 南京: 凤凰出版社, 2013: 35-37.
③ 段熙仲. 在《敦煌变文词语研究》讨论会上的发言 [M] //徐复. 徐复语言文字学丛稿. 南京: 江苏古籍出版社, 1990: 236-242.

恐怕既有章黄两位大师对新发现材料的审慎态度，也有其固有学术主张和学术理路的问题。实际上，黄侃先生手批《说文》中已经运用了相当程度的古文字资料，而在考校汉语词汇时，也借鉴到民族语。只是由于当时的社会条件、学术旨趣和个人精力所及，未能广泛运用而已。

至徐复先生，不仅研习蒙语、藏语，还运用到了汉语词汇、汉语音韵问题的解决上。此外，徐复先生在《说文解字五百四十部首正解》中大量运用了甲骨文、金文以及其他考古材料，对《说文》部首进行证发。《说文五百四十部首正解》于2003年1月由江苏古籍出版社出版，该书"出版说明"谓："《说文五百四十部首正解》是徐老代表性的重要的科研成果。"① 杨牧之主编《中国图书年鉴》（2003）收录有陈勤奋《语言、文字类图书综述》，谓《正解》"实际上是一部专题研究著作，对《说文解字》所录每一部首进行系统而全面的考释，广征博引，形成自己的观点"②。该书首先引述《说文》原文，次胪列前人之说，所列前人材料，仅参考书目列有简称者就有41种。除了用简称的41种之外，还有林义光《文源》、胡小石《说文部首》、张文虎《舒艺室随笔》、顾实《释王皇囗》、俞樾《儿笘录》、章太炎《文始》、杨树达《积微居小学述林》、胡小石《说文古文考》、徐中舒《甲骨文字典》、吴锦章《读篆臆存》、郭沫若《甲骨文字研究》、章太炎《新方言》、王国维《释史》、容庚《金文编》、惠栋《读说文记》、章太炎《小学答问》、吴夌云《小学说》、罗振玉《增订殷虚书契考释》、李孝定《甲骨文字集释》、金锡龄《释仓囿》、郭沫若《两周金文辞大系考释》、唐兰《殷虚文字记》、朱芳圃《殷周文字释丛》、高涵和《释来》、宋保《谐声补逸》、商承祚《说文中之古文考》、孙诒让《名原》、许槃《读说文杂识》、孙海波《甲骨文录考释》、罗振玉《释卣》、商承祚《殷虚文字类编》、章太炎《訄书》、王国维《史籀篇疏证》、董作宾《殷历谱》、高鸿缙《中国字例》、孙诒让《古籀余论》、郭沫若《金文丛考》、于省吾《骈续》、于省吾《甲骨文字释林》、丁山《数名古谊》、江藩《六甲五龙说》、吴其昌《金文名象疏证》、周谷城《古史零证》。从其文末所署参考书目以及文中所胪列诸家之说可知，

---

① 《说文五百四十部首正解》出版说明 [M] //徐复，宋文民. 说文解字五百四十部首正解. 南京：江苏古籍出版社，2003：1-2.
② 陈勤奋. 语言、文字类图书综述 [M] //杨牧之. 中国图书年鉴（2003）. 武汉：湖北人民出版社，2004：30-32.

徐复先生《说文五百四十部首正解》一书确实征引宏富，大体包括三方面材料：1.《说文》暨《说文》部首研究成果；2. 古文字研究成果；3. 古史文献、出土文献以及相关考古研究成果。胪列众家之后，加"按"进行考辨。考辨中，凡故训有说者，先征引之。甲骨金文有字形可以佐证者，亦引述之，次则杂引各家，以说义、注音、释源、明通。且对前贤诸说进行评骘。

可见，以徐复先生为代表的章黄传人一直紧跟时代步伐，把握时代脉搏，关注学术最新动态和最新动向，在继承旧有学术路数、学术方法、学术范式的基础上，不断开拓新的领域，解决学术问题。

（三）对黄侃先生"小学十书"的继承与发展

徐复先生对章黄学术的发扬与发展还体现在其他相关方面。比如在黄侃先生小学十书基础上提出的"古汉语十书"。黄侃先生谓治小学须读十部书，这十部书按照时代依次为《尔雅》《小尔雅》《方言》《说文》《释名》《广雅》《玉篇》《广韵》《集韵》《类篇》。

按照黄侃先生对小学十书价值的揭示，小学十部中的前六部是主要的，后四部是次主要的。前六部主要的小学书中，《尔雅》《说文》《方言》《释名》是主要的，而《小尔雅》《广雅》是次要的。而在《尔雅》《说文》《方言》《释名》四部书中，《说文》是最重要的，再次为《尔雅》，其次则为《方言》《释名》。后四部中，《玉篇》《广韵》重要程度要高于《集韵》《类篇》。1980年，徐复先生在无锡做了题为《古汉语知识的综合运用》的学术报告，在此报告中，徐复先生提出"古汉语十书"，依照时代次序，分别为《尔雅》《方言》《说文》《释名》《广雅》《切韵》《中原音韵》《经传释词》《马氏文通》《文始》，并于各书之后胪列其主要研究成果。和小学十书相比，替换上的《经传释词》《马氏文通》属于语法著作。《中原音韵》纳入古汉语十书，不仅突破了以往古音学家主要侧重研究上古音的倾向，并且从宏观的学术史观角度，通过古汉语重要典籍的提取，对汉语语音史的历时性特征进行了勾勒。章太炎先生的《文始》是在黄侃先生的启发下撰成的。《文始》和《释名》一样，是语源学著作。"古汉语十书"既注重中国语言学原有传统，又顺应时代学术发展，体现了发展的学术眼光，务实求真的学术品格和博大宏通的学术襟怀。

此外，黄侃先生曾提出国学二十五部书，后来削去《国语》成为二十四部书。徐复先生在所提仍是二十五部书。这同样体现了徐复先生在对黄侃先生学术思想继承上的倾向,恐非偏于黄侃先生早年之说而忽视二十四部书提法的存在。

结 语

以上所揭,百不及一,但大致可以反映徐复先生一生对章黄学术理路、学术精神和学术品格的继承与发扬。

宇宙空间浩渺无垠,地球在浩渺宇宙中只是小小的一颗。这一颗小小的星球,在宇宙中不知道运行了多少万年。人类的文明在这个星球上也有一万来年的历史,从对宇宙的浩渺难穷到对人本身的奥秘难通,一代代学人勤勉砥砺、刮垢磨光,贡献自己的智慧。今天,人类已经能登上茫茫太空出一趟"长差",太空奥秘的揭示,最终回答和应对的还是人类个体和人类整体的问题。徐复先生曾讲,和航天事业相比,古文献研究、古汉语研究小得不得了。即便如此,解决历史文献语言难题、解决汉语文字词汇疑窦,也仍然需要相关学科、相关专业一代一代学者的努力。从汉代经学到清代朴学,从乾嘉学派到章黄学派,一代一代的学者研玩经义,抉奥索微,因应时代学术需求和学术固有理路,不断探索,勇于探索,使古老的文化在每个时代都绽放光芒,烛照后人。综观徐复先生的一生,是在继承章黄固有学术理路、方法的基础上,根据时代需求和个人学术旨趣不断探索、不断攀登学术巅峰的一生,既持守家法,又不守门户之见,既传承旧绪,又开拓创新,成为20世纪90年代之后"大陆章黄学派的旗帜"、继往开来的一代国学大师。许嘉璐教授谓:"夫子三四十岁时,读书已博,学养既深,精力亦佳,却适逢国难,颠沛流离,但潜心书海,写作不辍;五六十年代,虽具有定所,但运动频仍,心何以安,所为亦尟;待拨乱反正,已逾花甲,却精神焕发,不疾不徐,一生积累汩汩而出。学者与时代关系之紧密于此可见,学者须静而勿躁、持之以恒,亦于夫子身上得到验证。"[①] 许嘉璐教授的这段话,既是对徐复先生一生学术生命之总结,同时也以徐复先生的个人学术经历给后学以启示。今天,我们纪念徐复先生,当在怀念其发奋蹈厉、孜孜不倦为学术事业

---

① 许嘉璐.《徐复语言文字学晚稿》序[M]//徐复.徐复语言文字学晚稿.南京:江苏教育出版社,2007:1-11.

奋斗一生的同时，也要看到老辈学者真正不计较个人得失、只在乎祖国学术成败的高贵品格，老辈学者为传统学术幽而复光所做的努力、所付出的辛劳，以及他们虽然持守家法，但从不囿于门户之见，从不搞个人小团体或小团伙，在学术生态良性发展方面所留给今人的宝贵精神财富和资粮。

王十一年大梁司寇鼎"弃"字补释

岳晓峰

浙江大学艺术与考古学院

摘　要：王十一年大梁司寇鼎铭文原释为"亡友"合文之字，可与新出《清华简拾壹·五纪》"弃"字对照，二者当为同一字，均可读为"抚"。据此，则鼎铭原释作"赵无友"的人名，可改释为"赵抚"。

关键词：王十一年大梁司寇鼎；《五纪》；晋系文字；抚

2019年，洛阳理工学院文物馆收藏了一件传世的"王十一年大梁司寇鼎"，刘余力已指出该鼎应为战国时期魏国铸造，并对鼎铭做了精当详尽的识读与阐释①。不过，鼎铭中有人名云"肖￼②"者，刘余力云："'肖亡友鈢'，肖即赵，亡友为亡友合文，肖亡友即赵亡友，人名。"③刘文将"￼"字释为"亡友"合文，不论从字形还是字义来看，终觉未安。

所幸2021年底最新公布的清华简第拾壹辑《五纪》篇有一新见字形，

---

① 刘余力. 王十一年大梁司寇鼎铭文考释［J］. 文物，2020（1）：75-78；刘余力. 东周王城出土战国铜器铭文整理与研究：王十一年大梁司寇鼎［M］. 北京：文物出版社，2022：53-61. 本文所引刘文皆据此新见本。
② 因鼎铭拓片较为模糊，故此字形径用刘文所载鼎铭摹本。除特定字形外，本文一般采用宽式释文。
③ 刘余力. 东周王城出土战国铜器铭文整理与研究：王十一年大梁司寇鼎［M］. 北京：文物出版社，2022：59.

为正确释读"㪅"字提供了新的线索。《五纪》简88云"四曰弆","弆"字原字形作"㪅",从亡从攴,整理者释作"弆",读为"抚",并云"指下文拳、扶长四寸"。《五纪》简90又云"拳扶咫尺寻",整理者云:"拳、扶,四指宽,即四寸。《礼记·投壶》:'筹,室中五扶,堂上七扶,庭中九扶。'郑注:'铺四指曰扶。'孔疏:'扶广四寸。'"①贾连翔认为上引两处简文分别是对长度单位的数值和进制的介绍及确定尺度的基本方式和原则。②就文义和字形而言,整理者将"弆"释为"抚"之说可从。

楚简中尚有从亡从又或从亡从攵而读为"抚"之字,从"攴"与从"攵"或从"又"之字,均与手部动作义有关,故可通用。如《清华简叁·祝辞》简3-5有三处云"攼额"者,"攼"字从亡从又,整理者云:"即'抚'字,《说文》古文作'㧒',《汗简》作'攼'。……'抚额',疑指引弦之手循额后拉。"③"攼"读为抚,训为"循"之说可从。又,《上博简四·曹沫之陈》简3云"攺有天下","攺"字则从亡从攵,也可读为"抚"。"抚有"为同义连言,"据有""占有"义④,《左传·襄公十三年》也有"抚有蛮夷"之语。"抚有天下"与曾侯與M1:1编钟铭文云"䍙(抚)定天下"义同,只是"抚"字写法有别。《清华简玖·治政之道》简26云"钦教以抚之","抚"字原篆字形为"㪅",从无从攵,整理者训为

---

① 清华大学出土文献与保护中心.清华大学藏战国竹简:拾壹[M].上海:中西书局,2021:121-122.
② 贾连翔.清华简《五纪》中的"行象"之则与"天人"关系[J].文物,2021(9):88.
③ 清华大学出土文献与保护中心.清华大学藏战国竹简:叁[M].上海:中西书局,2012:165.
④ 《清华简伍·命训》简11"抚之以惠,和之以均","抚"字原字形为"㪅",从禾从亡,为"抚"字异体,"安抚"义。《命训》简11释文见清华大学出土文献与保护中心.清华大学藏战国竹简:伍[M].上海:中西书局,2015:126.

"安抚"义①。《说文》"手"部有"抚"字，引其古文为"㧊"，而"攴"部又有"㪅"字，并云："抚也。从攴、亡声，读与抚同。"《说文》"抚"与"㪅""㧊"同时出现，或是音义皆近的异体字关系。

《五纪》简88"弃"字形正可与王十一年大梁司寇鼎"䏌"字对照，二者当为同一字的不同写法。鼎铭"䏌"字中，"収"旁中间两短横，实则为战国晋系文字常见的"収"旁中间赘加两短横用为饰笔之例。晋系文字中类似的例子较多，如魏国三十五年（公元前369）虘令鼎"収"字原字形作"▨""▨"（《殷周金文集成》2611）②，中山王譽鼎从"収"旁的"弇""朕"等字分别为"▨""▨"（《殷周金文集成》2840）等。楚简中晋系风格文字习见，只是《五纪》"弃"虽字形所本为晋系文字，而其所从"収"旁中间已有所变化，没有赘加两短横以为装饰。因此，王十一年大梁司寇鼎之"䏌"字也当为从亡从収之字，而非"亡友"合文，将其改释为"弃"应无

---

① 清华大学出土文献与保护中心．清华大学藏战国竹简：玖 [M]．上海：中西书局，2019：140．包山简简164也有"㪅"字，各家释读观点可参见朱晓雪．包山楚简综述 [M]．福州：福建人民出版社，2013：257-258．今据《治政之道》，可知此字确当为"抚"字异体。另，《清华简叁·赤鹄之集汤之屋》简6又有"襮"字，整理者认为"疑读为'抚'，《说文》：'安也。'"见清华大学出土文献与保护中心．清华大学藏战国竹简：叁 [M]．上海：中西书局，2015：169．不过，"襮"的释读尚有争议。又，《上博简七·吴命》简6"敇"字，整理者亦读为"抚"。此字的释读问题学者多有讨论，可参看马承源．上海博物馆藏战国楚竹书：七 [M]．上海：上海古籍出版社，2008：319；郭永秉．古文字与古文献论集续编：清华简《耆夜》诗试解二则 [M]．上海：上海古籍出版社，2020：368-370．王辉．楚简帛"敇""壓"补释 [M]//古文字研究：第33辑．北京：中华书局，2020：368-370．岳晓峰．曾侯與编钟铭文"墓又天下""营宅汭上"札记 [M]．古文字与出土文献青年学者西湖论坛（2021）论文集．上海：上海古籍出版社，2002：17-19．
② 《殷周金文集成》9449三十五年虘令盉铭亦有"収"字形，裘锡圭、黄盛璋都已疑其为伪器，郭永秉进一步从铭文所记容量角度讨论了该盉伪铭的伪迹。详见郭永秉．魏国青铜器记容铭文中的"䵼"和"䏌" [J]．中华文史论丛，2020（4）：119．

问题①。

　　另外，关于鼎铭"赵弃"的具体身份，刘余力又云："'梁十九年亡智鼎'云亡智，'二十七年大梁司寇鼎'云肖亡智。此三鼎皆为魏惠王世所铸之器，'王十一年大梁司寇鼎'比'梁十九年亡智鼎''二十七年大梁司寇鼎'分别早八年和十六年。据此推测，肖亡友与肖亡智可能为兄弟关系。"②今据清华简《五纪》可知"弃"并非"亡友"合文，则据人名关联及时间先后推测其与"肖亡智"为兄弟关系的观点恐还需再斟酌。

　　综上，结合《五纪》"弃"字可读为"抚"，则鼎铭"赵弃"或可读为"赵抚"。而至于大梁司寇"赵弃（抚）"究竟为何人，惜因文献缺征，也只能暂时阙疑，留待今后有新出证据再做进一步探讨了。

---

① "弃"上部所从，又与晋系文字中作"匚"形的"曲"旁较为接近，可参看汤志彪. 三晋文字编 [M]. 北京：作家出版社，2013：1732-1738. 不过，出土文献中似暂未见从曲从犾之字，且结合清华简《五纪》所载字形来看，此字仍当以释为"弃"较为妥当。

② 刘余力. 东周王城出土战国铜器铭文整理与研究 [M]. 北京：文物出版社，2022：59.

四、04

蜀学大家

现代国学经典的释读问题：以尹昌衡论著为例

单 纯

中国政法大学人权研究院

在英语为主的话语中，"Classics（经典文化）"主要是指希腊以及希腊化的地中海区域和罗马以及罗马东迁后拜占庭地区的物质和精神文化，包括建筑、戏剧、诗歌、神话、欧式几何、哲学、法律、历史等，而宗教因犹太—基督—伊斯兰传统和中世纪神学，科学因笛卡儿解析几何、牛顿力学及牛顿—莱布尼兹微积分而从"Classics""别出新裁"，单列为"religious studies（宗教研究）"和"natural sciences（自然科学）"。此为国际学术界认同度较高的一种"discipline（学科）"界定。以此为参照，中国的"经典文化"或"国学"就是清代倾全国学者之力编辑且由皇帝钦定的"经史子集"，即《四库全书》，其内容之广博、体量之宏大足可媲美英语世界的"Classics"。因此，英语世界的"Classics"和汉语世界的"经史子集"足可以称为人类文明的两座丰碑。而另一方面，以古希腊和罗马为代表的"Classics"因为历史断裂，当下主要存在于专家学者的研究之中，而赓续不绝的"国学"仍然活跃在中国人的精神生活之中，当代新儒家、新道家、人间佛教、现代昆曲、京剧以及徽派建筑或大都市的现代景观建筑仍然折射出"国学"的特色和气派。比较英语世界的"Classics"和汉语世界的"国学"，两者的共性和各自的特色都十分明显。我们拿当代英语世界比较博学的约翰·杜威与汉语世界比较典雅的尹昌衡作比较，只要瞥一眼他们各自著述的目录就不难获得这样的看法：杜威论述的议题虽然都有"Classics"的渊源，但明显有断裂，主要关注的是当下的社会生活；而尹昌衡的论述，从议题、用典到文风、文句都比较古典、雅致，当代学者释读起来绝不比读程朱容易，其论辩之犀利不逊孟子，其夸张之比喻与庄子不分伯仲，其《周易》卦象援用之自如宛如京房之神占，其振聋发聩之公案直逼云门文偃……其中不仅有"汉学"的博雅，且蕴含"宋学"的深刻，更有囊括"五教"的气魄，即使以其为现代国学的典范亦不为"溢美"。提示其文本编辑中之瑕疵、修辞中偶见之冗余及用典间或存在的乖戾，亦非彰显其"谬误"，写作本文之动机，不过如汉语"国学"所秉持的"学术为天下之公器"，又如英语"Classics"所慕之"to love truth for truth's sake（真理之外无所求）"。因此，在东西方文化交流、思想互鉴的时代，以现代国学经典的视角来研究尹昌衡的"白学"或"五教同德"思想，应该不至沦为"离经叛道"之讥。

一、人物素描——本色儒将尹昌衡

尹昌衡，原名昌仪，字硕权，号太昭，别号艮子、止园、六鏖将军等。他一生横跨晚清、北洋、民国和中华人民共和国四个时期，算阅历"四朝"之人，然而他的政治功绩和思想贡献则主要见诸晚清、北洋和民国初年等时期，民国中后期他大部分时间在四川隐居参禅。至中华人民共和国成立，刘伯承、邓小平、贺龙主政的西南军政委员会对尹礼遇有加，以示对辛亥革命元勋的尊重。然而，尹此时已是贫病交加、风烛残年的老人，不两年即病逝于重庆。

尹在《自记·述先记》中称自己是"楚人蜀产"。其父系十世祖先从湖北汉阳迁入四川，世代务农，人丁兴旺，丰衣足食。尹氏有长寿基因，先祖中超过90岁者颇多（"皆上寿"），更有寿星享年百岁之外（"或逾期颐"）；其家风朴素本真，训诫子孙不入冠盖之门，远离官场衙门，累世力耕，粮仓丰盈（"庾如坻京"）。按照中国"耕读传家"的说法，尹氏父系强于"躬耕"，其母系则优于"诵读"。尹昌衡外祖父刘懋廷，天资聪慧，形体俊朗伟岸（"俊姿鹤立"），目光如炬，力能缚虎，适其诞辰之夕，其父梦见天垂白色条幅，上书醒目大字"干戈平定归于哲，廊庙文章非等闲"，暗示其子负有"文治武功"的天降使命。刘氏读书囊括经史子集，尤长于政书兵法，身备文韬武略，断事胆识过人，及壮年时在家乡彭州开门授徒，蜀督骆秉章赞叹其才华横溢，奏请封为川西团练，以应对太平天国之乱。当时石达开部下悍将蓝大顺率万余部队攻击彭州，众人无不望风披靡，唯刘懋廷带十九弟子堵在叛军进攻的蒙阳金福桥上，刘一手执剑，一手捧《春秋》，大义凛然，怒目相视。叛军魁首见状，传令："有敢伤刘孝廉者，罪不赦！"刘怒骂："狗彘！安有文士而从贼者乎？"①遂挥剑击中一反贼头颅，众贼涌上将刘砍成十九段泄愤，众贼各据一段以邀功，其弟子亦悉数殉难。次日夜，骆督援兵至彭州，将叛军围困，迫使其投降，交出杀刘孝廉的十九个反贼。这些人都被处决，其所据刘孝廉之尸体得以整合棺殓，朝廷准奏在桥头立庙，以便后人祭祀，表彰其忠烈。事后当地人皆以刘庙有神灵，遇事俱往求拜，传为"有求必应"的佳话。尹昌衡孩童时期，祖父常带他来此祭祀，瞻仰外祖父塑像，感慨其有岳飞忠勇气象。此可见，尹昌衡少年立志做儒家圣贤，中年成就军功事业、开宗五教同德之学，得其母系外祖父精神血脉者多矣！尹昌衡身形伟岸，亦隔代遗传其外祖父的"俊姿鹤立"之基因，川人号之为"尹长子"，这也很容易使人联想到"七尺八寸（约1.88米），……岩岩若孤松独立"②的"竹林七贤"之首——嵇康，正所谓：嵇康打铁，铮铮有直声；昌衡策马，勃勃展英姿。

相比之下，尹昌衡对其父系的记述则比较简略，除"楚人蜀产"之外，其述祖父尹先觉"须髯如画"，喜好读书，尤爱黄老之术，一则恪守避官之祖训，一则清心以修身。祖父与外祖父刘懋廷交情甚笃，对于挚友横死于太平天国之乱颇伤情感，直叹其难为：英才陨灭，天理不彰！祖父性甘寂寞，读书之外，嗜静坐参悟。其家族长寿基因于其身亦有所展现，值96岁之年，某日整洁衣冠，神情淡定，对家人说："吾不得见昌衡矣，为吾传语，忠孝仁勇，无愧厥心，可见吾地下。刘懋廷未终之业，惟此孙可继之。"③旋即仙化。此时，尹昌衡尚在日本留学。待回国后，家人告知祖父遗言，尹昌衡誓言定当谨守"忠孝仁勇"之祖训。

外祖父膝下无男儿，仅存一女，即昌衡母亲。外祖父仁厚开明，鼓励幼女读书明理。及闻外祖父遇难，衡母收藏好亡父的存书和著述，抚其遗体发誓："有子必读之！"嫁入尹家后，先生二女，不得男丁，母亲遂往外祖父庙中祈祷，某日做梦，见家中生长一玉兰香树，馥气袭鼻，惊醒之后仍然感觉

---

① 尹昌衡. 尹昌衡集：第三卷：自记：述先记 [M]. 北京：社会科学文献出版社，2011：889.
② 刘义庆. 世说新语：容止 [M]. 朱碧莲，沈海波，译注. 北京：中华书局，2011：599.
③ 尹昌衡. 尹昌衡集：第三卷：自记：述先记 [M]. 北京：社会科学文献出版社，2011：889.

四壁留有余香。母亲因此神迹而孕，一年后得男婴，即取名"兰儿"，后名为"昌仪"，蕴含仰慕其外祖父"仪表"之义，后因避讳"溥仪"皇帝之名，于日本留学期间应清政府要求而改名为"昌衡"。昌衡刚满月母乳即干竭，使邻居有母乳者喂之，不食；母亲将他置于内室熟睡，待醒后请邻居扮装其母再乳，昌衡一吮便哭闹，知非生母，吐奶不食。母亲见此状，对其父说："此子必不改节！"昌衡三岁即随母读书识字，人虽幼稚，而"壮虑高踔，奋励过于成人，九岁通经子百家"①。其嗜学如游戏，乐此不疲，夜寝不过二时，勤奋异常，父爱惜其身体，告诫"读书须有节"，昌衡即答"立志大无伦"，其母则勉慰说："听之，是儿龙马精神，当无害。"及十四五岁，昌衡身体骤长，健硕如成人。1902年四川成立武备学堂，昌衡被首批招入，次年，适清政府欲选派全国武备学堂俊秀者留学日本陆军士官学校，昌衡应试，以"欧洲战史"为题，发表宏论，曰，"目空廿四史，胸聚数万兵"，考官惊叹其儒将气魄，拔擢为四川考生第一，送往日本留学。在日本留学的6年，尹昌衡一如既往地勤奋好学，所痴迷者除中国的经史子集外，亦对经"东洋"诠释的西学——军事、政经和科学有所研习，阐发精微，留日诸同学因此送其一聪慧博学之雅号"牛董"（牛顿）。与尹前后几年留学日本的中国士官生中出了许多著名的军政要人，如蔡锷、李烈钧、阎锡山、程潜、孙传芳与刘存厚等，他们在辛亥革命前后的中国政治舞台上都扮演了十分重要的角色，可谓风云际会，英雄辈出！然尹则是其中文韬武略兼备，且政治上甘于急流勇退、思想体系上敢于独辟蹊径之人。

在日本留学6年后，23岁的尹昌衡归国。才俊返还，首站便入京城，然仅谋得一校尉卑职，这令才华横溢的尹昌衡颇感失望，遂"纵情诗酒，浸及声色"②，于醉生梦死中自暴自弃。时值广西巡抚张鸣岐治桂有政声，且不忍英才如昌衡者"溺于都门小妓"，屡次延揽，尹终为其情所动，取道上海、香港前往桂林张府供职，一路同行的有留日同学唐继尧、刘存厚、李烈钧，此三人前往云南，志在"颠覆清廷"，而此时的尹昌衡志向仅为："不叛上，

---

① 尹昌衡. 尹昌衡集：第三卷：自记：幼行记 [M]. 北京：社会科学文献出版社，2011：890.
② 尹昌衡. 尹昌衡集：第三卷：自记：幼行记 [M]. 北京：社会科学文献出版社，2011：891.

不阿私，行则霖雨济苍生，藏则著书教万世。"①其中有他对祖父、外祖父在天之灵的"忠孝仁勇"承诺，亦见其儒家"用行舍藏"的淑世情怀。在桂期间，尹昌衡有铁面将军的声威，与当时在桂供职的通儒硕学交好。其四川同乡、留日东京帝国大学的颜楷对年轻气盛且恃才傲物的尹昌衡多所褒奖，甚至提议将自己年幼的妹妹许配给他。尹问颜楷妹妹多大年纪，颜说"少子十二岁"，也就是10岁左右；颜昌衡颇感犹豫，直言颜妹"稚甚，非偶也"。不料颜楷坚持，说："娶可待年，先纳媵，过子无复佳婿也。"②意思是等小妹成年后再娶，之前可以先纳妾，生怕错过了千年不遇的妹婿人才。尹昌衡感念其诚，答应了这门婚事，并信守承诺，5年后正式娶颜楷妹颜机为妻。尹昌衡在桂期间，一如既往地桀骜不驯，张鸣岐叱责其为"酒癫"，尹则以一对联回怼："爱花爱酒爱书爱国爱苍生，名士皮毛，英雄肝胆；至明至洁至大至刚至诚悫，圣贤学问，仙佛精神。"③适时，蔡锷亦在桂带兵，某日尹昌衡策马奔驰，不期而入蔡锷军营，蔡锷邀与交谈，不几句，即赞叹："君果真奇才！名不虚传。"而后又劝诫："以君之奇才，必堪大用，何不略加遮掩，以图伟业？"尹称自己本性率真，无可虚饰。锷颇感惋惜，赞叹："君之才，退隐山林，亦可著千古文章！"

得知尹在桂林并不得意，四川总督赵尔巽便招揽其回川。离别桂林时，张鸣岐置酒宴为其饯行，席间劝诫尹："不傲不狂不嗜饮，则为长城。"尹则回敬："亦文亦武亦仁明，终必大用。"及回川路过湖南湘江时，又联想到此地怀才不遇、赍志以殁的屈原和贾谊，睹景伤情，献吊文明志："白璧暗落，黄钟弃捐。吁嗟二子，与我而三。"④在尹的入世原则中有屈原的刚烈，时政见识中有贾谊的深邃，而用世之不幸、宏图之不展、抑郁之情则堪比感伤湘水的屈原和贾谊，又得司马迁《屈原贾生列传》并两贤为一章的启发，同样才高气盛，时运不济，太史公暗喻自己与屈贾并列而三，尹昌衡亦以屈贾自

---

① 尹昌衡. 尹昌衡集：第三卷：自记：入桂记 [M]. 北京：社会科学文献出版社，2011：892.
② 尹昌衡. 尹昌衡集：第三卷：自记：入桂记 [M]. 北京：社会科学文献出版社，2011：892.
③ 尹昌衡. 尹昌衡集：第三卷：自记：入桂记 [M]. 北京：社会科学文献出版社，2011：892.
④ 尹昌衡. 尹昌衡集：第三卷：自记：入桂记 [M]. 北京：社会科学文献出版社，2011：893.

况。真可谓：英才相怜惜，千载通神契！

清能臣赵尔巽治川有政声，听闻尹昌衡有文武异才即准备委以重任，无奈手下进谗言，遂使昌衡再遇冷落。某日，赵尔巽置宴请川中要员及社会贤达欢聚，言称蜀地物产丰盈、兵强马壮，是天下可倚重的福地，诸位身居蜀中，当深感庆幸。尹昌衡举杯感叹道：我第一杯酒为蜀地感到悲哀，一饮而尽；这第二杯酒则为我自己感到悲哀，又一饮而尽。此举令赵不快，问道：何出此不吉之言？尹回答：兵强马壮，不得英明之将帅，无异于一堆干柴枯草，遇火则自我焚灭。我留学日本专研军事，六年返国，弃而不用，岂止是个人的悲哀、蜀地的悲哀，更是国家的悲哀！赵斥责道：我大清去日本研习军事的人多了，你凭什么发怀才不遇的牢骚？尹毫无谦让地反唇相讥："同学异才，秦桧以学士为宰相，李纲亦以学士为宰相，其功罪顾如何者？"①此话足见尹的真性情和大志向。虽然同样学习军事，但是才秉定有天壤之别；同样的学识和官职，但历史功过却不乏万丈尺寸之异！此情景不免使人联想到晚唐诗人李商隐，他也是当时才情并茂的人杰，其感叹自己的命运是"自有仙才自不知，十年长梦采华芝"（《东还》），尹昌衡比之则如：自有仙才自不掩，庙堂江湖争朝夕！盛宴经尹的即席"砸场"，不欢而散，赵尔巽本欲到尹的寝室私下劝诫，没有找到负气退席的尹昌衡，倒是读到了他平时书写的一些诗文，惊叹"其才可爱，其直可旌，其忠可敬，其辩可警"②。尹听说后，亦对赵尔巽的宽容大度表示钦佩。辛亥革命前夕，赵尔巽再度被委任为东三省总督；清帝退位后赵亦宣布奉天改旗易帜。袁世凯任中国大总统后，任命赵尔巽为清史馆馆长，负责清史的编纂，现在我们见到的《清史稿》基本上是在他的主导下完成的。其中因与盛宣怀的个人恩怨，赵在撰写盛时，语多有谤词。只是不知道《清史稿》中涉及尹昌衡时会不会因其弟赵尔丰被尹正法而有所微词？

赵尔巽离开成都后，其弟赵尔丰接替四川总督一职。1911年8月，四川爆发保路运动，赵尔丰刚愎自用，残酷镇压了参与保路请愿的蜀地民众，死伤者数百人，酿成"成都血案"，引发成都附近州县起义，二十万起义者围

---

① 尹昌衡. 尹昌衡集：第三卷：自记：入川记［M］. 北京：社会科学文献出版社，2011：893.

② 尹昌衡. 尹昌衡集：第三卷：自记：入川记［M］. 北京：社会科学文献出版社，2011：894.

攻成都，清廷急调鄂、湘、陕、黔、滇清军入川镇压，造成武汉防务空虚，革命党人趁机发动武昌起义，各地迅速响应，最终促成清廷轰然垮台。"成都血案"后，赵尔丰被四川起义军围困在成都，而外地增援的清军又沿途受阻，率湖北清军驰援四川的钦差大臣端方又被部下砍头示众，赵尔丰感觉清廷国祚不保，同意交出四川地方政权，由晚清进士、保路运动领袖蒲殿俊任大汉军政府都督，四川旋即宣布脱离清廷而独立。蒲仅是文人乡绅，应付不了四川各种势力，特别是旧军人、袍哥和暴民的极端诉求，当旧巡防军被唆使在成都发起兵变、烧杀抢掠时，蒲手足无措，仓皇逃离成都。从赵尔丰交权到"成都兵变"，蒲殿俊只做了 12 天的都督，当时人戏称其为"十日都督"。值此兵乱匪患肆虐之际，新任四川政府军政部长的尹昌衡利用其在川籍军人中的威望，临时召集驻守城郊凤凰山且由自己好友周骏统辖的陆军新军，得未溃散者三百人，亲自率领他们进城平定叛乱，击溃数万暴乱军匪，恢复成都社会秩序。平定"成都兵变"后，尹被成都各界公推为大汉四川军政府都督。为防赵尔丰利用手中三千嫡系巡防军进行反攻倒算，尹昌衡顺应民意诱捕了赵尔丰，旋即召开公审大会，判处其死刑，抚平了川人对"赵屠夫"的不共戴天之仇。1912 年 4 月，成都、重庆两地军政府合并，再由尹昌衡出任新成立的四川都督府都督，时年仅 28 岁。

1913 年 7 月，多地军政要员发起讨袁的"二次革命"，袁世凯忌惮尹昌衡在四川起兵与之策应，急令尹进京商议边疆事宜，尹决定前往北京复命，川藏社会贤达、西征军官兵以袁用心险恶为由苦苦相劝，尹还是执意前往，以示军人效忠之忱。1913 年 11 月，尹抵京后即被袁世凯囚禁，随后以"亏空公款"罪名判刑 9 年。1916 年袁世凯称帝失败后死亡，黎元洪继任大总统，恢复民国，但实权则由总理段祺瑞掌控。段对尹昌衡素有好感，劝说黎释放尹并聘为内阁顾问。在北京近四年的囚禁，尹昌衡效仿"文王拘而演周易"的典故，潜心研读《周易》，某日忽然开窍，深切反思其年少气盛之性情缺陷，忏悔之情溢于言表，"予数谓：'色不足以害德，酒不足以丧行，狂不足以损明，傲不足以长非。'弱冠以来，诱妇女而淫之者多矣。且为大将，转战万里，正宜肃廉隅砺风节，反于军中挟优妓，招摇罔忌惮，俳衣登场，有唐庄、隋炀之衷，复使酒慢陵尊长，忤言至则近敬宗之祸。世无唐太，谁能宽我？况猝然富贵，不思保泰持盈，而轻率喜功。小咈意，斯頞頞，高妄朝天而暮地。是皆灌夫之所以赤族，苻坚之所以坠命也。孔子曰：'好仁不好学，其蔽也愚；好智不好学，其蔽也荡；好直不好学，其蔽也绞；好刚不好学，其蔽也狂。'我之谓也，我之谓也"①。这次痛定思痛的醒悟，也促成了他两年后毅然决然地退出庙堂江湖，归隐潜学，并于名山事业大有斩获。

  尹昌衡出狱之后，先在北京逗留了几个月，黎元洪、段祺瑞、冯国璋对尹昌衡既敬重又警惕，并不加以重用，且他们相互之间也有猜忌。尹则以酗酒、狎妓遣愁，其间结识了京城名妓良玉楼（原名殷文鸾），彼此两情相悦，但是嫁娶之誓为控制良玉楼的鸨母所困。后经老友殷汉光介绍结识袁大白（袁世凯三子），并在其鼎力相助之下，尹顺利娶良氏为侧室，此后一直相守相伴，直到1949年良氏在逃难西昌时病逝。尹兑现了当年对她的承诺："我欲自为仙子婿，一生长与饭胡麻。"② "麻胡饭"是民间传说的"神仙饭"，食之身心愉悦，尹以此喻表达其对良氏的"一往情深"。当初，良玉楼嫁尹昌衡时，自命为"慰权"（安慰尹硕权之意），要求他从此后"勿沉湎""勿荒淫"，尹则应之以诚，且对自己此前放浪形骸的生命历程做了刻骨铭心的反思："予当少壮时，每晨寤，未启睑，恒觉脑有奇光，芒射八极，思赜阐微，无不如照。二十而肆欲，光日减。三十以来，逐物丧心，尽失之矣。狱中无欲，则七八日一偶见。获解恣纵，又复失之。及是而心志安怡，踵日渐复。"③尹将此反思以《周易》"复卦"的爻辞"频复，厉，无咎"（《频厉记》）为题，表示自己人生谬错频发，常处危境，然而总能遇贵人襄助，得其启发，最终化险为夷。在赞美良玉楼的旧体诗中，尹亦名其为"太贞"，借《周易》"贞下起元"，喻指良氏乃尹生命严冬化为暖春之瑞。当然，也可以视其为对孟子所阐发的"心性良知"的神秘体验，而对于尹这样天资卓越的英才雄杰而言，这不啻为改写生命轨迹的历史契机，从此他义无反顾地退出中国云波诡谲的政治江湖，归隐山林，潜心究学。此时的尹昌衡不过风华正茂的33岁，此后的十二三年，他没有辜负上天所寓的不世禀赋，尽收中外五大精神文明于其思想蓝图之中，探赜索隐，建构起一个立基于"白（兹

---

 ① 尹昌衡. 尹昌衡集：第三卷：自记：思过记 [M]. 北京：社会科学文献出版社，2011：917-918.
 ② 尹昌衡. 尹昌衡集：第二卷：诗歌：赠良玉楼 [M]. 北京：社会科学文献出版社，2011：561.
 ③ 尹昌衡. 尹昌衡集：第三卷：自记：频厉记 [M]. 北京：社会科学文献出版社，2011：920.

音)"字的"五教同德"体系,是二十世纪中国思想谱系中的一个里程碑,与500年内的中外思想巨擘相比,毫不逊色!他于47岁封笔,不再发表著述,转而内敛神形、闭门禅修,直至69岁谢世,留给世界一个伟岸的儒将背影,一幅斑斓多彩的思想画卷!中国旧小说中,常以"惟大英雄能本色,是真名士自风流"① 来描述慑人心魄的主人翁,以此冠之尹昌衡,不亦惟妙惟肖乎?

二、尹昌衡的思想概貌

尹昌衡29岁到33岁基本是在袁世凯的监狱中度过的,其间他有过愤恨和哀怨,感叹自己空有一身胆识才华而不为时用,同时也深切地反省自己才高气盛、恣意放纵的性格缺陷。在监狱中的读书思过使他的生命产生了巨大的转变,结合自己在军事和政治上的成败荣辱,他对少年时代熟读的经史百家有了更亲切的体悟,兴趣和热情逐步转向精神文化方面,期许建构一个兼容中外主要精神文化传统的新思想体系。出狱后一度又盘桓军政两界,至36岁时发表《归隐宣言书》(1920年8月5日),彻底脱离军政樊篱,用"十年磨一剑"的功夫,至47岁出版《唯白论》收官,建构了一个体大思精的体系。然而,由于他在辛亥革命期间平息了成都兵变、处决了四川总督赵尔丰等军政功绩,很少有人把他与近现代标新立异的思想体系联系起来,导致他的具有里程碑性质的思想体系长期处于湮没状态。

尹昌衡思想的渊源主要还是中国传统的儒道释文化,幼年蒙学阶段主要接受父母亲自传授的中国文史知识,包括外祖父刘懋廷遗留下来的经史典籍和著述,加之其天资聪慧,"壮虑高跱,奋励过于成人,九岁通经子百家"②。根据"四库全书"的分类,"经子百家"中的"经部"主要是指儒家的"十三经"及其历代注疏,其中对尹昌衡影响至深的就是号称"群经之首"的《易经》(亦称《周易》)。"子部"指除"十三经"之外的诸子百家著作和类书,大宗仍然是儒家类,其他则有兵家、法家、农家、医家、天文算法、术数、艺术、谱录、杂家、类书、小说家、释家、道家等13大类。这是尹昌衡日

---

① 见[清]文康:《儿女英雄传》(第八回:十三妹故露尾藏头 一双人偏寻根觅究)。
② 尹昌衡.尹昌衡集:第三卷:自记:幼行记[M].北京:社会科学文献出版社,2011:890.

后建构思想体系的基础或"童子功",其正宗主脉当然是儒家的"修齐治平"之道。"总角"和"志学"之年,尹昌衡先后入成都锦江书院和四川武备学堂,所学仍旧是中国传统的"经史子集"类的知识;青年留学日本虽然增加了西洋政治、军事和物理等学习内容,但对他整个思想体系产生主导性影响的仍然是中国传统的诸子百家,特别是以儒家思想为核心的经史文化。

尹昌衡的思想体系比较完整地表现在他的一系列学术著作之中。他23岁从日本留学归来,直至47岁封笔,前后发表了大约230万字的诗歌、演讲、建议、杂论、电文及学术论著,其中最主要的部分是47岁之前这十年间发表的、自成体系的学术专著,包括:《止心篇》《易钬》《原性论》《声学预案源诠证》《王道法言》《经术评时》《白记》《通书》《昭诠》《寓言》《劝将篇》《英雄修养论》《道德经详解》《阴符经详解》《消劫新书》《理海初集》《生民常识》和《唯白论》。仅从这些学术著作的名称上看,尹昌衡思想的基础和旨趣乃是中国传统的"经史子集"文化系统,其中最主要的就是儒家经典和入世哲学情怀,特别是作为"群经之首"的《易经》。而从内容上看,他这个著作系统是《易经》所谓"范围天地之化而不过,曲成万物而不遗,通乎昼夜之道而知,故神无方而易无体"的"明体达用"之学,是"出神入化"的、反思当代中西文化的"圣贤之学";无论我们采用他本人的"唯白论"作为标识,还是以"五教同德"概括他的学术思想,以司马迁"究天人之际,通古今之变,成一家之言"为衡量标准来看,他的学术思想都不愧为一个内容丰富、视野宏阔、逻辑严谨和藻思绚丽的思想体系。也正因为如此,尹的思想体系长期成为研究者的"畏途",其被湮没于中国二十世纪思想谱系之中,当然就是"其来有自"。

在他整个学术思想体系中,最重要也是篇幅最大的是其收官之作——《唯白论》。该书发表于1931年,此时尹已是47岁,接近知天命之年,从此便封笔,转入静心休养。本书是他思想体系的理论基础和总结,具有学术体系中"本体论"的地位,即以自造的汉字"白"为逻辑原点,推衍出人生论及政治、社会的方方面面,可以与其处女作《止心篇》对照看,所谓"不忘初心,方得始终"(语义出自《华严经》)。《昭诠》发表于1919年,即尹出狱3年后的著作,时年35岁,正是思想创造最活跃的时期,该书是尹昌衡对自己"唯白"思想和"五教同德"学说的系统诠释,对中国传统的"内圣外王"之学和"孔老佛耶回"传统进行学理分析和评价。《寓言》发表于

184

1923年，尹当时39岁；该书是对世界五种系统的文化，特别是中国自己的"儒道释"三种"教化"传统，从思想史的角度进行理论总结，形式上借鉴了西方"寓言"、柏拉图《对话录》、孔子《论语》、杨雄的《法言》和惠能的《坛经》，自己以"艮子"的身份与"孔老佛耶回"各家宗师及其重要弟子、中国《二十四史》中的风云人物开展"对话"，通过与各派宗师、明贤、大德、政要等的对话，损益其思想，权衡五教优长，其显著特征是采用《周官书》"天、地、春、夏、秋、冬"六官分类形式，以"春、夏、秋、冬"四卷，纵论"四部"——"经、史、子、集"所代表的国学，期之以"大成教"——"集五种教化之大成"为新生面的学术思想。他以《易经》"艮卦"宗旨——"心止如水、稳如泰山"来表示自己公平而崇高的志向，在庞杂繁复的对话内容中显现出"为天地立心、为往圣继绝学（截取于张载语）"和"五教责我开生面（比之于王夫子'六经责我开生面'）"的淑世情怀。同年尹还以《道德经详解》《阴符经详解》和《消劫新书》等形式发表了专论道家、道教的专著——《止园道经释要》。1924年40岁时发表《理海初集》，该书以"白学"为思想原则，论述佛教的方法论与境界论，兼论道教的养生论与儒家的伦理学，以"释道儒"三教对照耶回，发掘"五教"所蕴含的人生哲学及社会伦理，建构其独特的、"五教同德"的宗教哲学。除上述五本著作之外，其他如《易钵》是专门研究《易经》的著作，《王道法言》专论政治哲学，《经术评时》偏重于时政评论，《宇宙真理论》则简要论述宇宙发生学与人类进化论。1926年发表《生民常识》，此时尹42岁，已过了"不惑之年"，此著专就"白学"的知识论及伦理学进行通俗易懂的解释，也可以视为其盖棺论定之作——《唯白论》的知识梳理和"导论"。

除了上述十部体量较大的著作之外，尹昌衡还发表了大量的诗作，其色彩斑斓的文体亦让人惊叹：有哲学家的诗，有思想家的诗，有史家的诗，有军旅诗，有政治诗、文人诗、酒徒诗和情种诗。其次是大量政治、军事和时政电文，从这些电文的内容、语词、风格来看，基本都是尹昌衡亲自操刀之作，是他思想的另一面凸镜。另外就是十余篇专题论文、建议、宣言和致名人书信，其思想内涵之丰富、文化情怀之深笃，读之令人击节赞叹。在专题论文中，《圣私篇》特别醒目，这是尹在日本留学最后一年写成的小论文，也是他第一篇公开发表的文章。一反中国旧学中对"大公无私"的曲解，尹提出尊重私权利、抑制公权力才是"大公无私"的正解,这是对儒家"克己奉公"的社会伦理和西方洛克"私权神圣"的政治原则的参照性阐发;写作此文时,尹不过是个25岁的年轻人,他提出的"知私私之,所以公也;知公公之,所以私也"的"私权神圣不可侵犯",对照当下的人类社会情势,仍然不失其启蒙意义。另一篇重要论文《惟教论》发表于1917年,即他出狱后的第二年,经过政治上的大起大落、3年冤狱的反思和出狱后对中国波诡云谲的政治冷静的观察,他提出"教化"为社会治理的最高原则,在"政教关系"中明确"教主政辅"或"教本政末"的思想。另一篇比较全面地反映他宗教哲学思想的论文是《请建孔圣堂说明书》,文章发表时他37岁,近于孔子所谓"不惑之年",也是尹的论文中篇幅最长的,约8000字,分别从十二个方面论述了以孔子为思想符号的儒家为"国基",是"五教之纲纬";从十四个方面论证儒家思想为世界五教文明之"建极",即其思想源流之终极性阐释;从十个方面阐明孔圣堂作为传承儒家思想载体的绝对必要性;最后又从十个方面论证儒家文化的社会功能,并以"白骨可起者"自恃,其思想个性和表达方式可谓"惊醒鬼神"。

尹昌衡身处清末社会转型期,与他同时代的思想家相比,他所独创的思想体系是立基于汉字系统的,同侪学人中并没有出现以某汉字为宗的独创思想体系者。早尹一辈的学者中廖平和康有为皆为儒学大师,他们的使命在于挖掘儒家经典中适应现代社会需要的思想资源,故其贡献非见于建构新的思想体系。年长半辈(10岁左右)的大师如梁启超、欧阳竟无者,亦无新思想体系之构建,尽管他们各自在国学和佛学方面有超越前人的贡献。与尹同辈的学人谢无量和熊十力情况略有不同。谢虽于西学见闻颇多,淹博于中国经史、佛学,声名亦隆于政学两界,但于思想之严谨、体系之自洽仍遗缺憾;熊则为"心体"论的思想建构者,虽在35岁之后才立志建构"体用不二"的思想体系,但其思想体系的核心概念俱见于传统儒学和佛学议论之中,其由军政转入学术、独创"新唯识学"(1932年),与尹相比略晚5~6年,而其始于佛学、归宗"易学"与尹始于"易学"、归宗自辟之"大成教"则为"殊途异归"。而晚于尹10年左右的学者如冯友兰、金岳霖者,亦可谓当代中国学者中思想体系自备一格的翘楚,无愧于"新理学"和"新玄学"的代表,他们阐释自己思想体系的核心概念"理"和"道",其思想资源无出传统"理事之辨"和"道器之辨"或"自然与名教之辨"。与这些同时代的前辈、同辈和晚辈思想家相比，尹昌衡的特点是：独创一个形似"白（音兹）"的汉字，联系"皇""智""者""皋""皈"等汉字而形成的思想体系，借"仓颉"之名损益"孔老佛耶回"五教，集其公共伦理——"同德"——而为"大成教"，暗示自己为其独辟新宗之"圣哲"："至此白字，统宇宙圣哲之基也，纠万国谬说之绳也，立天地斯民之极也，阐华夏太古之煌也。头可遗，天可崩，地可坼，学可绝，此一字义，不可不立。"①倘"白学"得以确立并流行，必然会成为"群哲鼻祖"，昭明万物，五教中的知识论、宇宙论和人生论于一"白"字及其衍生的文化体系中，大成全备矣；尹自号"太昭"，寓意在兹。

对于神创论或本体论的教化体系来说，中国自南北朝时期译佛经者即开始用"唯"字，如"唯识""万法唯识"或"天上天下，唯吾独尊"，近代则有"唯心"或"唯物"之本体概念。尹昌衡亦沿用此"格义"，用"唯白"论述自己的思想体系，以明五教的思想基础和价值取向。"唯白"思想之构建，"白"为"自家体贴"，借"皇""智""者""皋""皈"等题，有所发挥者，皆本于儒家、佛学所有之高义，兼取道、耶、回三教之精髓，融通中国固有之"经史"与外来之"宗教""哲学"于一体，取精用弘，持论高远，与其时前后左右的思想家相比，可谓"卓尔不群"；当时有读者对《止园唯白论》评议："此书纯据仓颉古文，《周易》《阴符》《道德》《南华》及佛教上乘经典数十部，回教、《苟兰经》天方性理，耶教新旧约，参以太西今古哲学，而解以科学，故观此书时，妙理无不通彻。"②读其"唯白"思想体系，以"五教同德"一以贯之，始能体会儒家"为天地立心，为生民立命，为往圣继绝学，为万世开太平"，佛家"为一大事因缘出现于世"，史官"究天人之际，通古今之变，成一家之言"，西哲"我知我无知"及神学家"宗教乃人生终极关怀之表述"者，均于"唯白论"中得以创造性阐发，中国思想家特有的"微言大义""借题发挥""文质并重"和"言意共融"的方法亦在其中彰显。二十世纪中国学者的"返古开新"和"通和中西"的努力，尹之"白学"堪称"孤鸣先发"之特例，即以一自创之"白"

---

① 尹昌衡.尹昌衡集：第五卷：唯白论：原白[M].北京：社会科学文献出版社，2011：1676.
② 尹昌衡.尹昌衡集：第五卷：德阳萧绍鄫述："勾玄略评"[M].北京：社会科学文献出版社，2011：1665.

为本体，有别于中国传统的"心""理""道""气"和西方传统的"理念""实体""人格神"等概念，将汉字六书之精华融汇于儒道释的现代思想转型之中，而对于西方之基督教和伊斯兰教亦在"五教同德"的主旨之下，多所损益和借鉴。这种广大悉备、通和五教的思想气势，在二十世纪的中外思想谱系中，亦属尹昌衡所仅见。

要言之，在我们面前有两个尹昌衡：一个是政治和军事的尹昌衡，其生命光谱是从1911年至1921年，即从出任大汉四川军政府都督到督办孙中山使命于重庆受挫回到成都隐居；另一个则是学术思想上标新立异的尹昌衡，其生命光谱是从1921年隐居到1931年封笔这十年。这两个十年构成了尹昌衡在二十世纪中国历史上特殊的地位，而尹昌衡在两个方面的历史贡献也将会引起中外学者越来越多的研究兴趣。

三、研究现状及难题

尹昌衡思想体系的两个基本特征是"唯白"与"五教同德"：前者属于中国特色汉字文化体系；后者属于全球性的精神文化体系。这两者结合既乖僻又驳杂，乖僻是汉字"得意忘形"或"辞无所假"的内涵代价；驳杂则是"五教"或"外在超越"或"内在超越"或"真空妙有"的形式窘况，通常情况下，学者视其为畏途自然是在所难免的。此两点使研究尹昌衡思想的材料整理十分困难，没有全面、准确的原始资料，要研究尹的思想自然也就难上加难。因此，目前国内外对于尹昌衡的研究多停留在与其政治和军事活动相关的历史现象层面，而对于其独创性的思想体系研究仍然比较欠缺。

关于目前国内学术界尹昌衡的研究，2013年四川人民出版社刊印的《尹昌衡研究概览》做了比较全面的梳理，及至2017年第二次印刷时，依旧原样推出，并没有增补新的内容。海外的研究特别是欧美汉学家对尹的研究则几乎没有见到公开的介绍。四川人民出版社出的《概览》是从庞杂的中文文献中收集整理而成的，分为"尹昌衡与辛亥革命的综合研究""尹昌衡西征研究""尹昌衡生平研究""尹昌衡思想研究"和"附录"五个类别，其中"尹昌衡思想研究"相对薄弱。这就是说对尹昌衡的研究存在一种"生态失衡"的状况，研究者和读者对于他的生平和与其相关的历史事件是比较容易把握的，而对于他的志向、思想或者学术风格则不大容易了解，一则因为其立志高远，论题玄秘；二则因为其博学，论域广大；三则因为其禀赋超凡，论述典雅。这三个方面的非凡品性，研究者若没有相当的学识基础和思想敏锐度是较难把握的，更遑论一般读者。也就是说，研究尹昌衡思想的难点是与他思想的这三种品性正相关的，研究者在此三方面的储备越多，所可能达到的研究成果就越丰富，否则就比较艰难，使研究者和读者失去耐心和兴趣，与尹氏的思想盛宴失之交臂。

现有的研究尹昌衡思想的最完备资料是社会科学文献出版社2011年出版的《尹昌衡集》，该资料由中国社科院近代史研究所资深专家曾业英和周斌先生校编，他们对相关资料的收集、整理和考辨已经做了大量力所能及的工作，为后续的相关研究奠定了坚实的基础。但是，由于尹氏本身在上述三个方面非凡的禀赋以及之前尹氏刊印资料本身的遗漏和错误，《尹昌衡集》仍然存留一些值得改进和完善的空间，以促使未来的尹氏思想研究更准确、全面和深入。从思想史研究的原则来看，对一个里程碑式思想家的研究资料应从订正和诠释两个方面入手，西方学者名之为"文献考订"和"文意诠释"，中国学者则习惯于"注疏"和"集释"之类经史互证的传统；以此为参照，对尹昌衡思想的研究资料也可以从校订和注释两个方面提出要求，以增强专题研究的"问题意识"。

作为"问题意识"的第一项就是原始文献的校订。由于尹氏思想的深邃、知识的渊博和表达方式的精妙，加之旧有资料编校的疏漏，现存的《尹昌衡集》中属于文字遗漏、错用或冗余的情况时有发生，其频率高发于统一的出版技术要求，这对于研究者或者读者是一大困惑或挑战，直接考验着研究者的意志和读者的兴趣。仅以其论文《请建孔圣堂说明书》来看，这篇文字既是尹氏论文之最，也是出现校订困难比较多的例文。一篇大约8000字的文章，其中因校订困难而无法读顺的地方就有十五六处，如果按照图书出版差错率不超过万分之一的标准来看，这个比率显然太高了。因此，研究者需要耗费的精力和兴趣成本自然也会高企，一般读者自然也会"望文生畏"的。《请建孔教堂说明书》涉及的是中国传统文化的主流，也是尹昌衡学术思想的基础，分析其文本校订方面存在的难题有助于研究者提高研读资料的质量，也有利于改进尹昌衡文稿的编辑和释读工作。下面就此论文中存在的校勘方面的问题进行说明：

例1："今我国非立教无以固基，庶绩朝兴而暮废，且全世非孔道无以建极,诸教偏重而不中。"① 此句语意基本清楚,但是表述方面'……无以建极,诸教偏重……'在语气上缺少逻辑转接,疑似'诸教'前脱落"盖因"或"因"字。

例2:"大端不正,齐末奚为?此所谓非立教无以固基者一也。"② 此句应为"此所谓非立教无以固国基者一也",少了一个"国"字,因为"十二周虑"中后面的十一处表述都是"固国基者"。

例3:"在昔民识孔卑,易于笼络,虽英雄足以使群才。"③其中"英雄"概念与前后文句语意不契,要么是"虽枭雄",要么是"随英雄"。

例4:"行时雨以息灌溉,悬夏日而敛裼袍,德感心孚,功成掌反。"④此"裼袍"应为"绨袍"。

例5:"今琐尾抱虆中之虑,而浚明炳地外之光。"⑤应为"虆絷"。

例6:"本敝衣乞食之训,立时作强国之奴,实折衡破斗之平。"⑥应为"折衡掊斗"。

例7:"四大空空,误者多以自杀,五阴无我,节解何必弭兵?"⑦"自杀"后应为分号";","何必"应为"何若"。

例8:"青牛若遭乱世,祗晨门关尹,亦可阻其西行。不如用则行,舍则藏,政教兼举。外有伦,内有作,虚实同修。"⑧"祗"应为"抵","关尹"之后应无",";"内有作"应为"内有义"(《庄子》"八德"

---

① 尹昌衡. 尹昌衡集: 第一卷: 请建孔圣堂说明书 [M]. 北京: 社会科学文献出版社, 2011: 442.
② 尹昌衡. 尹昌衡集: 第一卷: 请建孔圣堂说明书 [M]. 北京: 社会科学文献出版社, 2011: 442.
③ 尹昌衡. 尹昌衡集: 第一卷: 请建孔圣堂说明书 [M]. 北京: 社会科学文献出版社, 2011: 444.
④ 尹昌衡. 尹昌衡集: 第一卷: 请建孔圣堂说明书 [M]. 北京: 社会科学文献出版社, 2011: 444.
⑤ 尹昌衡. 尹昌衡集: 第一卷: 请建孔圣堂说明书 [M]. 北京: 社会科学文献出版社, 2011: 444.
⑥ 尹昌衡. 尹昌衡集: 第一卷: 请建孔圣堂说明书 [M]. 北京: 社会科学文献出版社, 2011: 445.
⑦ 尹昌衡. 尹昌衡集: 第一卷: 请建孔圣堂说明书 [M]. 北京: 社会科学文献出版社, 2011: 445.
⑧ 尹昌衡. 尹昌衡集: 第一卷: 请建孔圣堂说明书 [M]. 北京: 社会科学文献出版社, 2011: 445.

中"有伦,有义"为对举)。

例9:"五教之书,惟佛惟富,深考其义,皆在六经。《金刚》空法相,《中庸》结语同之。《圆觉》首如来,《论语》从心是也。惟识宗不过复礼,《楞严》偈系于金椇,四相不留,《艮》卦已及,六尘尽绝。颜子所修,试尽讲全藏十年,终难逃六经一字。如其不信,敢以辩从,倘或辞穷,请当重昝。"①"颜子所修"之后,或有脱落句子或是尹的"千虑一失",否则与上下文句式、语意颇显脱节,根据宋儒"孔颜乐处"之说,恐怕遗漏者为"乐其箪食瓢饮"。

例10:"堂建则教徒有系,如入伍之兵。堂建则制度有章,如整纲之纲。"②最后一句应为"如整纪之纲"。

例11:"经典散乱而不修,礼乐堕荒而不习,私淑纷杂而不齐,衣钵弃遗而不袭。此皆建堂以后之大端,决非尊孔不亲之虚语。"③"……不修,……不习,……不齐,……不袭"与"此皆……大端"句式之间显然有脱落,无逻辑关联,显得前言不搭后语。

例12:"以孔道为彀,天下之英雄不能不入,以孔道为海,百川之洪流不能不朝。"④ 其中"……不能不入"后应为";","不能不朝"应为"不能不归"。

例13:"《周易》可以平六合,胡在不扬?《体运》可以清八溟,岂宜自弃?"⑤ 其中"《体运》"应为《礼运》。

例14:"富溢固害,均财党持之太苛。以坏伦而言平等决不行,以助长而为神奇终必悔。"⑥ 其中"坏伦"应为"斁伦",古人常以之言败

---

① 尹昌衡.尹昌衡集:第一卷:请建孔圣堂说明书 [M].北京:社会科学文献出版社,2011:446.
② 尹昌衡.尹昌衡集:第一卷:请建孔圣堂说明书 [M].北京:社会科学文献出版社,2011:448.
③ 尹昌衡.尹昌衡集:第一卷:请建孔圣堂说明书 [M].北京:社会科学文献出版社,2011:448.
④ 尹昌衡.尹昌衡集:第一卷:请建孔圣堂说明书 [M].北京:社会科学文献出版社,2011:448.
⑤ 尹昌衡.尹昌衡集:第一卷:请建孔圣堂说明书 [M].北京:社会科学文献出版社,2011:449.
⑥ 尹昌衡.尹昌衡集:第一卷:请建孔圣堂说明书 [M].北京:社会科学文献出版社,2011:449.

坏伦常。

例15："纳五教以合一，齐两大而为三，寿终跻极乐之天，寄世享无疆之庆，勋超亘古，谟盖当时。"① 其中"谟盖当时"应为"功盖当时"，与"勋超亘古"对举，词意契合。

例16："詹詹纳谏，书不尽言。济济伏闻，共来乞命。祈开天视，俯拾刍荛。"②其中"济济伏闻"应为"济济伏睹"，"阓"为"睹"的通假字，字形易与"闻"相混，"伏闻"或"伏睹"表示以匍匐的姿态听说或看到，等级制环境中的谦辞。

上述例子主要是针对尹昌衡研究资料的校订而言的，这也是最基础的。这个难题不能有效解决，他的相关思想研究就无法有效推进。此外，就是尹昌衡资料的释读难题。因为尹的禀赋卓越，对中国传统的"经史子集"烂熟于心，而运用在其思想创新的著述中，往往又能在"经史子集"的基础上别出心裁，其运用之妙，没有渊博的文史知识和释经的敏悟能力，就无法确证其著述的真谬，更不能理解尹昌衡运用这些文史知识所要表达的深邃思想。例如，在《武德论》中，尹的论述既气势磅礴又用典冷僻，其论述文为："夫能成大业定大计者，泰山崩而色不变，麋鹿兴而目不瞬，此其心用于虚，神凝于素也。故谢安从容，金主傲岸，亚夫坚卧，万春屹立。"③其中"泰山……，麋鹿……"一句出自苏洵《权书·心术》，因为收入流传甚广的《古文观止》中，以之论证"武德"自然显得博学而典雅。可是"谢安从容，金主傲岸，亚夫坚卧，万春屹立"中的"金主傲岸""万春屹立"就显得比较冷僻。知晋人风流，大体都会举宰相谢安遇事从容淡定的例子；《史记·绛侯周勃世家》中镇压"七国之乱"中亦有"太尉（周亚夫）终卧不起。顷之，复定"之谓，形容大将军"处变不惊"的风范。可是"金主傲岸""万春屹立"在已知的文献资料中就没有那么流行，得通过细致的研究才能把握尹昌衡用典孤僻的深意。由于尹昌衡本人是个身高近1.9米左右的

---

① 尹昌衡.尹昌衡集：第一卷：请建孔圣堂说明书［M］.北京：社会科学文献出版社，2011：449.
② 尹昌衡.尹昌衡集：第一卷：请建孔圣堂说明书［M］.北京：社会科学文献出版社，2011：449.
③ 尹昌衡.尹昌衡集：第一卷：武德论［M］.北京：社会科学文献出版社，2011：5.

"长子",对于引证历史上身形雄伟的人物有一种自然的偏好,"七尺男儿"在中国古代是男性身高的标配,而"八尺男儿"就有"伟岸丈夫"的味道了。金日磾和霍光是汉武帝托孤的两位重臣,根据《汉书·霍光金日磾传》记载,汉人霍光"七尺三寸"是标准的汉族男儿,但是他"不学亡术,暗于大理",与之相比,匈奴降臣金日磾"长八尺二寸,容貌甚严"①,官品"忠信自著",由汉武帝"赐姓金氏"。在彪炳史书的人物中,与谢安、周亚夫品质相若、且符合"堂堂八尺男儿"形象的较为合理的推测就是匈奴休屠王的太子金日磾,金是汉武帝因匈奴以金人祭天而赐姓,主表示其出身匈奴部族主子,有王侯血统。尽管勉强为尹昌衡用典冷僻提出了一种解释,但是又不得不说,"金主"这样的用典称谓脱离中国传统的"四库"知识太远,有损于对尹氏思想的理解。还有一种可能就是尹氏用典冷僻,有"想当然尔"的成分,或者就是印刷错误。无论是哪种情况,这样冷僻乖戾的表达方式与其前后句子的表意并不契合。如果四个历史典故都说明同样的道理,用学者耳熟能详的故事就好了,多加两个孤僻的典例,不仅语义冗余,而且修辞上有"蛇足"之虞。如果文献编辑在处理这些典例时能加以校订或解释,会为读者或研究者提供很大助益。

同样,与"谢安从容,亚夫坚卧"并列的句子"万春屹立"亦属于孤僻之典。从并列句的主谓结构来看,"万春"应该是"谢安,亚夫,金主"一样的人名。然而,中国正史的历史人物中并无"万春"。在日本和韩国的历史传说中,却有唐太宗亲征朝鲜久攻安市城不下,无功而返,原因就是安市守将杨万春(亦作梁万春,韩语发音读 Ryang 或 Rang)坚守不战,守城屹立不破,严冬临近,唐军补给开始匮乏,太宗不得不班师回朝。传说守将杨万春登上城楼向太宗行拜礼辞别,太宗亦赏赐杨万春,以表扬其忠于职守。大概因为尹昌衡在日本留学时听到这样的故事,以小国守将挫败一世英名的唐太宗亲征,颇显英豪之气,遂引为人格独立、不惧皇帝的思想同道。

通过"万春屹立"这个典例,不难引出理解尹昌衡文献的另一个难题,即孤僻事例或地方性知识的普遍意义。这两者之间如果没有必然的联系,过度使用这样的孤僻事例或地方性知识会严重阻碍表达效果;反过来讲,文句

---

① 《世说新语》中言嵇康"七尺八寸"已经是"岩岩若孤松独立",可见金日磾"八尺二寸"体形之"傲岸"。

表达不能使读者或听者畅晓其意，当然有"词不达意"之虞，失之于"言简意赅"，尹氏酷嗜《周易》、博学率性和天资不掩的个性，诉诸文字，自然会有辞藻冗余、逻辑失序和语义混淆等不利于其思想的传播和交流的后果。尽管这些都是细枝末节类问题，但它们往往又成为尹氏宏阔思想体系的"阿喀琉斯之踵（Achilles' Heel）"。尹氏文献中所显示的这一特点，不仅考验着文献编辑、整理者和研究者的渊博而精深的知识，也考验着他们的思维敏捷程度和辨析求证的耐心，自然也会极大地增加其文献的勘误成本，加重研究者的学术负担；尹之思想被长期湮没，其与时代学术潮流脱轨的风格恐"难辞其咎"。在此，我们仅以尹氏1917年12月的《上段祺瑞书》中的最后一小段文字作为分析样本：

> 衡素耻阋墙之斗，以为楚弓楚得不足言。独重观国之光，自谓汉将汉民分所应。是以四千里百战归来，久甘囊括。念万言诗书著罢，不耐锥藏，用之于国中，则固有疏远之嫌；投之于四裔，尚足为魑魅所惮。明公不以卑陋而轻之，寒畯而忽之。则弹铗之士，三窟能开，脱颖之夫，一言必中。况欧西将极通明，君尤英达，非汉秦宓之辩，何以增樽俎之光？非文彦博之雄，何以慑虎狼之气？愿追随于副贰，自荐于三公。①

此是尹中年思想成熟之作，值袁世凯冤狱获释之后，且有三年狱中冷静的人生反思。初看上去，这段文字彰显了作者渊博的文史知识和自负的深情，其典故与文意是否匹配，显然是可斟酌的，但其文辞之华丽、典故之奢侈、口气之夸张，在其前后左右的思想家中难觅第二人。其中"观国之光"和"秦宓之辩"，非《周易》卦辞之烂熟难解"观光"之政治旨意；非对蜀地历史人物情有独钟亦无"（广汉）秦宓善辩"之情趣，而真正"史不绝书"的辩者是晏婴、墨子、唐雎、庄子、公孙龙、张仪、苏秦、孟子、陆贾等。就《周易》的情况言，因其是中国经典的"群经之首"，一般中国人熟悉的是"修辞立其诚""自强不息"或"厚德载物"之类的词句，像"观国之光"之类对于研究者或者读者太专业了，容易产生"专业壁垒"效应；而

---

① 尹昌衡. 尹昌衡集：第一卷：上段祺瑞书[M]. 北京：社会科学文献出版社，2011：434.

"秦宓之辩"这类地方性掌故,岂止是安徽人段祺瑞不熟知,即便是国史大师也未必"周知"。

清末民初时代的学者中,作为尹昌衡长辈的严复、康有为,表达思想时语词和典故都遵循传统学问的章法,其思想和文体亦为当时学者所接受,在社会上产生启蒙的影响自不待言。而作为尹氏次长辈的学者章太炎,其思想和文风与严复、康有为又不尽相同,有"学问渊博、著述艰深、文风古奥"之谓,因之读其书者一则"叹为观止",一则"望而生畏"。与之相比,尹的学问更为宏大、思想更为系统,但用典孤僻、文风艰涩则"有过之而无不及",这既是编辑和研究者的难题,也是尹思想难于通过交流、传播而深入的症结之所在。因此,为推进尹昌衡思想之研究,开掘其思想的现代价值,校勘和释读其文献与研究和评价其思想应该形成一个互为因果的学术生态,没有可信的校勘和释读,后续的研究和评价将十分困难。

四、尹氏思想的潜在价值

尹氏思想的潜在价值不仅存在于他的学术著作和书信、诗歌、电文之中,也存在于他特立独行的政治阅历和损益五教的浪漫文风之中,于前者他与近代耶稣会士的创始人、先军人后圣徒的依纳爵·罗耀拉(Ignatius Loyola)颇多契合之处;于后者则与"汪洋恣肆、仪态万方"的庄子相映生辉。

在中国历史上,像尹昌衡这样既有可彪炳史册的政治和军事功绩又有自成一家的思想体系者是非常罕见的。这一方面说明要研究他的学术思想不能游离于他的政治和军事生涯,另一方面又不得不忧虑对他的政治和军事生涯的评价会影响到对他学术思想的研究。西方思想史上有"哲学-王(philosopher-king)"之理想,中国虽然有儒家憧憬的"圣人"谱系或"周公制礼作乐"之传说,但真能"合君师于一身"的历史人物则难觅其踪。纵观中西方历史,尹昌衡或许真是个异数:他一方面能以大都督的身份稳定四川政局、平定藏叛乱乱,另一方面又能损益五教,创建"白学"体系,在政学两界都有超凡脱俗的表现,这一特点在中外历史上都实属罕见!

对于黎元洪、段祺瑞、冯国璋、王士珍这些"北洋"政治大佬来说,尹昌衡只是个"少年英雄",但另一方面他又是一个千年不世出的"儒将",集学识渊博、才华横溢、胆识过人、志存高远和傲视权贵诸德于一身,于此,北洋诸杰自然也是"心知肚明"的，因而能在袁世凯构陷的冤狱中抱持对尹的好感，他们的"惜才之情"也对尹昌衡人身安全起到了保护作用，对他出狱后专注学术思想之创新亦为一大激励。尹以军人之资，酷爱读书，有"六鏓将军"之雅号，其于国学之"经史"典籍"沉浸浓郁，通乎义理之中，而笃于人伦之正。上不敢媚权贵，下不敢附阿党。茕茕自爱，尸素窃慙。知无足以效忠，不如反而全孝。遂浩然有归志。辞书八上，黎公坚不许。则不待命，束装即发。至汉上，黎公命津吏阻予，强拽而归诸京师。见黎公，黎公曰：'子虎也，不可以出柙。'予对曰：'衡以麟性，蒙虎之皮。忠于清，忠于袁，忠于民，忠于藏，岂能负元首再生之德哉！'黎公无以难，慰藉有加"①。通过这段记述，不难看出黎元洪深知尹的政治和军事才干，而对其学术底蕴和思想潜力则未必有认知和兴致，这也是符合黎的身份和地位的。对此，后继的研究者应能从黎对尹的态度中发掘出尹昌衡思想的全景性价值。

在北洋诸大佬中，尹与"北洋之虎"段祺瑞的关系最为特别，这是因为他们在政治理念和人格性情上有良多契合之处，遂成为政治和性情上的"忘年交"。袁世凯能够构陷尹之冤狱，尹自己在性情上自有"取败之道"，但段祺瑞却能包容尹的性情弱点而欣赏其才华和忠贞，以"六不总理（不抽、不喝、不嫖、不赌、不贪、不占）"的声誉为尹奔走呼救，段的人品和对尹的情谊对尹后来的急流勇退和学术致公产生了积极的影响，此于尹给段的书信中亦见真情表白："惟此时京中知交最少，申诉无由，受业夙蒙夫子大人屡加惠爱，感戴极深，惟有仰恳鼎力解释，设法援救，俾受业含冤可白，得以及时问学，以报国家。将来稍有成就，皆夫子之赐也。"② 比较他与北洋其他大佬的书信，不同之处在于，尹对段在学术志趣和政治人品上是引为同道的。与段解救尹于冤狱不同，冯国璋是重新启用尹昌衡的政治雇主，然而尹与他书信只谈政治，绝不提及学术志趣，更无"受业、问学"之类的士大夫情调："窃闻成败之数视顺逆，强弱之量视贤否，清之所以亡者，非其力之不强，知之不足也。逆民心，用宵小故耳。项城之所以败者，非其力之不强，知之不足也。逆民心，用宵小故耳。今明公本诚惠迪，毅驱回遹，国中

---

① 尹昌衡. 尹昌衡集：第三卷：自记：六鏓记 [M]. 北京：社会科学文献出版社，2011：921.

② 尹昌衡. 尹昌衡集：第一卷：致段祺瑞函 [M]. 北京：社会科学文献出版社，2011：395.

之杰，待命于戏下，非复往者之覆辙矣。"① 此信是为回报冯国璋对他政府资政任命的答谢，尹的态度中规中矩，与对段祺瑞的态度有明显的差异，这也自然流露出尹昌衡思想中特殊的"通和（integrity）"品性，即将才学禀赋、政治品德和个体性情"三合一"的德性。西方思想界近500年反思人类社会德性得出四个原则性的概念，即"自由（liberty）、平等（equality）、公义（solidarity）、通和（integrity）"，而尹昌衡的天资殊赋、留学眼界、政军历练、志向情趣都不同程度地见证了这些概念，可谓中国社会近代转型中的"以身载道"者，这不仅反映在他与北洋诸佬的政事和人际交往之中，也折射在他的学术思想探索之中。如不将其天资禀赋、政军履历和学术思想放置在一个世界性的、有数百年思想探索的背景之中，我们则难于理解和说明在一个积弱积贫的传统社会之近代转型中，"川军鼻祖"何以有"五教同德"的学术追求。

人类社会的价值的评估有两个通行的维度，一是物理性价值，一是精神性价值。尹昌衡的思想显然是属于后者，因为它并不能揭示出一个可以被量化的实物矿藏，而是通过汉字形状性构建去解释和评估人类五种主流教化文明——孔、老、佛、耶、回，得出一种新的、通和五教的"乐生"文化哲学。这或许就是尹昌衡宗教哲学思想的精华。在尹昌衡的思想体系中，传统社会中的五教均不再局限于"人格神（基督教）""神秘体验（佛教）""社会伦理（儒家）""政教合一（伊斯兰教）"和"神仙（道教）"，而是超越这些不同民族在社会和文化经验中的限制，直接从每个人的生命历程中建构一个普遍性的教化系统，即把每个私人的经验神圣化——"圣私"——从而达到大公，用立基于"白"或"白本体"的话语阐述"樂生（乐的繁体字'樂'中有'白'）"体系，融通"生生之德"的中国文化与"神的恩典"的西方文化，前者是一种"范围天地之化而不过，曲成万物而不遗"的内在生命伦理，后者则是一种"慈恩（common grace）、灵恩（prevenient grace）和救恩（saving grace）"的外在启示伦理，中西文化之通和正是天人内外之合一，"圣私"即"大公"，"大公"即"神恩"，"白"体之用，即"公私"合德："比白为皆，皇者同也。八（古'分'字）白为上

---

① 尹昌衡. 尹昌衡集：第一卷：上冯国璋书［M］. 北京：社会科学文献出版社，2011：428.

入下白（古'公'字），皇无私也。"① "白"字之用者，比比皆是；皇者之崇高人人平等分享，所以公私契合，所谓"大公无私"或"公权私用"皆有悖于"凸（古'公'字）"所蕴含之伦理，即"分布白性，以及于物，公之大也"。②可见，尹以"白"字为体，自创一套汉字文化哲学体系，摄取"五教同德"之精华，其潜在的精神文明对于解决日益加剧的"文明冲突"具有不可估量的价值。

对于尹昌衡利用汉字创建"五教同德"的思想体系，尹自己的文献都是放在明处，但在此之外，他损益"五教"还有一个特点就是《周易》义理与寓言的结合。这就是儒家宇宙论与道家方法论相结合的一种话语形式，中国传统的思想流派都有比较严谨的"家法"，很少有这样的尝试。西方自柏拉图与亚里士多德开始也有本体论与方法论的传承分野。但是，要对古今中外五大文明教化传统进行批评和阐释，尹昌衡显然是做了这样的尝试，而且也只有他那种特殊禀赋和性情的思想家才敢于这样大刀阔斧地论述五教。他在书信、演说、论文和专著中除了论域宏大、用典冷僻之外，其论述方法常常又别出心裁、虚实结合、亦庄亦谐，初读之下，十分烧脑，陷人于不忍舍取、明暗难决的尴尬境地。与他的"五教同德"论述一样，他的话语风格也是十分独特的，比较集中地体现在他的《寓言》一书之中。我们不妨取该书开篇的第一个寓言来作示范性解读：

艮子骑白鹿过函谷，关令尹乐阻之曰："五星烨烨，聚列东壁。当有圣人，绝尘西逸。观子颙颙，毋乃是乎？盍为我著书？"艮子曰："吾有异能，授子乃已，书何可得著耶？"于是尹乐跽而请益。艮子徐曰："饥则以口食，舌搏而齿齰。倦则以身寝，手止而足息。"靦卧以示之，曰："尽矣至。"更请，曰："尽矣至。"三请复尔。乐乃感悟，送之崤岐而歌曰："饥食倦眠，天地闲闲，何必读书，道在玄元。"③

---

① 尹昌衡. 尹昌衡集：第五卷：唯白论：内篇：纲言［M］. 北京：社会科学文献出版社，2011：1668.
② 尹昌衡. 尹昌衡集：第五卷：唯白论：述颉罗经［M］. 北京：社会科学文献出版社，2011：1680.
③ 尹昌衡. 尹昌衡集：第四卷：寓言：第一卷：春：尹乐［M］. 北京：社会科学文献出版社，2011：1241.

此书虽名为"寓言",却不是西方《伊索寓言》那种风格,从篇目布局看,完全就是《周礼》①"六官"的形式,省天、地两官,只以"春夏秋冬、四季轮回"隐喻生命之德。"艮子"是尹自己的代称,以示与各派宗师、大德对话的自信和权威。当时尹有一好友读此书后言:"止园《寓言》,初读之若甚谐,……作寻常寓言看,殆不可与论止园。至许以哲理、文辞、宗教、政学等等,亦读书有间得者也。"②其所"谐"者,自不能以《周礼》"六官"学说来读;其蕴含"哲理、文辞、宗教、政学"之丰富内容又不限于《伊索寓言》。岂止《寓言》如此,尹昌衡绝大部分诗文论著都有此特点。尹以"艮"为其思想身份,取《周易》"艮卦"中"艮"为"金文艮字为目下一人背之形,会意为睹背不见前身(艮其背,不获其身)",一如"过堂前庭院,不得见到室内之人(行其庭,不见其人)",寓意"不动心,故眼不见",因而由"止心"而得"止观";止断心念,即停止幻化相的侵扰,用静止之心去破除一切幻想所执。尹以"艮子"之身份去破解各家思想,超越其局限,确立自己的思想体系,所以"五教宗师"、百家圣贤皆为"艮子"的话语对象,而且用典、用词、用句式完全是按照自己直抒胸臆的效果来,并不受传统"汉学"和"宋学"的限制,亦不在意西方哲学逻辑理念与神学的神迹所设置的前提。如"骑白鹿过函谷",既有老子"骑青牛过函谷关",又有佛教故事中佛陀前世有一世为鹿王并在鹿野苑初转法轮的信息;"何必读书,道在玄远"亦暗示禅宗"教外别传,不立文字"和道家"玄之又玄,众妙之门"的哲理寓意。又如,像《寓言·齐家》则直接把艮子喻指为现实版的复圣颜回:"艮子之陋巷,一箪食,一瓢饮,人不堪其忧,艮子不改其乐,而天伦笃甚。"③读过《论语》的人都不难看出,此句式都是移用自"贤

---

① 《周礼》是周公"制礼作乐"而成的制度之书,故汉代人称之为《周官》,以研究中国古代制度见长的陈寅恪亦用《周官》之书名。其内部结构为"天官、地官、春官、夏官、秋官、冬官"六大部分。尹著《寓言》亦以"春卷、夏卷、秋卷、冬卷"为其轻重秩序,以附《周易》"生生之德",不置"天卷、地卷",恐寓意无"天经地义"之官书权威和文体庄重。
② 尹昌衡. 尹昌衡集:第四卷:寓言:序一[M]. 北京:社会科学文献出版社,2011:1239.
③ 尹昌衡. 尹昌衡集:第四卷:寓言:齐家[M]. 北京:社会科学文献出版社,2011:1249.

哉回也，一箪食，一瓢饮，在陋巷，人不堪其忧，回也不改其乐。贤哉回也"①。

尹氏《寓言》文风洒脱，与希腊的《伊索寓言》相比，不限于"故事—道理"文体，倒是更近于《庄子》恣意汪洋的自由风格，即"以天下为沈浊，不可与庄语。以卮言为曼衍，以重言为真，以寓言为广。独与天地精神往来，而不敖倪于万物。不遣是非，以与世俗处"②。这是《庄子》"杂篇"中的陈述，语气多有孟子所谓"先知觉后知，先觉觉后觉"的狂狷味道，用语则由言说者自由裁量，或是"卮言（酒后言）"，或是"重言（引先哲言）"，或是"寓言（隽语箴言）"，这些话语出现在尹氏《寓言》中，容易使人联想到自己的知识储备、人生经验以及思想觉悟。读尹昌衡的著述，细品他的文体，揣摩他的思想，既可以说是一种知识和思想挑战，也可以说是欣赏一种精神文化，更可以视为一种文明类型的启蒙。特别是后者，他著作的意义远高于一般的学者思想家，而是特立独行的启蒙思想家。仅就中国学者思想家言，论说秦皇、汉武、唐宗、宋祖都习惯于一种客观的宏大叙事，使读者敬佩其"文治武功"；而在尹的笔下，则视"秦始皇与牧猪奴"为平等、自然之人；华盛顿、唐太宗之治不得称为"圣治"，乃人为之"争权夺利"，与天赋人权、自然正义之理想相去甚远。在《寓言》中，他这种"说大人，则藐之，忽视其巍巍然"的风格，与世界近代社会文明所追求的自然正义和人民权利思想多有异曲同工之妙。

五、结论

无论以英语话语中的"Classics"还是汉语的"经史子集"来看，可以毫不谦逊地说尹昌衡的著述是现当代汉语世界的"国学经典"。主要依据是，他的思想体系是以其独创的"白"字为本体而通和其他知识领域。再者，其对人类"五教"文化的损益，充分展示了他对"经史子集"的博通和创造性运用。仅就这两个方面讲，当今汉语世界中堪称"国学经典"的，尹昌衡的著述是绕不过去的。他别出心裁的思想体系对于汉语世界的学者或海外"汉学"研习者，至少具有三个方面的启发意义：

---

① 《论语·雍也》。
② 王先谦. 庄子集解 [M]. 上海：上海书店，1986：222.

第一,"Classics"和"国学经典"是现代人类生存的丰富精神资源。不唯英语世界的精神创造性活动总是从"Classics"中"返本开新",汉语世界的精神创新亦离不开"古为今用"和"六经责我开生面"。开启西方近代社会文明的"文艺复兴"和当代中国社会提倡的"文化自信"即其显例。

第二,"Classics"和"国学经典"的精神文明价值永远体现在传承者或"文化信徒"的创造性继承和创新性发展之中。这方面尹昌衡对"国学经典"的诠释和运用本身就形成了一种新奇的现当代"国学经典",其意义可与古罗马晚期的圣哲罗姆(St. Jerome)的《圣经》拉丁文翻译相互印证。在圣哲罗姆之前的神学家和世俗学者面对的《圣经》是希伯来文的《旧约》和希腊文的《新约》,要将这两个"Classics"综合成供当时罗马人用的拉丁文《圣经》,需要对《旧约》和《新约》作校勘、诠释和翻译的工作。圣哲罗姆既是一个博学的古犹太-基督教圣经学者,又是一个敢于推陈出新的教父哲学家,他用拉丁文诠释和翻译的《圣经》成为宗教改革前西方社会所运用的最权威版本,是英语世界"Classics"在中世纪最重要的权威文献。他开创了《圣经》翻译的"意译(sense for sense)"传统,取代了之前的"字译(word for word)"传统,享有"译圣(Patron Saint of Translators)"之誉;他在"意译"的过程中不仅实现了文字的转换,而且加入了对《圣经》重要的解释和评论,这一点与中国汉唐时期成绩卓著的"经学家"可谓"不分轩轾"。可是在尹昌衡的新"国学经典"中,"经"则不限于"十三经",解经也不局限于"二十四史",而是将"五教"经典悉数纳入其论述范围,对"五教"经典的诠释和损益则"涵盖乾坤"——举凡文、史、哲、政、经、法、数、理、化等学科知识皆能随心所欲地运用于其思想大厦之建构。可见,尹的"国学经典"别于圣哲罗姆、过于汉唐经师者,正在其胸襟之阔达和思想之自由,其学术思想具有非凡的超越性价值,此其谓也。

第三,对于古代"国学经典"之考订和诠释,司马迁秉持"信以传信,疑以传疑"的客观公正的史官立场,这有点西方"Classics"研究者"为学术而学术(learning for learning's sake)"的味道,但是,另一方面,史官在客观学术的基础上还期待有创新,从历史事实中总结出社会发展的规律,即"究天人之际,通古今之变,成一家之言"。当代中国学者把这两种研究"国学经典"的使命分解成三种流派,即"信古派""疑古派"和"释古派"。

但是我们考察尹昌衡的"国学经典",发现他更像是一个"通古派",他的特点是打通"信、疑、释"三派,将庄子的"寓言、重言、卮言"论述方法与儒家"修齐治平"的论述使命通和起来,呈现出"古为今用、洋为中用"、既博雅宏阔又不失严谨细致的学术思想风范。

谢无量著作提要（21种）*

彭 华

四川大学古籍整理研究所

摘 要：谢无量，原名蒙，后易名沉，字无量，别署啬庵，四川梓潼人。谢无量是著名的社会活动家、诗人、书法家、学者。谢无量学识渊博，著作丰硕，生前成书28种，卒后成书四种。本文选取谢无量著作21种（以文学、史学、政治、教材等为主），进行提要式的介绍，以方便读者按图索骥。提要式介绍的内容，主要涉及著作的署名、内容、版本以及评价等。

关键词：谢无量；著作；提要；内容；版本

谢无量，原名蒙，后易名沉，字无量，别署啬庵。祖籍四川梓潼，生于四川乐至，长于安徽芜湖。谢无量是中国近现代著名的社会活动家、诗人、书法家、学者，曾经得到孙中山、毛泽东"两位伟大领袖的优礼相待"[1]。谢无量学识渊博，著作丰硕，生前成书28种，卒后成书4种[2]。

众所周知，"经史为基，国学为本"是近代蜀学的"外在状貌"，"熔铸古今，会通中西"是近代蜀学的"内在追求"，"勇开风气，经世致用"是近代蜀学的"学以致用"[3]。在谢无量的身上，近代巴蜀学术的特色得到了

---

* 基金项目：国家社会科学基金项目"民国时期巴蜀学术研究"（12BZS014），四川大学中华文化研究院重点课题"《谢无量全集》编纂与研究"（2019ZHWH-04）。

[1] 彭华. 谢无量年谱[M]//儒藏论坛：第三辑. 成都：四川大学出版社，2009：132-163；彭华.《谢无量年谱》订补[M]//儒藏论坛：第十辑. 成都：四川大学出版社，2015：310-323.

[2] 彭华. 一代名流谢无量：生平志业、学术成就与蜀学因缘[J]. 关东学刊，2016（7）：63-77.

[3] 彭华. 融会与创新：近代巴蜀学术的特色[J]. 贵州社会科学，2022（1）：82-89.

一定程度的展现。

本文选取谢无量著作21种（以文学、史学、政治、教材等为主），进行提要式的介绍，以方便读者按图索骥。提要式介绍的内容，主要涉及著作的署名、内容、版本以及评价等。

《新制国文教本》（全四册）

谢蒙编，范源廉、姚汉章校阅。

《新制国文教本》为中学教材，根据民国元年"至二年（1912—1913）"颁布的壬子、癸卯学制及《中学校令实行细则》编制，一年一册，恰好合乎中学新学制四年之需。

关于选文标准，《新制国文教本》在"编者的话"里有交代，"凡文章有形式之美，有内容之美。形式之美在辞藻，内容之美在义理。首二册固以二者并重，第三册尤会形式之繁变，第四册极内容之大观"。编者认为，这是符合国文教学"兼以启发智德"的要求，"冀文质并茂之效"的。从文体而言，《新制国文教本》的选文90%以上是散文，另收诗2篇、赋7篇、铭文21篇，全是文言。《新制国文教本》选文321篇，比较符合中学的教学需要。

《新制国文教本》版本单一。初版本为上海：中华书局，1914年8月初版。

《新制国文教本评注》（全四册）

谢无量编，朱宝瑜评注，姚汉章、张相校阅。

《新制国文教本评注》为古文读本，共四册，选文319篇。每册按文章体裁分类编排，分论著、序录、书教、碑刻、铭颂、杂记、纪事、诗赋八编。有圈点、题解、作者简介和注释。

关于《新制国文教本评注》的编纂主旨，其"编辑大意"有如下说明："每篇之中，有句法相似者，有一段机轴相同者，有前后正反呼应之处，其他篇全形类似者；或相反者，且作文有前路，有中路，有后路；有翻面，有反面，有正面，有衬面；以及起伏照应、离合断续、跌宕顿挫之法等，钩勾章摘句，一一标明。"

《新制国文教本评注》是当时最流行的课本。到1924年时，已经发行了20版。在1922年实行新学制后，才逐渐被新的教材所取代。

《新制国文教本评注》版本较多。初版本为：第一册，上海：中华书局，1917年1月。第二册，1917年1月。第三册，1917年1月初版（1919年11月6版）。第四册，1922年2月。

《（新制）哲学大要（师范学校适用）》

谢蒙编。

《（新制）哲学大要（师范学校适用）》分绪论及知之哲学，实在体之哲学（物之实体、心之实体、人生哲学）两编。书末附译名对照。上海图书馆有藏本。50页，25开。

《（新制）哲学大要（师范学校适用）》介绍了哲学的基本概念及各种学派，是一部具有一定参考价值的哲学入门读物。

《（新制）哲学大要（师范学校适用）》版本很少。初版本为上海：中华书局，1914年5月。

《（新制）哲学大要参考书》

谢蒙编。

《（新制）哲学大要参考书》是《（新制）哲学大要》教科书的参考书。《（新制）哲学大要参考书》根据《（新制）哲学大要》的各章次，做了较详细的说明。

《（新制）哲学大要参考书》分为两编：第一编为知之哲学，分为观念观和认识论；第二编为实在体之哲学，分为物之实体哲学、心之实体哲学、人生哲学等。书末附录泰西哲学家年代略考。上海图书馆藏。136页，25开。

《（新制）哲学大要参考书》版本很少。初版本为上海：中华书局，1914年5月。1915年再版。

《国民立身训》

谢无量编著。

《国民立身训》讲述国民个人立身修养的问题。《国民立身训》分为"立志论""力行与勇气""科学工艺发明家之模范""职业及处世""人格论""修养论"六编，书前有民国五年（1916）山阴史仲瑾（史久瑜）序。

《国民立身训》从多个角度讲述了做人治事的标准和原则，其中既讲故事、说道理，又联系古今中外，不仅对民国时期的社会生活、青少年成长和人们的自我修养具有重要的教育价值，也对当代的读者具有积极的启发意义和借鉴意义。

《国民立身训》版本众多。（1）上海：中华书局，1917年1月初版，1930年5月6版，1933年2月7版。222页，32开。（2）2015年9月，《国民立身训》由（北京）知识产权出版社出版，署名为"谢无量编"。该书系"民国文存"丛书之一。

《妇女修养谈》

谢无量著。

《妇女修养谈》分"女子修学立身之基础""妇德之修养""母德之修养"三编。书前有庄启傅序。

《妇女修养谈》集中体现了作者对女性家庭的思考。《妇女修养谈》从女性品德修行、婚姻家庭、子女教育三个方面，全面而细致地探索了近代女性解放之路径。从内容方面看，作者鼓励女性积极求学，修身养性，作为自己独立的资本；认为女性有同男子一样婚姻自由、平等的权利，但反对独身主义；认为妇女应该有平等的离婚权，但不支持离婚行为。

《妇女修养谈》版本较多。（1）上海：中华书局，1917年4月初版，1919年4月再版，1930年4月7版。206页，32开。"女学丛书"之一。（2）2018年9月，《妇女修养谈》由（北京）朝华出版社出版。该书系"清末民初文献丛刊"丛书之一。

《伦理学精义》

谢蒙编。

《伦理学精义》分《序论》《善恶之本质及行为标准论》《义务论》《德论》四编，共计二十章。上海图书馆藏。148页，25开。

《伦理学精义》是民国时期中华师范心理学教科书。该书是作者根据日本大濑甚太郎所著心理学教科书并参考他书，融汇中西之学编写而成。《伦理学精义》从伦理学的定义、中西伦理学的差异、伦理学的研究方法、善恶的本源及行为标准论、义务论、德论等方面，将伦理学作为一门学科来研究。在中国遭遇"三千年未有之变局、面临礼崩乐坏、道德滑坡"的紧要关头,《伦理学精义》对重建国民道德观念、对传统伦理思想进行创造性转化起了重要的推动作用。

《伦理学精义》版本很少。初版本为上海:中华书局,1914年9月版。

《诗经研究》

谢无量著。

《诗经研究》共五章。第一章为"诗经总论",第二章为"诗经与当时社会之情势",第三章为"诗经的历史上考证",第四章为"诗经的道德观",第五章为"诗经的文艺观"。

《诗经研究》对《诗经》的来历、义例、诗序、篇次,以及历代文学大师对《诗经》的注释和评论进行了研究,并对《诗经》与当时社会、历史的关系,和《诗经》的道德观、文艺观等问题提出了自己的看法。

《诗经研究》在当时具有一定影响。鲁迅在写作《汉文学史纲要》时,仅胪列少数参考书,而谢无量的《诗经研究》《楚词新论》以及《中国大文学史》均榜上有名。①

《诗经研究》版本较多。(1)上海:商务印书馆,1923年5月初版,1923年10月再版,1924年9月4版,1931年10月6版,1933年3月国难后1版。"国学小丛书"之一。(2)台北:台湾商务印书馆,1968年台二版。(3)《谢无量文集》第7卷,北京:中国人民大学出版社,2011年5月。

《楚词新论》

谢无量著。

《楚词新论》共六章。分《绪论》《屈原历史的研究》《楚词的篇目》《离骚经新释》《屈原的思想及其影响》《楚词评论家之评论》等六章。

《楚词新论》是一部具有重要意义的著作。20世纪初叶,疑古成为风行一时的思潮,胡适、廖平等人都曾经怀疑甚至否定屈原及《楚辞》,而谢无量的《楚词新论》、游国恩的《楚辞概论》起到过扭转风气的作用。诚如方铭所说,"1923年出版的著名的文学史和哲学史家谢无量先生的《楚词新

---

① 鲁迅.汉文学史纲要[M].北京:人民文学出版社,2006:14,27,38,44,49,54,63,74,85.

论》（商务印书馆）是反击解构屈原及其《楚辞》的一部极为重要的著作"，"应该说，谢无量先生的《楚词新论》在反击胡适等人的屈原解构观点的同时，已经开始建构新的楚辞学，并从思想传统、文化背景、艺术特点的差别诸方面入手，探讨屈原作品的特点，从楚国的地理、音乐、屈原的政治抱负三方面入手，探讨屈原的爱国思想和超人间思想的来源。这些都是全新的认识和见解"①。

鲁迅在写作《汉文学史纲要》时，仅胪列少数参考书，而谢无量的《诗经研究》《楚词新论》以及《中国大文学史》均榜上有名。

《楚词新论》版本较多。（1）上海：商务印书馆，1923年5月初版，1924年2版，1925年4月3版，1930年9月5版，1933年1月国难后1版，1935年5月国难后2版。"国学小丛书"之一。（2）《谢无量文集》第7卷，北京：中国人民大学出版社，2011年5月。

《李白》

谢无量编。

《李白》简要介绍李白的生平、创作及成就等，是带有普及性质的读本。

李白，字太白，号青莲居士，祖籍秦州成纪（今甘肃省秦安县），生于安西都护府所属碎叶城。中宗神龙初，后迁居绵州昌隆县（今四川省江油市）。唐代大诗人。与杜甫齐名，并称"李杜"。李白少有逸才，志气宏放，飘然有超世之心。时人贺知章称其为"谪仙人"。李白的诗风雄奇豪放、清新飘逸，代表作有《蜀道难》《行路难》《将进酒》《梁甫吟》《望庐山瀑布》《梦游天姥吟留别》等。诗文后被收入《李太白集》。

《李白》版本单一。初版本为上海：三通书局，1932年。该书系"三通小丛书"之一。

《诗学指南》

谢无量著。

《诗学指南》共三章。书前有"序"，正文分"诗学通论"（包括诗之渊

---

① 方铭.20世纪新楚辞学建立的过程考察［J］.淮阴师范学院学报（哲学社会科学版），2000（4）.

源、诗体论、诗法论)、"古诗""律诗"三章。《诗学指南》用文言文写作。

《诗学指南》介绍诗之渊源和诗体、诗法论，并对古诗和律诗分别进行论述。此书是歌颂"平民文学"的前奏曲，和《词学指南》《骈文指南》一样，均为民国时期大学文科自修参考用书。《诗学指南》的宗旨是为初学者指导门径，故题为"指南"。

《诗学指南》版本较多。(1) 上海：中华书局，1918年11月初版，1922年3月6版，1930年5月14版，1933年12月15版，1934年4月16版。112页，32开。(2) 后收入"初中学生文库"，上海：中华书局，1935年10月初版，1940年6月3版，1941年7月4版。108页，32开。(3)《谢无量文集》第7卷，北京：中国人民大学出版社，2011年5月。(4) 2020年5月，上海科学技术文献出版社出版《诗学、词学、骈文指南》，署名为"谢无量著，盖乔编"。该书系"近代名家首版著作导读"丛书之一。

《词学指南》

谢无量著。

《词学指南》共二章。书前有"序"，正文分"词学通论"(包括词之渊源及体制、作词法、古今词家略评、词韵)和"填词实用格式"(包括小令、中调、长调等)二章。《词学指南》用文言文写作。

《词学指南》内容包括词之渊源及体制、作词法、古今词家略评和词韵、词牌介绍，还论及词与曲同后来戏剧之关系。《词学指南》的宗旨是为初学者指导门径，故题为"指南"。

《词学指南》版本较多。(1) 上海：中华书局，1918年11月初版，1921年4月4版，1922年3月5版，1933年9月14版。98页，32开。(2) 后收入"初中学生文库"，上海：中华书局，1935年10月初版，1941年7月4版。94页，32开。(3)《谢无量文集》第7卷，北京：中国人民大学出版社，2011年5月。(4) 2020年5月，上海科学技术文献出版社出版《诗学、词学、骈文指南》，署名为"谢无量著，盖乔编"。该书系"近代名家首版著作导读"丛书之一。

《骈文指南》

谢无量著。

《骈文指南》共二章。书前有"序",正文分"骈文通论""骈文体格及变迁论"两章。92页,32开。

《骈文指南》共二章八节,精要地阐述了骈文的要素、制作法则、体格变迁,以及作者的文学修养。《骈文指南》的宗旨是为初学者指导门径,故题为"指南"。

《骈文指南》版本较多。(1) 上海:中华书局,1918年11月初版,1919年9月3版,1922年8月5版,1925年10月7版,1931年3月10版。(2)《谢无量文集》第7卷,北京:中国人民大学出版社,2011年5月。 (3) 2020年5月,上海科学技术文献出版社出版《诗学、词学、骈文指南》,署名为"谢无量著,盖乔编"。该书系"近代名家首版著作导读"丛书之一。

《实用美文指南》

谢无量著。

《实用美文指南》分上、中、下卷,分别研究旧体诗、词、骈文。302页,32开。该书的宗旨是为初学者指导门径,故题为"指南"。

《实用美文指南》的绪言说:"六艺之中,《诗》与《易》《乐》,并属美文;《礼》《书》《春秋》,并属实用……实用在敷陈其事,辞达而已;美文则有所比类,以博其趣,为之藻绘而涂饰之。"这说明了作者欲以"美文"与"实用"共同立教的意图,而其所谓"美文",就是有韵之文,即诗词曲等纯文学作品。

《实用美文指南》版本较少。初版本为上海:中华书局,1917年4月。

《实用文章义法》

谢无量著。

《实用文章义法》共七章,分"总论""文意论""文势论""字法及句法""篇法论""实用纪事文""实用文与词赋杂体"等七章,并列举诸葛亮、韩愈、欧阳修等人的古文作实例说明。

作者所说的"文章义法",实际上渊源有自。作者引文说:"大约秦以前之文主骨,汉以后之文主气。秦以前之文若六经,非可以文论也。其他如老韩诸子、《左传》、《战国策》、《国语》,皆敛气于骨者也。汉以后之文,若《史》,若《汉》,若八家,最擅其胜,皆运骨于气者也。敛气于骨者,如泰华三峰，直与天接，层岚危磴，非仙灵变化，未易攀陟。寻步计里，必蹶其趾。姑举明文如李梦阳者，亦所谓蹶其趾者也。运骨于气者，如纵舟长江大海间，其中烟屿星岛，往往可自成一都会。飓风忽起，波涛万状，东泊西注，未知所底，苟能操舵觇星，立意不乱，亦自可免漂溺之失。此韩欧诸子所以独嵯峨于中流也。六朝选体之文，最不可恃。士虽多而将嚣，或进或止，不按部伍，譬用兵者调遣旗帜声援。但须知此中尚有小小行阵，遥相照应，未必全无益。至于摧锋陷敌，必更有牙队健儿，衔枚而前。若徒恃此，鲜有不败。今之为文，解此者罕矣。高者又欲舍八家跨《史》《汉》而趋先秦，岂不怪哉？"又曰："行文之旨，全在裁制。无论细大，皆可趋遣。当其间漫纤碎处，反宜动色而陈，凿凿娓娓，使读者见其关系，寻绎不倦。至大议论人人能解者，不过数语发挥，便须控御归于含蓄。若当快意时听其纵横，必一泻无复余地矣。譬如渴虹饮水，霜隼搏空，瞥然一见，瞬息灭没。神力变化，转更夭矫。盖神韵之妙，在于不可见者，往往言尽而意有余，同述一事而尤有精彩也。"

《实用文章义法》版本较多。（1）上海：中华书局，1917年1月初版，1928年10月7版。（2）《谢无量文集》第8卷，北京：中国人民大学出版社，2011年5月。

《中国大文学史》

谢无量编著。

《中国大文学史》共分五编十卷。五编如下：一、绪论，二、上古文学史（太古至秦），三、中古文学史（汉魏南北朝），四、近古文学史（唐宋元明），五、近代文学史（清）。约34万字。书前有吴兴王文濡序。

《中国大文学史》按时代详述自先秦至清代的中国文学史。该书远溯中国文学的起始，勾勒了中国文学发展的历史和概貌，认为各个时代的文学均有其特色，但具美化、教化、情化功能是其共同特征。诚如袁行霈所说，"（《中国大文学史》）既包括正统诗文，也包括戏曲、小说，既包括重要作家的评介，也包括一些主要文学流派的说明，已经具备了后来文学史著作的规模。其所谓大文学史，是广义的文学史，既包括纯文学，也包括学术，以及与文学相关的文章。联系整个学术文化来研究文学史，这在当时是具有前瞻性的"①。

《中国大文学史》内容涉及广泛，包括经学、文字学、诸子哲学乃至史学和理学等，是我国率先出现的一部体制庞大、内容广博的文学史，具有一定的开创意义和开拓之功，不仅有丰富珍贵的资料价值，而且具有较高的学术价值。

鲁迅在写作《汉文学史纲要》时，仅胪列少数参考书，而谢无量的《诗经研究》《楚词新论》以及《中国大文学史》均榜上有名。

《中国大文学史》版本众多。（1）上海：中华书局，1918年10月初版，1919年3月再版，1926年10版，1928年8月13版，1931年16版，1932年9月17版，1940年2月昆明18版。（2）台北：台湾中华书局，1983年12月6版。636页，大32开。（3）郑州：中州古籍出版社，1992年（据1918年版影印）。（4）2018年9月，《中国大文学史》由（北京）朝华出版社出版。该书系"清末民初文献丛刊"丛书之一。（5）2020年5月，（合肥）安徽文艺出版社出版《中国大文学史》。该书系"20世纪中国文学史丛刊"之一。（6）《谢无量文集》第9卷，北京：中国人民大学出版社，2011年5月。

《中国妇女文学史》

谢无量编著。

《中国妇女文学史》分为"上古妇女文学""中古妇女文学""近世妇女文学"三编，其中"中古妇女文学"又分为两汉、魏晋南北朝、唐五代三部分，"近世妇女文学"则分为宋辽和元明两部分。因清代妇女文学浩繁，故作者未予以叙述。

《中国妇女文学史》整理了自上古至明代妇女文学的变迁，概述了各个时代妇女文学的盛衰情况，辑录了具有代表性的作品，并附以精辟的点评，生动再现了几千年来中国妇女文学的发展历程，肯定了其在中国文学史上的重要地位。《中国妇女文学史》的材料，包括宫廷文学、闺阁名媛、娼门女冠、难女丐妇等，如唐山夫人、班婕妤、班昭、蔡琰、武则天、薛涛、李易安（李清照）、朱淑真、方维仪、许景樊等。

---

① 袁行霈.守正出新及其他：关于中国文学史的编写与教学［J］.中国大学教学，1999（6）．

《中国妇女文学史》是民国年间出现得最早的一部妇女文学史，在文学史上具有开创意义。但不可否认的是，《中国妇女文学史》带有"草创"的特点，全书"述多论少"，实际上带有资料整理性质，故署名为"谢无量编"。

　　《中国妇女文学史》版本众多。（1）上海：中华书局，1916年初版（9月印刷、10月发行），1931年6月8版，1933年版。353页，22开。（2）上海书店，1990年，"民国丛书"第二编。（3）郑州：中州古籍出版社，1992年9月（据中华书局1916年版影印）。（4）上海科学技术文献出版社，2020年5月。该书系"近代名家首版著作导读"丛书之一。（5）《谢无量文集》第5卷，北京：中国人民大学出版社，2011年5月。

《中国六大文豪》

　　谢无量编著。

　　《中国六大文豪》所说"六大文豪"，指的是屈原、司马相如、扬雄、李白、杜甫、韩愈六位大文学家。客观而言，称此六人为"六大文豪"，可谓名副其实。

　　《中国六大文豪》共六编，分别对屈原、司马相如、扬雄、李白、杜甫和韩愈等六人的生平及在文学上之成就进行介绍和分析。每编列举一位文豪的传略、在文学上的价值、代表作品及其成就、创作思想等内容。《中国六大文豪》收集了六人的代表之作，并加以注释分析。

　　诚如作者所说，"以六家为主，仍各考其渊源所自，次及并世之人，次及感势所被，兼明各家所连属之道，学者既能六家之神理，又可由是以辨古今文学之源流也"。

　　《中国六大文豪》版本较多。（1）上海：中华书局，1916年12月初版，1927年6月4版，1929年10月5版，1933年9月6版。"学生丛书"之一。440页，25开。（2）《谢无量文集》第6卷，北京：中国人民大学出版社，2011年5月。（3）2018年9月，《中国六大文豪》由（北京）朝华出版社出版。该书系"清末民初文献丛刊"丛书之一。

《平民文学之两大文豪》

　　谢无量著。

　　《平民文学之两大文豪》是作者继《中国六大文豪》之后的另一部文学

著作，书名后改为《罗贯中与马致远》。全书共两编，卷首为"绪论"，卷末为"结论"。第一编是"元代小说界之大文豪罗贯中"，第一章为"罗贯中之著述考证"，第二章为"罗贯中的思想和文学上的价值"。第二编是"元代戏剧界之大文豪马致远"，第一章为"马致远之人格及其著作"，第二章为"马致远与元代戏曲家"，第三章为"马致远杂剧评论"。

《平民文学之两大文豪》详细介绍了明代小说家罗贯中与元代戏曲家马致远的生平、著作和文学思想，以及二人作品在文学史上的价值，并高度评价了《三国演义》《水浒传》《汉宫秋》《青衫泪》，认为这些作品都是写人民群众自己的作品。春秋以后，平民文学几乎绝迹，宋元之间复有平民文学之萌动，词曲小说属之。自清末废科举，百姓也关心国家之兴衰存亡，逐步打破官方语言，平民文学殆将日盛，《平民文学之两大文豪》正是对历史上被忽视群体的重新关注。

《平民文学之两大文豪》在当时具有一定影响。鲁迅在其《中国小说史略》印讫后，以事先未见谢无量的《平民文学之两大文豪》为憾，特于《后记》中补充说明，"于谢无量《平民文学之两大文豪》第一编知《说唐传》旧本题庐陵罗本撰，《粉妆楼》相传亦罗贯中作，惜得见在后，不及增修"①。

《平民文学之两大文豪》版本较多。(1) 上海：商务印书馆，1923 年 6 月初版，1926 年 11 月 3 版，1930 年 5 月 4 版，1935 年 7 月国难后 1 版（改名为《罗贯中与马致远》）。"国学小丛书"。114 页，32 开。(2)《谢无量文集》第 6 卷，北京：中国人民大学出版社，2011 年 5 月。(3) 2018 年 8 月，《平民文学之两大文豪》由（北京）朝华出版社出版。该书系"清末民初文献丛刊"丛书之一。

《中国古田制考》

谢无量著。

《中国古田制考》共六章：第一章为"绪论"，第二章为"土地制度之起原及其成立"，第三章为"什一取民制度之研究"，第四章为"周礼中之土地制度"，第五章为"土地制度与军赋制度之关系"，第六章为"结论"。

《中国古田制考》考察了中国古代的土地制度、古田制的历史变迁、土

---

① 鲁迅. 中国小说史略 [M]. 北京：人民文学出版社，2006：304，305.

地制度的起源及成立、土地制度与军赋制度等，对于《周礼》中的土地制度亦有辨析研究。

客观而论，谢无量的《中国古田制考》其实具有编译性质。吴志慎《谢无量著〈中国古田制考〉》（《图书评论》第 1 卷 10 期，1933 年 6 月）暗示，谢无量《中国古田制考》涉嫌抄袭加藤繁《支那古田制研究》。

《中国古田制考》版本较多。(1) 上海：商务印书馆，1932 年 12 月初版。"国学小丛书"之一。(2) 台北：台湾商务印书馆，1968 年，"人人文库"。(3)《谢无量文集》第 8 卷，北京：中国人民大学出版社，2011 年 5 月。

《古代政治思想研究》

谢无量著。

《古代政治思想研究》共五章。第一章为"绪论"，第二章为"北方政治思想"，第三章为"南方政治思想"，第四章为"南北折中派之政治思想"，第五章为"结论"。

《古代政治思想研究》概述了中国古代政治思想及其渊源、沿革、学派，分述北派孔子、孟子、荀子，南派道家、法家、纵横家，以及南北折中派的政治思想。该书创造性地提出南北分区论和区域政治的思想，指出北方政治思想源于周公，之后有孔子、孟子、荀子继承发扬，而南方政治思想则源于道家，之后逐渐发展为法家和纵横家等。

《古代政治思想研究》版本较多。(1) 上海：商务印书馆，1923 年 6 月初版，1927 年 1 月 3 版。"国学小丛书"之一。(2) 台北：台湾中华书局，1974 年，"人人文库"。(3)《谢无量文集》第 8 卷，北京：中国人民大学出版社，2011 年 5 月。

2022 年 7 月 12 日，完稿于成都
2022 年 7 月 15 日，补充于成都
2022 年 7 月 18 日，增补于成都
2022 年 8 月 15 日，完善于成都

谢幼田教授访谈录[*]

马正辉

四川大学历史文化学院

摘　要：杜钢百先生（1903—1983）作为"不世出"的经学大师，曾师承于廖季平、章太炎等名家。先生历经晚清、民国、中华人民共和国三个时代，是百年中国历史的见证者。先生有经学家、教育家、实业家、社会活动家等多个身份，学术层面尤以"经学"研究为最，曾为中国共产党的统战工作做出了贡献。因时代变迁，著作散逸，学界疏于对先生的了解。笔者访谈曾师从杜先生的著名学者谢幼田教授，极大地丰富了目前对杜先生的认识。其中对经学研究路径和中国历史发展动力的谈话尤有裨益于当代学术。特整理以飨学林。

关键词：杜钢百先生；人生与学术；经学；谢幼田教授

一、访谈主题

杜钢百先生的指教及杜钢百先生的学术与历史。

二、访谈对象与访谈形式

（一）访谈对象

谢幼田教授，曾在四川省社科院任编辑、副研究员，曾在美国斯坦福大学胡佛研究所做访问学者、研究员，在近代史方面于海外出版五部著作，曾任四川大学特聘教授。在儒学研究方面发表论文多篇，著有《先秦儒学大

---

[*] 基金项目：四川师范大学中华文化与西南区域文明互动研究中心资助科研项目"求真与致用：近现代儒学学者杜钢百研究"（项目编号：HDZX202322）。

纲》（2011）、《儒家文化的历史使命》（2015）等著作。

（二）访谈形式

与谢幼田教授预约进行线上微信电话语音访谈。

三、访谈人

四川大学 2021 级中国史博士研究生　马正辉

四、访谈时间与地点

（一）时间

2023 年 6 月 20 日，美国西部时间 19：00—20：10，中国北京时间 10：30—11：10。【此后又陆续经过不间断请教，新内容已补充进该访谈。】

（二）地点

1. 美国西部旧金山　　　　　【谢幼田教授所在区域】
2. 成都市双流区四川大学　　【访谈人所在区域】

五、访谈时间段

涉及时间段 1949—1989

六、访谈内容

（一）

访谈人：

谢教授，您好，晚辈是四川大学中国史博士生马正辉，打扰您了。晚辈计划将杜钢百先生的人生经历及学术成就作为博士学位论文的研究对象。就此研究课题请教四川大学舒大刚教授时，舒教授无私地向晚辈提供了诸多思考方向和研究资料获取渠道。经舒教授介绍，获悉您曾受教于杜钢百先生，幸蒙舒教授推荐您的联系方式，以供晚辈向您请教关于杜钢百先生的相关情况。冒昧打扰。

谢幼田教授：

很高兴能接到这种学术的电话。

访谈人：

谢老师，向您报告，我是从去年和导师王川教授沟通后，确定把杜钢百先生的人生经历及学术成就作为博士论文的研究对象。首先，要对杜钢百先生的人生史进行尽可能地"重建"；第二，要系统梳理杜钢百先生的学术脉络和学术思想的特点。

目前我做的工作如下：

第一，从"全国报刊索引"中将与杜钢百先生相关资料进行收集整理。

第二，调研重庆、四川、成都、南充、广安市广安区等地档案馆，收集杜钢百先生相关档案。

第三，整理杜钢百先生年谱。清华国学院付佳老师整理出版了一本《杜钢百文存》[①]，这是清华大学国学院做的一个"院史工程"。该工程包括民国时期任教于"清华国学研究院"的著名导师如梁启超、王国维、陈寅恪、赵元任等，还有在国学院学习过的学生，如杜钢百、刘盼遂、吴其昌、徐中舒等，为每个人整理了一本"文存"。付佳老师负责"杜钢百"文存。这本书较大程度地整理出了杜钢百先生目前存世的文章，并对其学术成就和人生经历进行了奠基性研究。

但付佳老师所收集到的杜钢百先生文章相对有限，这是因为杜先生的文章、著作本身散逸较多。目前就我所掌握的杜先生新材料而言，虽在付佳老师所整理书籍以外有新收获，但还相对较少，对于支撑起一篇博士论文的撰写而言，具有挑战性。所以我仍在到处找材料，一方面是杜先生的学术著作，包括学术文章、讲义，以及回忆性质的文章等，也有一些收获；另一方面是杜先生人生轨迹的"重建"。因 1950 年以后杜先生长期工作于西南师范学院，我去了西南大学档案馆查档调研，因为该校的相关规定，暂未能如愿查档。

目前，通过访谈杜钢百先生家属，获得了杜先生次女杜懋士、次子杜懋学，以及外孙（女）张修碚、张小斌、张为钢、王惊峡等先生（女士）的支持和鼓励。杜钢百先生家属为我提供了一个同意查阅杜先生所藏西南大学档案馆档案的"授权委托书"，看能不能以家属同意查档的授权书再和西南大学档案馆进行沟通完成查档。

---

① 杜钢百. 杜钢百文存[M]. 付佳, 选编. 南京：江苏人民出版社，2018.

第四，溯源到杜先生的祖籍四川省广安市石笋镇进行调研。获得了《杜氏族谱》[①]和与杜先生血缘关系较近的《"杜同德堂"故事家谱》[②]，这个家谱主要是从杜先生的父亲杜人品先生那一代开始写的。对于了解杜先生的成长环境和家庭情况有较大的参考价值。

所以想请教咨询您当时跟随杜钢百先生学习的情况，您所了解的杜先生学术、人生相关情况，以及杜先生的相关著作和可能的保存地。

以上就是我目前研究该课题的基本情况和想要请教的大致问题，向您报告。

谢幼田教授：

我觉得，你首先要做好思想准备，因为研究杜老师有点困难。第一，杜老师两次写书，但两次书稿都烧掉了，这是他告诉我的。我和杜老师是经他的一个亲堂侄女杜琳娜介绍结识的。杜家是一个大家族，杜老师侄女的丈夫和我关系比较好，都是很信得过的朋友，他们介绍我去跟杜老师学习。

杜老师第一次见到我，首先很高兴，因为1950年代全国各高校已经不再开授"经学"课程，杜老师也就无法再开授"经学"课程，"文革"时期已经不让他讲课了，也不让他带学生，到了"无用武之地"的境地。因为他当时对时局较为忧虑，他谈到我去学经学，要有几个准备，首先就是思想准备。

后来我是每隔半个月去一次他家，因为那个时候汽车很慢，转三次车，爬坡进校，从我的住处抵达杜老师家里前后历时两个小时。杜老师在书房给我讲课，讲课时杜老师提到现在经学没办法讲。他要求我先学"小学"，要求文字学先过关，才能开始研究经学，提倡"由小学入经学"。他告诉我，关于经学，只要把"五经"（《诗经》《尚书》《礼记》《易经》《春秋》）搞明白，经学和整个中华文化就通了，不要考虑太多。

杜老师在教我"五经"前，反复强调要"文字"过关。因为我这一方面的基础比较薄弱，以前家里虽然教过我一些东西，但都不系统，也没有留下太深印象。杜老师认为"文字"不过关是不行的，他要求我先把许慎的《说

[①] 杜懋棣，杜孚. 杜氏族谱［M］. 广安盐井坝杜氏家族内部印行，2016.

[②] 杜懋杞. "杜同德堂"故事家谱［M］. "杜同德堂"家族内部印行，2013. 该"家谱"相较于《杜氏族谱》，涉及范围更具体，聚焦于杜钢百先生的父亲杜人品先生一脉。

文解字》背下来。后来我两次去杜老师家，杜老师都有事情需要处理，但问我的首要事情就是许慎的《说文解字》背通了没有？但我当时才背了一点点。杜老师听我如此，提出没有这个第一步，就很难走第二步（第一步是先通《说文解字》，第二步是学习"五经"）。他要我回去，照着《说文解字》抄写，但我手头的《说文解字》都是篆书体，我当时就听从杜老师的教诲开始抄写，抄写完拿去给杜老师看了以后，他说"你是依样画葫芦"？我只能老实答复是的。杜老师要求我再回去"画"，再抄写第二遍。

所以我是有一点遗憾的，我没有"小学"的基础，就没有学习"五经"的基础，因此我研究经学是半路杀过去的。在当时那个时代背景下，杜老师反复向我强调，不能对旁人提及跟随他学经学一事。他研究历史，考虑到当时的时代背景，顾虑很大。他当时给我讲"小学"这些还没有问题。

我看到了中国社科院的招考信息。邓小平当时有指示说中国很多人才在民间，要中国社科院招一次。招考时只要考生自己认为可以报考什么职称，就自己报。我当时报的是助理研究员。这里面就有一件事，考中国社科院的职称需要先提交一篇论文，我提交的论文是《先秦诸子再评价》，我认为这篇文章还是很有意思的，可惜后来丢失了。

此前写好后拿给杜老师看，杜老师提了两点建议：

第一，当时他在西师住在平房，平房里面都是木楼板，他在里面悄悄跟我说你的《先秦诸子再评价》中批评法家，他认为法家就是□□□□，你敢批判？他当时胆子很小，他又对我信得过，才说这些话。

第二，《先秦诸子再评价》中，论文是以现代对人的地位、人的价值的关心为标准的。但是杜老师告诉我，《先秦诸子再评价》要以周初的思想为标准。那"周初"在哪儿？杜老师认为只要把《诗经》的《雅》《颂》好好地搞通，你的价值标准就出来了。这些在今天看来都是很经典的认识。

遗憾的是我并没有好好地跟杜老师学习，并没有很上路。因为不像是在学校当研究生，就一天到晚埋头学习，我住在离杜老师家几十里之外，我半个月去一次，而且忙了以后就难免去得少。杜老师对我是很期盼的。另外就是我的姑父和杜老师在广东中山大学时合租了一栋房。

访谈人：

谢老师，我打断一下您，您的姑父是？

谢幼田教授：

我的姑父是曹任远。因为我的姑父曾经和杜老师在广州中山大学住在同一栋楼，有这一层关系，又有杜老师侄女的引荐，所以杜老师也诚心教我，而且信得过我。我跟杜老师学习的日子里，感觉到他是真有学问。我到社科院以后继续学习，因为他学术上有两个遗憾，第一个是烧书稿，第二个家里没有人继承他的衣钵。我只碰见过一次他的女儿，个子不高，胖胖的。女儿①是学化学的，他的外孙②在西师是学化学的，所以家中没有学术继承人。

因为杜老师"认错"早，所以他的书籍在"文革"中损失不太大，书籍存放在那么大的书房里，那些线装书里放满了纸条，都是作了注解的。四川省社科院给我们考上北京学校的人提供了一些福利政策，每个人去就可以分一套房，非常诱人，所以我们都到四川省社科院去了。

我到四川省社科院工作后，由于杜老师没有学术继承人，他就希望我能到重庆去，到他身边去。我也愿意到他身边去学习，我就跟我们四川省社科院领导提出我愿意到西师去。我到了社科院以后没有分配到哲学所，而是到《社会科学研究》当思想文化编辑，所以当时我既要看稿、出刊，还要搞校对，很忙。即使在这样的情况下，我还是提出来我愿意到西师去，到杜老师身边去，我一个礼拜可以坐一晚上车去杜老师家，上完课再回来。我当时去的初衷除了继续跟随杜老师学习外，还有一个重要的愿望就是帮杜老师整理他放满书房的线装书籍。结果并未如愿。《吴宓日记》中多次提到杜老师，你看过没？

访谈人：

谢老师，《吴宓日记》③《吴宓日记续编》④ 全二十册我是看过的，据我统计，吴宓先生有107天之多在日记中记载了和杜钢百先生的交往。这个数

---

① 此处应为杜钢百先生长女杜懋粤女士（1932—1999），曾在四川师范学院（南充）学习数学，后在南充、重庆两地中学教数学。
② 此处应为杜钢百先生长女杜懋粤女士次子张小斌先生，曾在西南师范学院学习化学。
③ 吴宓. 吴宓日记 [M]. 吴学昭，整理. 北京：生活·读书·新知三联书店，1998、1999.
④ 吴宓. 吴宓日记续编 [M]. 吴学昭. 整理，北京：生活·读书·新知三联书店，2006.

据可能还有疏漏。

谢幼田教授：

杜老师提出来从四川省社科院调个人过去帮助他整理线装书等工作，但西师不同意。这个事就没能如愿。

我原来以为我到社科院可以到西师去学习，结果没去成。但是只要杜老师到成都，我就会到他那里去。有一次我碰见上海出版社的人找杜老师，跟杜老师说："杜先生，现在中国文化的春天来了，你的书可以拿来出版了。"我就看见杜老师一下子就哭起来了。他说他1957年烧了一次书稿，大概在1965年或前一年又烧了一次书稿。因为他表现得好，他的书房很大，西师虽然曾被哈军工占用，但他的书没有受损失，所以很需要进行整理。当时照顾他生活的都是他的女儿①，化学系的老师，那个时候是个讲师吧，还有一个孙子，最遗憾的是他们都不懂杜老师的这些学问。后来我听说杜老师去世后，他的后人就把杜老师那么多的书全部作为旧书给卖掉了，所以在北碚的街头就曾经有人卖杜老师的书。杜老师去世后，他的书就全部散逸了，真是遗憾。

如果我去了，我就会全部给他整理，说不定在经学方面就可以继承一点东西。我的"小学"虽然不行，但是马马虎虎读《诗经》等都还是读得通，都问题不大，可我后来没有这个机会，再往后他的书也完全损失了。所以他的学问没有被继承，更不会让他带研究生。我跟随杜老师学习的时间不算太长，后来我又到成都去工作了，去重庆也更加不方便。

你今天要研究他的话，确实有点困难。现在他的藏书完全散失了，他自己的书稿又烧了。偶然杀出想当他学生的人，又不在重庆。在重庆期间，我又是业余的，还要工作，因此当时的学习是断断续续的。

所以你研究杜先生的第一个困难就是没有材料，他的著作没有留传下来，没有人比较了解杜先生的学问。因为运动一来，任白戈就点名说杜老师的研究是"封建之学"，当然不能教，让他教马列主义，然后被学生轰下台。这些都是他跟我讲的，因此他当时对于研究经学很谨慎。我跟他学习时他要求我不要到处跟人讲是跟他学经学。也跟我讲我的论文《先秦诸子再评价》

---

① 此处应为杜钢百先生长女杜懋粤女士，1962年杜钢百先生的夫人龙品云女士过世，长女杜懋粤女士一家自南充调动工作至重庆照顾孑然一身的杜钢百先生。

立论为西方的"人道主义"是不对的，只能立足于中国文化，立足于周初的思想文化，所以首先要搞懂《诗经》。我后来想把这篇文章重新改出来，但在四川省社科院有工作，没有顾上继续整理，这篇论文现在也找不到了。

1987年我到美国，在斯坦福大学胡佛研究所也只做近代研究，人家对中国古代不感兴趣。所以我到美国后，如果继续搞经学这一块的研究，就没读者。我刚到胡佛研究所是访问学者，后来干了很多年才做了研究员，这边全部是做近代研究的，我做国共关系研究。所以杜老师的经学，我未能继承很是可惜，这是一点。

还有一点，我在四川社科院工作时期也做了一点事，因为杜老师的教导，我才可以做事。《社会科学研究》①这个刊物在1982年办了新中国成立后的第一个"经学专栏"。当时舒大刚老师的一篇关于廖平的文章就是在这个专栏发表的。还刊载有冯友兰等一大批名家的稿件。我到北京后，北大哲学系的人都很兴奋，他们告诉我，他们从来约不到冯友兰的稿件，怎么我就约到了？其实当时我找我姑父写了个便条给冯友兰。他们过去一起共事教书，都是一级教授，都是权威。所以冯友兰就欣然接受我的意见，写了一个研究廖平的文章，他口授，我来记录。又到朱光潜家，就在冯友兰家的斜对门，朱光潜的太太是四川人。因为我姑父是这个圈子里的，都是朋友。我就去把冯友兰关于廖平的文章约回来发表。

当时还准备到上海找周谷城等名家，也有经学家约稿（名字记不得了）。后来人民日报发表了最新指示，其中提到一句：从胡适到廖平都要批判。我当时办专栏也得到我们四川省社科院领导的支持，因为廖平是四川人，想在全国搞一个关于廖平的学术讨论会，那个时候应该会很轰动。结果这个指示一出来，我这个搞专栏的工作马上停止，学术讨论会也马上停止，无疾而终。好像现在都没有人搞。所以现在有人一查资料发现原来那个时候就已经有"经学专栏"了，也有名家的文章，这反映出那个年代搞经学是很困难的。所以像舒老师这样坚持做经学研究，那就不同了，他后来的成就也就不同了。

杜老师生不逢时，他的著作早几年就好了。所以研究杜老师，在史料上

---

① 由四川省社科院主办刊物，创刊于1979年，目前为北大核心、CSSCI、AMI核心、社科基金资助期刊。

会非常困难。他也没有学生,让他教马列,他被学生轰下台,所以学生都瞧不起他,说他只懂封建老古董。

访谈人:

谢老师,您刚提到,您跟随杜钢百先生主要是学习,那么这个时间段主要是哪一段呢?

谢幼田教授:

1973或1974年开始,半个月去一次杜老师家里学习。"文革"结束,我的工作落实后,我就去得少了,前后只有三年多。我跟杜老师受教虽然只有三年多,但这三年对我太重要了。我去考社科院,我们四川的在成都考,报考的都是"文革"前的大学生,川大、西师的,全四川有八百多人考,包括政法和经济学方面。后来正式录取三十个,我是其中之一。后来有人问我怎么自学成才,我告诉他们,不是自学成才,是后面有人指教,就是杜老师。你不知不觉地学到了东西,一比较就发现了差距。

访谈人:

跟着大师学习,不知不觉地进步飞快。

谢幼田教授:

关键我不是跟着杜老师在课堂上学,是在书房里。不知不觉,好像还没讲些什么,我一考社科院就名列前茅。

访谈人:

说明您挺用功,杜先生教得也好。

谢幼田教授:

杜老师教得好。我都莫名其妙我怎么会考中,主要是杜老师教授很严格。《说文解字》刚开始我背不下来就让我抄写,抄写了以后再抄写。很严格,但这都太重要了。

到美国,我一直搞近代,可是回中国以后,我看很多典籍还是没有障碍。杜钢百老爷子给我的教导使我受益无穷,可惜我没走下来,如果我不到美国我就会走下去了。我除了凭这么点老的知识考上中国社科院招考外,《中国社会科学》在1982年举行了第一届全国征文,共三十篇文章,中国哲学、中国文化思想四篇,我写了一篇投稿,就被选中了。中国社科院在1985年还是1986年全国选三十篇,一共举行了三次,第三次我已经到了美国。第二次我又投去一篇,又被选中。

其中有一件事。在我去考中国社科院前,向杜老师辞行,我们聊了半个多小时。临别时,杜老师送我离开,途中杜老师忽然对我说:"问你一个问题,你觉得中国社会发展到今天,什么是动力?"当时我也不晓得杜老师想说什么,我就没吭声。杜老师又问:"你说什么是动力?"我还是没吭声。杜老师接着说:"有人说是阶级斗争。"但杜老师紧接着悄悄对我说:"我告诉你是文化!"还特别叮嘱我:"你不要对外讲!"可见杜老师对这一认识的慎重。

后来我参加《中国社会科学》三年一度的会议,写了一篇关于"论中国文化精神"的文章。那个时候完全否定"阶级斗争"还不敢,我折中了一下,谈到中国历史的方向是生产力和中国文化的合力方向。后来以这篇文章参加了学术研讨会,《中国社会科学》考虑到当时的时代背景,将其放在了大概是1985年的"未定稿"全文刊发。这就是我辞别杜老师时,他告诉我的一个问题,他没有说明。我用杜老师的意思完成了这篇文章,我当时又不敢用"文化"否定"阶级斗争",因此提出了生产力和文化的合力方向推动了中国历史的发展。关于这篇文章的主题,我后来在《社会科学研究》又有新的文章刊发,题为《中国民族精神探析》。其中提到"中华民族的民族精神仍将深刻地影响中华民族的历史,将与作为西方文化的重要表现形式的技术浪潮一起翻波涌澜,形成合力而推动着我们民族历史的发展"[①]。

杜老师跟我说了以后,我思考研究中国文化,以"中国的文化精神"为主题写了篇论文。因此无论两次征文能够被北京的《中国社会科学》选中,抑或此后这篇文章的撰写,回想起来,还是杜老爷子对我的指导起了很大的作用。

访谈人:
说明您当时学得比较扎实,杜老爷子教书有道。

谢幼田教授:
确实有道。在学术上,他对我的影响非常大。

---

① 谢幼田. 中国民族精神探析 [J]. 社会科学研究, 1986 (2): 47.

（二）

访谈人：

刚才您谈到您从1974年开始跟随杜先生学习，前后学习近三年，后来也有着紧密的联系。在三年的学习中，您是断断续续学习的，在这个过程中还有其他像您这样专门跟杜先生学习的学生吗？

谢幼田教授：

没有了。他当时胆子很小，很害怕。不敢收学生。

访谈人：

谢老师，我注意到刘达灿老师[①]写的《远逝的灵魂》[②]一书，其中有关于杜钢百、吴宓的两篇文章，即《"多宝道人"杜钢百》[③]《渐行渐远的吴宓》[④]。刘达灿老师已经过世了，他当时也是因为"家庭成分不好"，后来上山下乡回来之后就住在了重庆市美专校区杜钢百先生家附近，然后跟着杜钢百先生学习。这是1969年开始的，比您还早一点。他当时写这两篇文章的原因是注意到社会层面有人在描述吴宓、杜钢百等人时存在"杜撰""失真"的情况，作为曾经与杜钢百密切相处的"过来人"非常气愤，所以把自己与杜钢百先生的交往整理了出来。我在今年6月13日访谈杜钢百先生亲属的时候，专门提及这篇文章，先生次女杜懋士、次子杜懋学对这篇文章还是比较认可的。您当时有没有看过这篇文章呢？

谢幼田教授：

这个我没看过，后来我到美国就完全搞近代了，跟经学就没有关系了。直到十多年前，我从美国这边退休以后到四川大学担任客座教授，又重新拾起了经学，因此要我讲"先秦儒家"，也算是吃老本了。

---

① 刘达灿（1942—），原籍四川省巴县兴隆场。曾为渔民、养路工、知青、代课老师。曾任大学中文系汉语言文学专业主讲教师多年。1969年"经友人引荐"，为杜钢百先生担任"写书"的"文字抄写工"。（刘达灿. 远逝的灵魂 [M]. 北京：作家出版社，2008：180.）

② 刘达灿. 远逝的灵魂 [M]. 北京：作家出版社，2008.

③ 刘达灿. 远逝的灵魂 [M]. 北京：作家出版社，2008：179-236.

④ 刘达灿. 远逝的灵魂 [M]. 北京：作家出版社，2008：237-311.

有一点很重要，要告诉你，这是杜老师在学问上对我的教导。他说你不要管那些，中国的文化随便怎么走，它的基础都是"五经"，所以你只要把"五经"搞通了，一辈子都受益无穷。他让我写的《先秦诸子再评价》，我起初是以现代西方的"人"学为基础，但杜老师要我以周初的思想为基础。

他说更简单具体的要求就是，你去把《诗经》里面的《雅》《颂》读透，有问题你来问我。可惜我后来走了。他说你把《雅》《颂》给我读透了，你就了解周初了，你还可以看看《春秋》，"六经"里面其他经你后面再看。

他教我的学习方法就是：把"五经"弄通，一辈子就用不完。所以这句话我也告诉给你。这个方法不只适用于我，而且是经过他人验证的，我把杜老师这套方法告诉了后来的年轻人，用这套方法研究经学卓见成效。

你要进入这一领域，就必须坚持系统地把"五经"弄通，可我并没有一直坚持干下去。但是，杜老师过去对我的教导就是我的本钱。所以我美国退休后就在川大讲课，讲"先秦儒学"。起初我的课学生只有五六个人，所以给我安排在文科楼六楼的小教室，只有十几个座位。我讲到第三节课的时候，走廊上都站满了人，里面坐了三十多个人，后来就给我调整到了研究生院大楼一个可容纳一百四十人的大阶梯教室，教室坐满了人。能达到这个效果，凭的是我过去的知识，而这一切都是杜老师教导我的。

他们都很奇怪，说讲古代史的大课很少有这么多人。后来他们就让我把讲课稿给他们看。他们看过后说，我讲的先秦儒学不仅限于四川，还是立足于全国；还说我的水平也不只限于四川水平。讲稿就拿去给吉林人民出版社给出版了，书名叫《先秦儒学大纲》，但是当时出版社对这本书的校对有些疏漏，而且只印了三百本，是比较遗憾的。这本书里面可以看到杜老师的影子。里面讲的和一般人讲的不一样的地方，就带有杜老师的思想。我是对不起杜钢百老先生，没有把他的思想和学术继承下来，但是他给我的那些教导我这辈子都用不完。

访谈人：

谢谢您，您已经做了很多的工作了，确实值得我们这些晚辈后来者学习，尤其您刚才讲的先由"小学"入门，再从"五经"入手，很受教。我后面就沿着杜老师传授给您的这个研究路径进行学习，也向您学习关于经学的研究方法。

(三)

谢幼田教授：

你念书开始不管搞什么，一定要一部经接一部经地弄通。一弄通吃一辈子，下面都好办。

访谈人：

明白，谢谢您的教诲，后面我按您提供的这个行之有效的研究方法去实践，认真地、踏实地去实践。

谢幼田教授：

真的，这是一条路啊！我没想到，我搞了这么多年的近代史，回中国在四川大学讲课就全部是吃老本，就是杜老师教我的那些。我也没想到我在川大讲课，以及后来我的书（《先秦儒学大纲》）受到关注。这就是杜老师给我指的这条路。

这条路径不仅在已经考到清华大学跟廖名春教授读博的李佳喜身上有体现，我也希望能在你的身上有体现。这样做你才能够通经。

访谈人：

谢谢您，我谨记您的教诲。这也是您经过实践检验过的研究路径，也是其他一些做出成绩的年轻人用实践证明可行的做学术研究的路径，值得我们年轻人踏实地去学习。

谢幼田教授：

是的。杜老师给我指了一条路，但是我没有走下来，后来去研究近代史了。我在四川省社科院做编辑，想着编辑工作做完以后再去找杜老师整理书稿和线装书。遗憾的是杜老师二十世纪八十年代就去世了。

访谈人：

谢老师，杜先生是 1983 年去世的。当时杜先生患了结肠癌，家属和西师都建议去上海的瑞金医院开刀动手术，由西师承担费用。家属认为如果去动了手术，杜先生的寿命或许可以再延长些。当时杜先生对中医学比较信赖，生命的最后时刻也是住在重庆中医研究所，因为杜先生认为中医是整体的、系统的，如果中医已经没有办法了，用西医也是于事无补，所以不愿意在临终时身体受到伤害。这是我访谈杜先生家属时了解到的情况，但我的了解不够全面。关于杜先生对医学和中医学的态度和相关看法，您有没有相关了解呢？

谢幼田教授：

这一块，我就没有了解了，但是我回重庆看望他的时候，我问过他：你现在怎么办？他说他在吃一种什么新药。我问：谁给你的新药，有效吗？

那个时候广东省委第一书记任仲夷是他的学生，任仲夷是非常受邓小平赏识的。他的学生从广州给他买了很厉害的新药，但当时也没有太大效用了。这是我恰巧在杜老师家里碰到，他给我看的。

访谈人：

谢老师，我了解到当时还有曾任广东省委书记的刘田夫和杜先生的关系也比较近。

谢幼田教授：

我想大概是杜老师在中山大学教书时期的学生吧。你问起来，我就想起了这一点。

访谈人：

谢老师，您那边有没有保存杜先生的著作、文章，或者是您研究过杜先生的相关资料呢？

谢幼田教授：

我这里也没有。因为斯坦福大学胡佛研究所的图书馆基本是近代政治史的书籍比较多，善本书最多的是哈佛大学。斯坦福大学是收藏中国近代资料的重镇，不仅有两蒋的日记、孔祥熙的档案、宋子文的档案，还有抗战期间史迪威的档案等，偏重近代方面，不是古代。而且海外这些研究者对中国古代并不太感兴趣。在海外研究经学的空间不大。综合而言，杜先生在国内被深深地埋藏了。海外谈"五经"较少，所以你不要把眼光向着外面。你想在外面找与杜先生相关的资料不太可能。

但是我听人讲过，杜老师去世以后，美国汉学界曾经有一个声明说：中国最后一个经学家去世。但是我相信不会是斯坦福，是东部哪个协会，不太确定。

访谈人：

谢老师，我听过这个说法，后面我找找看。

谢幼田教授：

我祝你前途无量。

访谈人：

谢谢您，您跟我讲了很多东西。一方面是关于杜钢百先生的一些人生细节，另一方面是您跟随杜先生学习时，杜先生教授给您的一些治学方法路径。这对我们这些晚辈后来者也大有裨益。还有您谈到的一些其他的历史情况都是我此前没有了解到或了解不够全面的。这些都是非常宝贵的研究资料。

谢幼田教授：

我想起杜老师在年轻的时候好像是中国共产党党员，你有没有掌握这个材料？

访谈人：

谢老师，我知道这个信息。1926年杜钢百先生从清华国学研究院毕业返回四川途中，在武汉的码头碰到了陈毅，他们在北京读书时就相识了，他把杜先生叫"国故老夫子"。陈毅邀请他一同前往万县动员杨森起义，他们在万县与朱德会合。四川省委统战部党史征集组1985年编写的《四川统战工作史料》中载有杜钢百《我在民主革命时期的活动简况》①一文，其中谈到杜先生曾和朱德、陈毅在这一时期组成党小组。这个情况有很大的可能性，因为三人都是党员，也符合三人及以上组成党小组的党章规定，也是符合当时的历史情况的。后来杜先生接受朱德的委派，到重庆向中共四川省委书记杨闇公汇报情况。再往后，"大革命"失败后，杜先生在上海、重庆等地为中国共产党的统战做了一些工作。因为一些主客观原因，杜先生就脱党了，经周恩来指示在党外为中国共产党的统战做工作。新中国成立后加入了"民革"。这是我了解的一些情况，尚须考证。

谢幼田教授：

杜老师跟我谈及一件事，就是他在上海期间的事，没有说年代。毛主席在1967年1月举出了四个老干部，其中有贵州革命委员会的主任李再含（1919—1975，四川富顺人）。李再含的父亲李云仙是共产党。在上海时，李云仙住二楼，杜老师住三楼。他们在上海长期在一起。李云仙后来有没有脱党我就不清楚了，杜老师肯定是脱党了。

---

① 杜钢百. 我在民主革命时期的活动简况 [M] //四川省委统战部党史征集组. 四川统战工作史料, 1985: 53-56.

访谈人：

谢老师，我注意到一位叫何一立的老师，在1994年写过一篇文章①，其中引用了杜先生《立宪派肖湘所著四川广安蒲殿俊行状补正》一文，这篇文章我没找到。请问您了解这篇文章吗？

谢幼田教授：

这篇文章，我也没听过。我当时也没有想着去研究杜老师，就是去杜老师家里听他讲课，听他批评几句。

访谈人：

明白，谢谢您。今天受益匪浅。我后面把今天访谈的内容根据我的速记笔记整理出来，给您发过来，请您审定后放到我的博士论文"附录"中，尤其是杜先生研究学术的这一块内容。一方面是晚辈的一个重要参考材料，另一方面也是对杜先生的一种纪念。您看合适吗？

另外，清华大学国学院付佳博士在2018年整理出版了一本《杜钢百文存》（江苏人民出版社），是目前研究杜钢百先生的第一本专著。我收藏有电子版，结束访谈后我发给您。

谢幼田教授：

好的，不急的。祝你前途无量。

访谈人：

谢谢您，那我后面有新的问题再叨扰您。欢迎您回中国，您方便时，我一定来拜访，再做请教。

（四）

补充访谈一（2023年6月21日）

访谈人：

谢老师，打扰您，再请教您。昨天您谈到一个非常重要的问题，即治学方法问题。您多次提到杜钢百先生向您传授治"经学"入门之道时，提出先通《说文解字》，再以《说文解字》为基础，而通"五经"，由"五经"而

---

① 何一立. 蒲殿俊与四川辛亥革命［M］//曾绍敏，等. 荣县首义与辛亥革命. 成都：成都出版社，1994：317-332.

知中国传统文化源头根基。"五经"通而根基固。

以上，据您了解，是杜钢百先生自己总结的治"经学"方法，还是传承自被誉为"中国传统经学的最后一位大师"① 廖平②或章太炎等人，有治学传承呢？

谢幼田教授：

没有谈完，杜老师为什么反对我以"人"为出发点评价先秦诸子，他只是说了一句就再也不愿谈下去。这句话是：廖老先生用现代科技解经，搞不下去。（我的理解是，廖平的五六变）。

补充访谈二（2023年6月29日）

访谈人：

谢老师，早上好。再请教您，您当时提到杜先生要求您第一步先通"小学"，再通"五经"，由"小学入经学"。那么在后期的学习过程中，除了《说文解字》、"五经"外，杜先生是否给您开过一些具体书单，供您循序渐进地学习呢？

谢幼田教授：

第一，许氏的功劳是为理解提供语言学的工具，但是必须有辅助书，而且该书有缺点。主要必须和段玉裁的《说文解字注》一起阅读，还有后来文字学家的著作。

第二，五经要注重版本，特别是注释者。

第三，杜老师问我今后的治学方向，我说注重思想文化。他说那不好办。他说近代的研究走了弯路，否定远古，甲骨文出现才纠正了。不过，顾先生他们也有学问，《古史辨》的一套书就是研究古代的目录学。还有，杜先生提起理学就不敢谈，只说你把孟子背得就懂了一半。那时候，他写了一篇《论王访箕子的唯物主义思想》，要我给他发表，可是我推出这篇文章时连小组都过不了关，因为中国思想界在1980年代几乎一致地转弯，完全否定了从苏联学习过来的唯心唯物作为出发点，这也是改革开放以来思想界之所

---

① 舒大刚，杨世文. 整理前言［M］//廖平全集. 上海：上海古籍出版社，2015：18.
② 有外国学者认为："廖平是清代末年著名的经学家，被称为中国儒学史上'最后一个儒家学派的最后一位思想家'。"（列文森. 儒教中国及其现代命运［M］. 北京：中国社会科学出版社，2000：274.）

以有成就的关键。你也许在他的档案中可以找到这篇未发文稿。

访谈人：

谢老师，收到，每次请教您都有新的收获，谢谢您。

注：

2023年7月7日下午，是文定稿于成都江安。

以上文本，根据笔者与谢幼田教授访谈速记笔记整理，以一问一答暨漫谈形式进行。完成初稿，经谢幼田教授审核后定稿。能与谢教授建立联系，进行访谈，特别感谢四川大学古籍所舒大刚教授的推荐。特别感谢王川教授对本文的指导。

特别感谢谢幼田教授百忙之中，为晚辈小子讲解关于杜钢百先生的相关历史，又多次跨越大洋和时区与晚辈约定时间校对文稿。谢教授严谨的作风值得晚辈学习！

于此向三位老师谨致谢忱！文中疏漏，由笔者负责。